그리스도 안에서의 나의 삶
영적 깨달음, 관상, 거룩한 묵상, 영혼 정화의 순간들

Ma vie en Christ
Spiritualité Orientale, n° 27
Copyright © 1979 Éditions Monastiques de l'Abbaye de Bellefontaine

Translated by PARK Noyang
Korean Translation Copyright © 2014 Korean Orthodox Editions
All rights reserved

이 책의 한국어판 저작권은 Éditions Monastiques de l'Abbaye de Bellefontaine 와
독점계약한 정교회출판사에 있습니다.

그리스도 안에서의 나의 삶

초판1쇄 인쇄 2014년 12월 25일
초판1쇄 발행 2014년 12월 25일

지 은 이 성 요한 일리치 세르게예브
옮 긴 이 그레고리오스 박노양
펴 낸 이 암브로시오스 조성암 대주교
펴 낸 곳 정교회출판사
출판등록 제313-2010-5호

주   소 서울특별시 마포구 마포대로18길 43
전   화 02)364-7020
팩   스 02)365-2698
이 메 일 editions@orthodox.or.kr

정가 12,000원
ISBN 978-89-92941-35-8 03230

ⓒ정교회출판사, 2014

* 잘못된 책은 바꿔드립니다.
* 저작권법에 의해 한국 내에서 보호를 받는 저작물이므로 무단 전재 및 무단 복제를 금합니다.

그리스도 안에서의
나의 삶

영적 깨달음, 관상, 거룩한 묵상, 영혼 정화의 순간들

러시아 크론스타트 성 안드레아 대성당의
성 요한 일리치 세르게예브

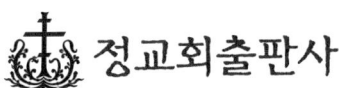
정교회출판사

그리스도 안에서의 나의 삶
목 차

머리말 ... 5
서문 ... 8

1부 ... 32

2부 ... 130

머리말

이 책의 저자 크론스타트의 요한 성인(1829.10.19-1908.12.20)에 대해, 세계 유명 일간지 런던 타임즈(The Times of London)는 다음과 같이 기록하고 있습니다.

"이 훌륭한 사제의 삶은 러시아 사람들로 하여금 사도시대를 다시 살게 하고 있다. 그가 행하는 영적, 육체적 치유들은 모든 이들에 의해 확인되고 있다. 가난한 집을 방문할 때마다 그의 주위에는 수많은 군중들이 몰려들고, 사람들은 이 신부의 검소한 제의 끝에 손을 살짝 스치는 것만으로도 엄청난 행운으로 여긴다. 요한 신부의 삶은 끊임없는 그리스도교적 사랑이며, 가난한 사람, 아픈 사람, 도움이 필요한 모든 사람들에 대한 그리스도교적 베풂이다. 러시아 전역에서 몰려온 사람들이 인간의 노력과 능력으로는 치료가 불가능한 질병, 해결이 불가능한 문제들로 인해 도움을 청하면, 그는 그들이 부자이건 가난한 자이건 만나는 것을 거절하지 않고 그들을 위해 기도드린다. 사람들이 감사의 보답으로 보낸 엄청난 액수의 돈이 수 중에 들어오지만, 신부는 항상 가난하며, 절약이 몸에 밴 삶을 산다. 도움이 필요한 사람들에게 가진 것을 전부 나누어주기 때문이다! 배나 기차를 타고 다른 지역으로 사목 활동을 떠날 때면, 항구나 기차역 주변이 마비될 정도로 수많은 인파가 몰려 신부가 어디 걸려 넘어지거나 다치지 않도록 경찰들이 항상 신부를 보호해야할 정도이다. 페테르부르크의 어느 집에 그가 방문한다는 소식이 퍼지면, 신부의 얼굴을 먼발치서라도 보기 위해, 그의 축복을 받기 위해, 병자 근처로 그분을 모시기 위해 주변 지역의 모든 가난한 사람들이 그에게로 달려오곤 한다." (1891년 1월 13일자)

이 책 서문에서 알 수 있듯, 지난 세기 러시아의 큰 성인, 크론스타트의 요한 성인은 자신의 전 생애를 하느님과 사람들에게 바쳤습니다. 그분에 대해 한국어로 발간된 자료는 안타깝게도 아직까지는 없었습니다.

『그리스도 안에서의 나의 삶』은 요한 성인이 일기에 기록한 영적인 생각들과 기도들의 모음집입니다. 이 가운데에는 성인의 설교 말씀들도 들어 있습니다. 그리고 이 모든 영적 사색들은 성경 말씀과 정교회 교부들의 가르침에 기초를 두고 있습니다.

이 책이 러시아어로 처음 출간되었을 때 정말 많은 사랑을 받았으며, 순식간에 러시아 밖에서도 유명해졌습니다. 현재까지 유럽의 많은 언어로 번역되었고 세계적으로 아주 유명한 영성 서적 가운데 하나가 되었습니다.

이 책이 사랑받는 이유는, 무엇보다도, 이것이 생명 없는 이론이 아니라 작가의 개인적이고 영적인 삶과 경험 그 자체이기 때문일 것입니다. 가장 중요한 것은 삶 그 자체입니다. 그래서 삶 그 자체는 그 어떤 이론적 가르침보다 더욱 큰 울림과 깨달음을 전해줍니다. 성 요한 크리소스토모스께서 말씀하시듯 "기적이 가지는 선교적 힘도 올바르게 사는 삶에 비하면 미미할 뿐입니다."

한국어로 번역하여 출간하는 이 책은 우리 한국 정교회가 요한 성인께 진 은혜의 빚을 갚는 의미도 있습니다. 성인께서는 한국을 너무도 사랑하셨고 그래서 한국에 선교사로 오실 의향을 가지고 계셨던 것으로 알려져 있습니다. 안타깝게도 그 뜻은 실현되지 못했지만 그 대신 성인은 당신의 사제 제의 한 벌을 선물로 보내셨습니다. 이 선물은 러시아 교회에서 한국에 파견된 최초의 선교사이자 요한 성인과 아주 가까운 영적 친구였던 흐리산프 쉐트콥스키 신부님을 통해 직접 한국에 보내져 왔습니다. 이 영적인 보물은 현재 한국대교구의 서울 막심 소성당에 보존되어 있습니다.

그래서 이 책은 성인이 한국 교회에 보내주신 선물과 기도에 감사하며 드리는 아주 작은 보답입니다. 사랑하는 독자 여러분들이 정교회의 영적인 삶을 더욱 본질적으로 배울 수 있는 계기와 도움이 되길 바라며 이 책을 바칩니다.

정교회 한국대교구
† 암브로시오스 조성암 대주교

† 조성암 대주교

서문

내가 크론스타트의 요한을 발견하고, 흥미를 느끼고, 마침내 그의 친구가 되게 된 사연을 이야기하자면 너무나 많은 지면이 필요할 것이다. 다만 나는 이 경이로운 우정이 있게 한 장본인이 스타레츠 실루안 성인이라는 점을 말해두고 싶다. 나는 수도원장 소프로니오스[1]의 아름다운 책[2]이 프랑스어로 출판되기 전에 이미 스타레츠 실루안 성인의 몇몇 글들을 번역한 바 있기도 하다. 사실 청년 시절 시메온 이바노비치(실루안 성인의 세속명)가 자신의 영혼을 재발견하고 아토스 성산으로 가서 마침내 '하느님을 품은 자'(테오포로스)가 되게 된 계기를 제공한 사람이 바로 이 거룩한 러시아의 사제이다. 실루안 성인은 이 사제와의 경이로운 만남에서 받은 깊은 인상을 이렇게 전하고 있다 :

---

[1] 성 실루안의 영적 제자.
[2] Silouane, *Écrits de Silouane du Mont Athos* (extraits), présentés par Dom Barsotti, traduction française par L.A. LASSUS, *Spiritualité Orientale* n°5, 3ème éd., Bellefontaine, 1989 ; *Starets Silouane, moine du Mont Athos* (1866-1938). *Vie-Doctrine-Écrits*, par l'Archimandrite SOPHRONY, traduit du russe par le hiéromoine Syméon, Éditions Présence, Paris, 1973. (한국어 번역 : 소프로니, 『아토스의 성자, 실루안』, 김귀탁 번역, 은성출판사, 1992)

사로브의 세라핌 성인 이후 하느님께서는 크론스타트의 요한 신부님을 우리에게 주셨습니다. 그의 기도는 마치 비둘기처럼 하늘에 가 닿았습니다. … 우리는 그가 기도하는 모습을 실제로 보았습니다. 그분이 성만찬 예배를 마치고 성당을 떠나려 할 때 수많은 백성들이 그를 둘러싸고 축복해주길 청하는 장면들을 나는 생생하게 기억하고 있습니다. 그러한 군중들 속에서도 그의 영혼은 항상 하느님 안에 고정되어 있었고 결코 평화를 잃지 않았습니다. 그분은 사람들을 사랑했고, 그들을 위해 기도하길 멈추지 않았습니다.[3]

크론스타트에서도 가장 궁벽한 지역의 성당 신부였고 생애 말년에 가서야 주교좌 성당의 대신부(archiprêtre)로 임명되었을 뿐인 이 사제의 참으로 놀라운 매력의 비밀을 실루안 성인은 우리에게 증언해준다.

남녀, 노소, 빈부를 막론한 수많은 순례자들이, 중보의 사람이요, 마음을 꿰뚫어 읽고, 병을 고치고, 존재를 뒤흔들어 참된 회개를 불러일으키는 이 사제를 찾아 줄지었다.

이러한 일들은 거룩한 러시아 교회의 역사에서 절대 들어보지 못한 것이다. 왜냐하면 러시아에서 일선 성당 신부들은 비참한 환경에서 거의 교육도 받지 못하고 때로는 술주정뱅이에다가 성미가 고약하기 일쑤였으며, 가족을 부양해야 했고, 어떤 경우에는 - 특별히 혁명 이전인 이 시대에 - 국가에 의해서 비밀 첩자의 역할을 하도록 강요받아야만 했기에, 그들 대부분은 언제나 멸시와 조롱의 대상이었고 적어도 영적으로 하위에 위치하는 자들로 간주되었기 때문이다.[4] 그래서 러시아 백

---

3) 위의 첫 번째 책 Silouane, *Écrits de Silouane du Mont Athos*(extraits), p.33.
4) P. PASCAL, *La religion du peuple russe*, Slavica, Lausanne, 1973, p. 29-31.

성들은 지극히 거룩한 삶을 꿈꾸며 깊은 숲속에서 혹은 머나먼 섬에서 고독하게 살아가는 수도사들에게 이끌렸다.

키예브의 안토니오스, 라도네즈의 세르기오스, 사로브의 세라핌, 옵티나 푸스티나의 스타레츠들(영적 스승들)처럼 수도사는 사랑 안에서 사랑을 위하여 자기 박탈의 극단까지 내달아 결국 '하느님을 품은 자'들이 되었다.[5] 또한 서방의 아시시의 프란체스코와 같은 '복된' 바실리오스로 대표되는 '유로디비'(yourodivi), 즉 '그리스도에 미친 자'들은 삶의 겉모양은 철저하게 무시하고, 모든 사회적 협약과 도덕적 영적 위선들의 원수가 되어 살아감으로써 그러한 거룩함에 이르렀다.[6]

하지만 크론스타트의 요한은 그런 수도사도 아니고, '그리스도에 미친 자'도 아니다. 그는 결혼한 포교 사제일 뿐이었지만 사제로 서품된 이후 성 페테르부르크의 교외 지역인 크론스타트, 그 중에서도 가장 후미진 이 지역에서 가난한 백성들을 측은히 여기고 결코 저버리지 않았다. 그의 금욕 생활은 정교회가 신자들에게 요구하는 것과 다를 바 없었다. 가난 중에서도 더 가난하게 살았지만 고급스런 성직자 의복을 즐겨 입었고, 보란 듯이 가슴에 화려한 십자가와 메달들을 걸고 다녔다. 그의 기도는 교회의 기도였고, 가난하고 겸손한 자들의 기도였다. 그는 개인적으로는 '예수기도'를 실천했지만 기도에 관한 대담이나 '헤지카즘', '마음의 기도'(예수기도), '필로칼리아 영성'에 대한 설교를 결코 하지 않았다.[7] 그래서 겉보기에 요한 신부는 '비상식적인' 사람이었다.

---

5) E. BEHR-SIGEL, *Prière et Sainteté dans l'Église russe*, "Essai sur le rôle du monachisme dans la vie spirituelle du peuple russe", *Spiritualité Orientale* n° 33, Bellefontaine, 1982, p.199-218.
6) E. BEHR-SIGEL, 위의 책, "Les 'fols-pour-le Christ' et la 'sainteté laïque' dans l'ancienne Russie", p.98-108.

하지만 그것은 겉으로만 그랬을 뿐이다. 이 사제는 성인이었고, 모든 성인들의 거룩성은 결국 하나이다. 러시아 백성들은 그를 알아볼 수 있을 만큼 지혜로웠고, 그래서 세르기오스 성인의 무덤[8]이나 세라핌 성인[9]의 암자로 몰려들듯이 그에게로 모여들었다.

* * *

이반 일리치 세르게예브는 1829년 10월 19일, 아르한겔스크의 깊은 시골 마을인 수라(Sura)의 한 가난한 가정에서 태어났다. 그의 아버지는 성당의 재산 관리원이었다. 이렇듯 자세한 내력을 소개하는 것이 중요한 이유는 이 어린 소년이 아버지를 따라 성당에 다녔으며, 성당이 곧 이 소년의 '참된 집'이요, 기쁨의 장소가 될 것을 보여주기 때문이다. 그는 후에 이때의 일들에 대해 경이로움을 가지고 술회한다. 일찍이 하느님은 그 위대하심과 아름다우심으로 또한 특별히 그의 크신 사랑으로 그를 매혹시켰다. 그 크신 사랑은 십자가, 성화들, 무엇보다도 성당에서 베풀어지는 아름답고 장엄한 성사들과 성만찬 예배를 통해서 그의 삶의 모든 방면에서 표현되었다.

---

7) 은둔자 테오판(Théophane le Reclus)은 무엇보다도 요한 신부의 행동에 당황해 하곤 했다. 그는 요한 신부에게 이에 대해 편지를 써 보냈고, 요한 신부는 그를 만나보길 원했다. 하지만 테오판은 아무도 만나지 않으려 했기에 신부는 "… 악한 영의 집요한 괴롭힘의 목표물이 되지 않으려면 마음속에 예수 기도를 늘 기억하고 간직해야 합니다. '주 예수 그리스도, 하느님의 아들이여, 나를 불쌍히 여기소서.' 보이지 않는 악마에 대해 보이지 않으시는 하느님으로 맞서십시오. 힘 있는 악마에 대해 전능하신 하느님으로 맞서십시오. …"라는 긴 편지를 써 보냈고, 테오판은 그제서야 요한 신부를 이해하게 되었다.

8) P. KOVALEVSKY, *Saint Serge et la spiritualité russe*, coll. 'Maîtres spirituels', Seuil, Paris, 1958.

9) *Séraphim de Sarov. Sa vie*, par I. GORAINOFF, suivie de *l'Entretien avec Motovilov et des Instructions spirituelles*, coll. 'Théophanie', DDB, 1979 ; V. ARMINJON, *La Russie monastique*, Éditions Présence, 1974, p. 100-103. (한국어로 번역된 소개서는 다음을 보라. 발렌틴 젠더, 『사로브의 천사 세라핌 성인』, 박노양 옮김, 한국 정교회 출판부, 2007)

하지만 이반은 또한 시골 들판을 달리는 것을 좋아했다. 사람들은 종종 그가 한 포기의 풀이나 꽃 앞에서 멈추어 서서 혼잣말로 "하느님" 하고 속삭이는 것을 보곤 했다.[10] 그의 해맑은 얼굴은 너무나도 강렬하게 그에게 임한 하느님의 은총을 내뿜어서 마을 사람들은 기꺼이 그에게 기도를 부탁하곤 했다. 그가 여섯 살 때의 일이다. 밑으로 두 딸을 더 낳은 어머니는 일이 너무 많아 소년에게 스스로 읽고 쓰기 공부를 하도록 지도했다. 하지만 호기심으로 가득 찬 어린아이가 스스로 공부하고 터득하는 것이란 얼마나 어려운 일인가! "읽기 교육은 내게 많은 고통을 주었고, 나를 골치 아프게 했다."[11]

하지만 4년 후에 그는 기숙학교에 들어갔고, 거기서도 어려움은 조금도 줄어들지 않았다. 그는 이렇게 술회한다.

나는 모든 것을 스스로 해야만 했습니다. 어디서도 도움 받을 수 없었고, 학급 친구들은 조금도 도와줄 생각을 하지 않았습니다. 하지만 사실은 나도 도움 받으려 하지 않았습니다. … 그들은 모두가 나보다 뛰어난 아이들이었습니다. 적어도 내가 무릎을 꿇고 오랜 시간 기도한 어느 날 이전에는 말입니다. 바로 이날, 나의 지성이 활짝 열리는 것을 느꼈습니다. 마음이 가벼워졌고 즐거워졌습니다. 그렇게 편하게 잠을 자 본 적이 없었습니다. 얼마 되지 않아 나는 많은 진보를 이루어냈고 결국 내 학급에서 꼴찌를 벗어났습니다.[12]

---

10) 우리는 여기서 러시아 백성의 참된 그리스도교적 특징을 발견한다. 자연은 하느님의 책이고 순결한 사람은 자연에서 하느님의 아름다움, 하느님과의 친밀한 관계를 경험한다. 자연은 사람에게 (하느님의 현존을 알려주는) 불타는 가시떨기 나무이다. (참고. les *Récits d'un pèlerin russe à son père spirituel*, 'Point-sagesses' n°14, Seuil, 1978.)
11) *Autobiographie*(『자서전』), dans le journal *Le Nord*(Sever), 1888.
12) 앞의 『자서전』에서.

이반은 곧 학급의 상위권에 들어갔고, 1851년에는 국가 장학금을 받고 성 페테르부르크 대학에 들어갈 수 있게 되었다.

그는 굳은 마음으로 성직을 흠모했다. 그는 사제가 되고 싶었다. 오직 사제면 족하다고 생각했다. 모든 것이 그의 흥미를 끌었다. 자연 과학, 역사, 지리, 철학 사상. 하지만 하느님의 말씀과 교부들의 작품만큼 그를 끌어당긴 것은 없었다. 특별히 성 요한 크리소스토모스의 저작들을 좋아했다. 그는 생애의 말년에 이렇게 고백할 수 있었다 :

주님, 나는 당신의 말씀을 배워 알게 되었습니다. 혼과 영의 골수를 쪼개는 하느님의 말씀을 알게 되었습니다. … 나는 무수히 많은 것을 배웠습니다. … 나는 수많은 책을 소유하고 있습니다. 나는 그것들을 읽고 또 읽었습니다. 하지만 나는 아직도 허기를 느낍니다. 나의 영은 아직도 지식에 목말라 합니다. …

하지만 그는 이렇게 덧붙인다 :

그러니 내 영이 배부름을 느낄 때는 언제입니까? 오직 내가 당신 얼굴을 뵈올 때에야 내 영혼은 배부르게 될 것입니다![13]

사실, 이반은 모든 것보다 기도, 하느님과의 일치를 추구했다. 왜냐하면 그것이야말로 "인생의 의미요, 꼭 필요한 한 가지"이기 때문이다. 또한 그는 오랜 시간 동안 인근의 숲 속을 조용히 걷곤 했다. 또는 대학

---

13) *Ma vie en Christ*, 4ème éd. russe, Moscou, 1894, tome I, Préface. 이 책의 23쪽을 참고하라.

의 정원에서 몇 시간이고 앉아 있곤 했다. 이렇듯 그는 평생토록 자연을 지극히 사랑했다. 대학 동기들에게 그는 조용한 사람, 좀처럼 말이 없는 사람으로 비쳐졌다. 그렇지만 수도 생활은 그에게 큰 매력이 아니었다. 그는 오히려 러시아 교회가 뿌리를 내리고 이미 그리스도 안에서 열매를 맺고 있는 중국에 선교사로 가고 싶어 했다.[14]

그러던 중, 그의 아버지가 48세에 급작스럽게 사망했다. 이반은 가족의 기둥이 되었다. 그는 '이미 나이 들어 더 이상 벌이를 할 수 없는' 존경하는 어머니를 도와야 했고 어린 두 여동생을 돌봐야 했다. 비서직으로 일하라는 제안이 들어왔다. 그는 매달 9루블을 벌어서 거의 모두를 집으로 보냈다. 삶은 고단했다. 더욱이 보제가 되기 전 그는 엄청나게 괴로운 신경증적이고 영적인 위기를 거쳐야만 했다. 슬픔, 아주 사악한 슬픔, 신앙에 적대적인 모든 종류의 시험이 그를 엄습했다. 그럼에도 불구하고 그는 열심히 일했고 기도를 통해 싸워나갔으며, 그리스도께 믿음과 기쁨의 은총을 달라고 간구했다.

> 뜨거운 기도, 눈물 흘리는 기도는 죄악들을 정화하는 힘이 있을 뿐만 아니라 병을 고치고 인간의 전 존재를 새롭게 하는, 다시 말해 인간을 거듭나게 하는 힘이 있습니다. … 나는 경험으로 말미암아 이렇게 말합니다.[15]

---

14) Timothy WARE, *L'Orthodoxie*, Desclée de Brouwer, p.158. 크론스타트의 성 요한 신부님께서는 당시 정교 신앙의 씨앗이 뿌려지고 있는 한국에도 큰 관심을 가지셨으며, 직접 사제의복과 성물들을 보내셨고, 손수 선교사로 오시길 원했지만 러시아 백성들의 간곡한 만류로 뜻을 이루지 못했다. 한국 정교회로선 참으로 안타까운 일이 아닐 수 없다. 지금도 아현동 성 니콜라스 대성당의 막심 소성당에는 성인께서 보내신 제의와 성물들이 보관되어 있다. 이는 한국 정교회의 큰 영광이 아닐 수 없다.

15) *Ma vie en Christ*, t. I, p.264.

구세주께서는 이반을 그 시험에서 건져내셨다.

그분은 나를 수도 없이 구해주셨고, 그분의 구원하심은 마치 감옥에 들어가 갇힌 자를 구해내는 해방자의 그것처럼 분명한 것이었습니다.[16]

영적인 자유를 되찾고 자신의 삶 속에 강력하게 현존하시는 하느님을 경험한 후 그분께 다시금 귀의한 이반은 크론스타트의 한 대신부의 딸이자 아주 특별한 처녀인 엘리자벳 네스비츠스키와 결혼했다. 그녀는 비록 초기에는 조금 주저하기도 했지만 이반의 곁에서 마치 누이처럼 살며 그의 사제적 사목적 삶에 귀중한 도움을 주었다.[17] 그녀는 남편을 '요한 형제님'이라고만 불렀다. 1855년 11월 11일, 우리가 '요한 신부님'이라고 부르게 될 이반은 보제로 서품되었고, 다음 날 사제로 서품되었다. 그는 이렇게 적어 놓았다 :

보십시오, 주님. 당신의 포로입니다. 저를 당신의 성령의 달콤한 포로 생활 안에 있도록 지켜주소서. … 사제는 영적인 차원에서 양떼들 가운데 있어야 할 것입니다. 마치 태양이 자연의 차원에서 행성들 한 가운데 있듯이 말입니다. 그리하여 모든 이들을 비추는 하나의 빛, 생명을 주는 한 움큼의 온기, 모든 이의 영혼이 되게 하소서.[18]

---

16) 위의 책, p.76.
17) 실루안은 감탄해 마지않았다. "젊은 여인과 함께 살면서도, 손끝도 만지지 않고 정결하게 사는 것은 그야말로 대단한 금욕입니다. 오직 모든 이가 느낄 수 있도록 성령을 소유한 이만이 그럴 수 있습니다. … 그의 온유함은 육체적인 사랑을 능가했기 때문입니다." (*Starets Silouane, moine du Mont Athos (1866-1938). Vie-Doctrine-Écrits*, par l'Archimandrite SOPHRONY, p.429.)
18) *Ma vie en Christ*, t. II, p.352.

몇 주 후, 그는 그가 평생 동안 머물게 될 크론스타트 교외의 가장 가난한 지역의 성당 사제로 임명되었다. 그곳은 군사 항구가 있어서 물질적으로나 도덕적으로 굉장히 비참한 곳이었다.

사목 생활 초기부터 나는 한 가지 규칙을 정하고 지키고자 하였는데, 그것은 바로 이런 것이었습니다 : 목자와 예배 집전자로서의 내 임무에 최선을 다할 것, 나 자신을 늘 경계할 것, 나의 내적 삶을 늘 성찰할 것.[19]

그가 생각하는 사제란, 무엇보다도 우선 예배 집전자, 경배와 찬양과 간구를 드리는 사람이었지만, 또한 '목자'요 좌절과 절망에 빠진 모든 이들에게 그리스도의 자비를 전하는 성사요 증인이었다. 그는 이렇게 기록하고 있다.

사제보다 더욱 숭고한 것이 그 무엇이랴! 그는 끊임없이 하느님께 여쭙고, 하느님은 끊임없이 그에게 대답하리니 … 그러니 자기 아들의 피를 값으로 주고 되찾은 이들의 아버지이신 하느님께 사제는 얼마나 큰 기쁨과 열정과 뜨거운 사랑을 품고 사람들을 위해 기도해야 하겠는가![20]

우리는 그의 사제적 영성이 다음과 같았다고 말할 수 있으리라. 그는 어느 날 이렇게 말했다 :

---

19) *Autobiographie*. 위를 참조하라.
20) *Ma vie en Christ*, t. I, p.33.

나는 가난한 사람들, 비참에 처한 사람들을 돌보고자 했습니다. 이 비참은 나도 겪어본 것이니까요. 내 주위에 있는 이 가난한 이들을 좀 더 가까이서 보면, 특별히 그들과 한마디라도 대화를 나누고 나면, 그들은 정말 사랑받아 마땅한 사람들임을 알아차리게 됩니다. 그들은 너무도 부드럽고 겸손하고 마음이 소박하며, 온갖 친절과 호의가 가득해서, 나는 이렇게 말하곤 했습니다 : 그래, 이들은 비록 땅의 소산들은 가지고 있지 못하지만 하늘의 보화들은 너무도 많이 가지고 있구나! 그들을 보면 나는 정말 부끄러울 뿐입니다.

요한 신부는 "내 자녀들"이라고 부른 사람들에게 온전히 자기 자신을 내어주었다. 그가 집에서 점심이나 저녁을 먹은 것은 드문 일이었다고 사람들은 말한다. 그러면 어디서 식사를 했을까? 아무 데서나 먹기도 했지만 그 어디서도 먹지 않기도 했으며, 때를 가리지 않고 먹기도 했지만 절대 음식을 먹지 않기도 했다. 한 곳에서 과일 한 조각이나 빵 한 입을 먹고, 다른 곳에서 물 한 잔을 마시곤 했지만 자리에 앉는 경우는 아주 드물었다. 가끔씩, 너무도 당연한 결과였지만 피곤이 그를 짓눌러 구역질을 심하게 느끼기도 했다. 그래서 그는 가끔 일기에 혹은 그의 빈한한 거처에 모셔둔 성화들 앞에서 그런 자신을 고발하곤 했다. 하지만 그는 '배신들'이라고 이름 붙인 이런 상황에서 다시금 자신을 다잡곤 했다. 그리하여 자신의 양떼들에게 마치 목장의 푸른 풀밭을 내주듯 자신을 내주었다. 그것은 그의 사제관이나 성당에서만이 아니었다. 때로는 공장 문 앞에서, 때로는 항구의 부둣가에서, 때로는 병원이나 환자의 집에서도 그렇게 했다. 사람들은, 그가 어디에든 머물게 되면 그곳의 '붉은 구석'[21]이라 불리는 성화를 모셔둔 곳에 가서 눈물로 기도하는 것을 자주 보곤 했다. 그는 기도와 신뢰와 하느님 안에서의 기쁨에로 사람들을 이끌었다. 또 시시때때로 도움을 청하러 오는 불쌍한 사람들에게, 점점 더 늘어가던 기부금들을 나누어 주기도 했다. 기부금은 각처 각 계층에서 모여들었다. 부유한 상인들, 귀족들, 궁정의 대신들이 그의 빛나는 거룩성에 감동받아 기부금을 바쳤다.

하지만, 자선보다 더 효과적인 치료가 불가피하다는 것을 그가 강하게 느끼고 있었다는 것에 우리는 주목해야 한다. 그야말로 근본적 사회개혁이 필요했고, 비참 속에 허덕이는 젊은이들을 위한 직업 교육 센터를 세워야 했으며, 노인들과 장애인들을 위한 집들이 필요했다. 어느 날 그는 일기에 이렇게 적고 있다.

주님, 이미 제가 주님께 여러 번 간구했듯이 이 도시의 가난한 이들을 위한 집을 건축할 수 있도록 도와주소서. 당신은 지극히 자비로우시고 전능하시고 지혜로우시며 놀라우신 분이 아니십니까!
20여 년 전(1894) 나는 가난한 사람들을 위한 직업학교를 크론스타트에 세우자고 제안한 바 있습니다. 주님의 도우심으로 이 직업학교가 세워진 지 벌써 15년이나 되었습니다.[22]

그는 어린 바울로와 올가에게서 일어났던 것과 같은 기적적인 치유를 일으키기도 했다. 그는 일기에서 이렇게 이야기하고 있다 :

나는 나의 믿음이 결코 헛되지 않을 것이라는 아주 담대한 신뢰를 가

---

21) '붉은 구석'은 다시 말해 '아름다운 곳'을 말한다. 가정마다 가장 아늑한 한 귀퉁이에 성화를 모셔두고 등잔불을 밝혀놓는다. 이곳에서 모든 가족이 함께 혹은 홀로 하느님께 기도를 드린다.
22) *Autobiographie*. 위를 참조하라.

지고 아홉 번이나 그들을 찾아가서 기도했다. … 내가 열 번째로 그들을 찾아갔을 때 이 어린아이들은 병이 다 나았다.[23]

1894년 10월 18일, 요한 신부는 죽어가는 차르 알렉산드로스 3세의 머리맡에 있었다. 차르는 그를 청하여, 자신의 전 존재를 비추어 줄 빛에 싸여 이 세상을 떠날 수 있도록 머리에 안수하고 기도해 달라고 부탁하였다.[24]

하지만 그를 찾아오거나 그를 부르는 이 모든 사람들의 삶이 나아지는 것이 그의 유일한 관심사였다고 생각해서는 안 된다. 요한 신부는 자신이 하느님의 말씀을 받아 전하는 책임이 있는 자임을 잘 알고 있었다. 아이들이나 불신앙과 서구의 근대사상에 사로잡힌 사람들도 하느님 말씀에 굶주려 있음을 잘 알고 있었다. 그래서 그는 아주 전문적인 식견을 가지고 또 절망 속에 빠진 사람들 속에서 성령께서 일하실 것이라는 굳은 믿음을 가지고 쉴 새 없이 설교하고, 교리를 가르치고, 글을 썼다. 교리를 가르치거나 신학적 통찰로 가득 찬 전례 본문들을 읽는 것을 게을리하는 동료 사제 하나에게 그는 이렇게 편지를 썼다.

성령께서 안 계시기라도 하다는 것입니까? 그분이 한가히 놀고 계시기라도 하다는 것입니까? 그분이 사람의 마음을 밝혀주시지 않기라도 하다는 것입니까? 당신 마음속에서 역사하시는 성령의 사역을 당신은 경험해 보지 못했단 말입니까? 당신은 분명 어떤 말씀들, 어떤 표현들을

---

23) *Ma vie en Christ*, t. I, p.302.
24) 참고. Dom A. STAERK, *Le Père Jean de Cronstadt, archiprêtre de l'Église russe; son ascétisme, sa morale. Ma vie en Jésus-Christ*, Lethielleux, 1902, introduction. 그의 이 여행 이야기는 생동감과 장엄함으로 가득 차 있다. 하지만 요한 신부는 궁정의 호화로움에는 아주 낯설었다. 그는 모든 이들에게 마치 그리스도의 형상과도 같았다.

이해하지 못할 수도 있습니다. 하지만 곧 성령께서 당신의 지성을 열고 이해할 수 있도록 해주십니다. … 보십시오. 빛이 갑자기 당신 마음에 밀려들어와 비추어 줍니다. … 나를 믿으십시오. 똑같은 일들이 다른 이들에게도 일어납니다. 그러니 씨를 뿌리십시오. 하느님께서 싹을 틔우실 것입니다.[25]

그의 영적 권고들과 설교들은 요한 신부가 그 시대의 자유주의적이거나 합리주의적인 사상과는 아주 날카롭게 대립하고 있음을 보여준다. 그는 성경의 사람이었고, 거룩한 정교 신앙의 사람이었고, 교부들의 전통에 속한 사람이었으며, 하느님의 깊은 심연과 사람의 깊은 마음을 파고드는 '영적인 사람'이었다. 그는 일기에 이렇게 적고 있다.

우리의 신앙과 우리의 교회는 항상 젊고 생기발랄한 정신으로 자신의 아이들에게 힘을 불어 넣어주는 존경스럽고 엄격하고 거룩한 귀부인과 같다. 우리는 오랜 경험의 산물인 그들의 성성한 백발과 지혜로 인해 항상 어르신들을 존경한다. 그들이 말하는 것 모두에 큰 가치를 부여하고 삶의 척도로 삼는다. 교회도 마찬가지이다. 우리는 모든 것보다 교회를 더 존중해야 한다. 그 거룩성과 역사성과 흔들리지 않는 굳건함과 복된 지혜와 영적 경험 앞에 머리 숙여야 한다. 그 품 안에 있는 수많은 사람들을 구원했을 뿐만 아니라 끝없는 평화와 기쁨으로 인도했으니 높이 존중해야 마땅하지 않은가?[26]

---

25) *Ma vie en Christ*, t. I, p.212.
26) *Ma vie en Christ*, t. I, p.141.

요한 신부는 하느님의 신비에 대해서, 사람들의 구세주이신 예수님의 신비에 대해서, 그의 십자가와 성만찬의 신비에 대해서, '지극히 자비로우신' 성모님의 신비에 대해서, 기도의 위대함의 신비에 대해서, 기도로 인도하는 여러 가지 길들의 신비에 대해서 말하기를 좋아했다. 그는 때를 가리지 않고 참회할 것과 사탄과 투쟁할 것을, 자유와 사랑을 추구할 것과 낮고 가난한 자들에 대해 희생하고 봉사할 것을 권고했다. 수천수만의 순례자들이 그의 말을 듣기 위해 그에게로 몰려들었다. 그의 말은 마음을 파고들었고 뒤흔들었다. 실루안 성인은 이렇게 적고 있다.

> 백성들은 그를 사랑했습니다. 모든 이들이 하느님에 대한 경외심을 가지고 미동도 않은 채 그의 말을 경청했습니다. 하지만 이는 결코 놀랄 일이 아닙니다! 바로 성령께서 사람들의 마음을 그에게로 이끌었기 때문입니다. 무슨 불이라도 난 듯이 허겁지겁 그분을 뒤따라가서 축복해주길 간청하는 군중들을 나는 보았습니다. 그러고 나서는 모두 너무나 행복해했습니다. 성령께서는 따뜻하셔서 영혼에 평화와 온유함을 부어주시기 때문입니다.[27]

프랑스 아르스의 시골 신부가 그랬듯이 요한 신부도 몇 시간이고 사제관에서나 성당에서 고백성사를 베풀었고, 문자 그대로 참회자들이 물결처럼 끝없이 몰려들던 어떤 날에는 자신의 죄들을 고백하는 군중들을 향해 공개적으로 소리쳐, 한꺼번에 집단적 죄 사함을 선언하기도

---

27) *Starets Silouane, moine du Mont Athos (1866-1938). Vie-Doctrine-Écrits*, par l'Archimandrite SOPHRONY, p.429. 1890년 7월 2일, 하르코브(Karkhov)에서 그는 6만 명이 넘는 신자들이 참석한 가운데, 대성당 앞 광장에서 예식을 집전했다.

했다. 그것은 정말 너무나도 낯설고 감동적인 장면이었다. … 요한 신부는 이렇게 외쳤다.

> 자녀들이여, 절망하지 마십시오. 여러분이 어떤 죄를 지었든, 단지 회개하기만 하십시오. 통회하고 겸손한 마음으로 그것들을 고백하십시오. 자비로우신 주님, 당신께 영광 돌리나이다! 주님, 당신의 관대하심과 당신의 인내하심에 영광 바치나이다.[28]

이러한 치유의 역사들, 마음의 참회들, 이 회개의 사건들은 요한 신부가 눈물 흘리고 부르짖으며 쉬지 않고 기도한 결과였다는 것에 주목해야 한다. 그는 이렇게 하느님 없이 살아가는 사람들의 비참에 민감했고, 사람들의 친구이신 구세주 예수 그리스도의 끝없는 자비를 의심치 않았다. 그의 기도는 참으로 강력하고도 감동이 넘치는 예언자다운 기도였고, 기적을 일으키는 기도였다. 사람들은 그가 보이지 않는 분을 마치 눈으로 보고 있는 듯이 기도했다고 말하곤 했다. 때때로 그는 하느님과 겨루기도 했다. 대화 도중이나 식사 중, 갑자기 그의 시선이 어떤 보이지 않는 현존에 쏠리곤 했다. 그럴 때면 그는 사람들의 질문을 더 이상 듣지 못했다. 말 그대로 '정신이 나가서' 하느님과의 대화에만 열중했으며, 구세주께서 결코 거부할 수 없으실 만큼 강력한 믿음을 가지고 그분께 사람들의 모든 좌절과 절망을 위탁했다. 예레미야처럼, 그는 다가올 비극을 예감하고 영적 자녀들과 러시아 백성을 위해 끊임없이 일했다. 하지만 그의 전 존재가 온전히 기도가 되는 순간은 바로 그

---

28) *Ma vie en Christ*, t. II, p.161.

가 성만찬 예배를 집전하는 시간이었다. 그와 동시대를 살았던 사람들의 증언에 의하면 이 순간이 되면 요한 신부는 완전히 변모되었다고 한다. 실루안 성인은 우리에게 이렇게 전한다.

그의 얼굴은 마치 천사와 같아져서 사람들은 단 한 순간이라도 그의 얼굴에서 눈을 떼고 싶어 하지 않았습니다. 나 또한 그렇게 그분을 바라보았습니다.[29]

전례 규칙에 규정된 음조가 지켜질 수 없을 정도로 그는 간절하게 하느님을 불렀고, 울부짖었고, 십자가 앞에서나 영광의 찬양을 드릴 때 눈물을 흘렸다. "주님, 당신의 백성을 불쌍히 여기소서!" 그는 항상 '아름다운 문'(임금의 문)[30]을 열어 놓아서 신자들이 전례의 흐름과 더욱 쉽게 하나 될 수 있도록 했고, 특별히 그의 성당에 오는 모든 사람에게 자신과 함께 영원한 생명의 성사에 참여하기를 강력하게 권고했다. 그는 이렇게 말하곤 했다. "나는 거룩하고 두려운 신비 성사들의 위대함과 생명을 주시는 강력한 힘에 놀랍니다."[31] 그때까지만 해도 러시아 사람들에게 성만찬 교제란 연중행사 가운데 하나였다. 그는 이러한 성만찬 교제에 대해 러시아 사람들을 다시 일깨워 더욱 자주 성만찬 교제에 참

---

29) "나는 크론스타트에서 요한 신부님을 보았습니다. 그분은 성만찬 예배를 집전하고 계셨습니다. 나는 그분의 기도의 힘에 깊은 감동을 받았습니다. 그 후 거의 40년이 지난 지금까지도 나는 그분처럼 예배를 거행하는 사제를 본 적이 없습니다." (Starets Silouane, moine du Mont Athos (1866-1938). Vie-Doctrine-Ecrits, par l'Archimandrite SOPHRONY, p.428. Silouane, Écrits de Silouane du Mont Athos(extraits), présentés par Dom Barsotti, traduction française par L.A. LASSUS, p.39.
30) '아름다운 문' (임금의 문)은 정교회 성당 지성소와 회중석을 구분해주는 성화상벽(iconostasis) 가운데 있는 문으로, 오직 주교와 사제만 드나들 수 있다. 이 문은 평상시와 특별히 성만찬 전례의 가장 거룩한 순간인 성령임재의 기도를 드릴 때는 닫혀 있다.
31) Ma vie en Christ, t. I, p.221.

여하도록 이끌었고, 이는 새로운 기원이 되었다. 어느 날 그는 크게 감동하여 이렇게 설교했다.

> 예수님은 공기보다 더욱 중요한 나의 호흡이요, 내 인생의 단 한 순간에도 없어서는 안 되는 분입니다. 예수님은 그 어떤 빛보다도 더 중요한 나의 빛이십니다. 예수님은 나의 음식이며, 음료요, 나의 옷이며 향수요, 나의 부드러움이며, 아버지, 어머니요, 그 어떤 것도 흔들 수 없는 대지보다 더욱 단단한 땅이요, 나를 지탱해주는 땅입니다.[32]

바로 이 신앙을 그는 모든 사람들과 함께 나누고 싶어 했다.

그러니 이렇듯 빛을 발하고, 지나가는 곳마다 선을 베풀고, 너무나도 뜨겁게 하느님과 그 '자녀들'을 사랑한, 그리스도를 품은 이 사제에 대항하여 악의 세력과 사탄의 공격이 그치지 않았다는 사실이 놀랄 일이겠는가? 결코 그렇지 않다. 그는 눈물과 중상과 저주라는 지복을 누리지 않을 수 없었다. "종이 주인보다 더 나을 수 없다. 그들이 나를 박해하였으니 너희도 박해할 것이다."[33]라고 예수님께서 예고하지 않으셨던가!

우리는, 어떤 이들은 그를 비판했고 또 다른 이들은 그를 질시했으리

---

32) 니콜라스 카바실라스(14세기 그리스의 유명한 영적 저술가)의 『그리스도 안의 삶』에서 우리는 거의 유사한 표현을 볼 수 있다. "그분은 성인들이 필요로 하는 모든 것이고, 주님은 그들의 모든 것입니다. 주님은 성인들을 낳고 자라게 하십니다. 주님은 성인들을 먹이십니다. 주님은 그들의 빛이고 숨결입니다. … 그분은 양식을 공급하시는 분이시고 또 자신이 양식이십니다. … 그분은 살아있는 이들의 생명이고, 호흡하는 이들의 향이며, 사람들의 의복입니다. … 그분은 길이고, 쉼터이고, 종착점입니다. … 그분은 우리의 면류관입니다." (Nicolas CABASILAS, La vie en Christ, SC 355, 1989, intr., texte crit., trad. et notes par M.H. Congourdeau. I, 13, p.87-89. ; 한국어 번역으로는 다음을 참고하라. 니콜라스 카바실라스, 『그리스도 안의 삶』, 황애경 옮김, 한국 정교회 출판부, 2008)

33) 요한 15:20.

라 쉽사리 상상해볼 수 있다. 그것도 교회 안의 성직자들 중에서 말이다. 실루안 성인은 우리에게 이렇게 말한다.

> 어떤 이들은 요한 신부에 대해 악평을 하고 다닙니다. 그들은 그가 사치를 부리고 좋은 옷을 입고 다닌다고 말합니다. … 그들은 그의 영혼이 온전히 하느님 안에 있다는 것을 알지 못합니다. 그의 영혼은 하느님에 의해 완전히 변화되었고, 그래서 사치와 좋은 옷을 완전히 잊고 살았습니다.[34]

다른 한편 1905년의 반란을 준비하고 있던 혁명주의 진영[35]은, 차르의 친구였던 이 사제가 수많은 사회사업을 이끌고 있었음에도 불구하고 조금의 융통성도 없이 단호하게 보수주의적 입장을 견지하고 있었고, 게다가 그냥 내버려 두기엔 너무나 위협적일 만큼 엄청난 영향력을 가지고 있었기에 아예 그를 제거해 버려야겠다고 벼르고 있었다. 언론들마저도 때때로 그에 대한 악평을 실어 기사를 내보냈다. 요한 신부는 일기장에 이렇게 적고 있다. "악에 대해 선과 순전함과 자애로 저항하라." 얼마 안 가서 하느님 없는 땅이 될 사랑하는 조국 러시아와 그의 백성을 위해서 그는 하느님 앞에 엎드려 울부짖었고, 그의 심장은 피를 토했다.[36]

---

34) *Starets Silouane, moine du Mont Athos (1866-1938). Vie-Doctrine-Écrits*, par l' Archimandrite SOPHRONY, p.429.
35) G. WELTER, *Histoire de la Russie*, 'La révolution manquée de 1905', Payot, p.324-330. 혁명주의자들은 신문, 삽화, 연극 등을 통해서 요한 신부를 희화화했다. 그들은 혁명의 시기에 그가 혁명진영에 있지 않았다는 사실을 조롱했다. 사실, 가난한 이들은 요한 신부가 이 혁명에 참여하기를 바라기도 했다. 만약 혁명주의자들이 요한 신부를 공격하거나 해를 끼치기라도 한다면 가난한 자들이 그들과 정면충돌하여 큰 유혈사태가 날 우려가 있었기 때문이었다.
36) 1907년 그것은 더 이상 헛된 망상이 아니었다. 그는 이렇게 기록하고 있다. "러시아 제국은 위태롭게 휘청거리고 있습니다. 그 멸망의 시기가 다가왔습니다."

그의 사랑하는 아내 엘리자벳은 하느님께로 돌아섰고, 요한 신부는 그녀를 누이처럼 사랑했다. 그녀는 무한한 존경과 사랑을 가지고 요한 신부의 뒤를 조용히 따랐다.

질병 하나가 그의 삶 속에 들어왔다. 이 질병은 아주 특별한 고통을 안겨주었고 조금의 쉴 틈도 없이 그를 괴롭혔지만, 아주 흥미롭게도 그가 성만찬 예배를 집전하면서 완전히 하느님 안에 몰입해 있을 때만큼은 이 질병의 고통이 물러갔다. 그럼에도 불구하고 그는 자기 생명을 끊임없이 내어주었고 나날이 기쁨으로 충만해했다. "주님은 나의 모든 것, 나의 힘, 나의 평화, 나의 삶입니다. 주님은 나의 전부입니다."[37] 하지만 그는 죽음이 가까이 왔다는 것을 느꼈다.

1908년 12월 9일, 요한 신부는 대신부로 임명되어 몇 해 전부터 일하고 있던 크론스타트 대성당에서 장인의 사망에 즈음하여 마지막으로 예배를 집전했다. 한 증언자는 이렇게 기록하고 있다.

> 요한 신부의 얼굴과 겨우 들리던 그의 목소리를 잊을 수가 없습니다. 우리 모두는 그분이 이제 곧 세상을 떠날 것임을 직감했습니다. 게다가 그는 어린아이처럼 뜨거운 눈물을 흘리며 우셨습니다.

성만찬 예배가 끝난 후 그는 의자를 청해 앉아서 신자들에게 이렇게 권면했다. "내 자녀들이여, 기도하십시오. 그리고 하느님을 사랑하십시오."

그 후 며칠간 더 이상 걸을 힘도 없었기에 요한 신부는 매일 아침 거룩한 주님의 몸을 거처에서 받아 모셨고, 고통을 줄이기 위해 사로브의

---

37) *Ma vie en Christ*, t. I, p.11.

세라핌 성인의 샘에서 떠온 성수를 마시는 것으로 만족하며 지냈다.[38] 모스크바의 수도대주교가 그의 침상을 방문했다. 요한 신부는 그에게 이렇게 말했다. "내가 받고 있는 고통에 대해 하느님께 감사드리십시오. 이렇게 나의 고통은 내 영혼을 정화합니다. 나의 삶은 거룩한 성만찬 교제입니다." 12월 18일, 그는 근방에 있는 한 수도원의 수도원장에게 이렇게 말했다. "오늘이 며칠이지요? 내게는 아직 살날이 이틀 더 남았습니다. 모든 것을 할 수 있는 기간이지요."

고열이 그를 삼켜버렸다. 19일에서 20일 새벽에 이르는 밤사이에 대성당에서는 계속 기도가 이어졌고, 새벽 3시경에는 성만찬 예배가 거행되었다. 어마어마한 군중의 신자들이 성당을 가득 메웠고, 많은 신자들이 오열하며 그가 떠나는 것을 아쉬워했다. 사람들이 그에게 주님의 성체를 가져왔을 때, 그는 "숨이 막힙니다. 숨이 막혀요."라고 소리쳤다. 그래서 그는 성혈을 조금 마시는 것으로 만족했다. 아침 6시경 신자들은 그를 떠나보내는 기도를 올렸다. 한 시간 후에 요한 신부는 하늘의 지성소로 부름 받았다. 그는 가난하고 죄인임을 통회하는 수많은 백성들을 이끌고 임금의 문을 넘어서서 하느님 아버지 앞에 섰다. "하느님 아버지, 보십시오. 나와 또 당신께서 내게 맡기신 자녀들입니다."[39]

1964년 11월 1일 해외 러시아정교회 주교회의는 러시아 정교회가 낳은 '아르스의 거룩한 사제' 라 할 수 있는 요한 신부를 시성했다.[40]

---

38) 세라핌 성인이 숲 속으로 들어가기 위해 자신의 수실을 떠나 길을 가던 중, 주님께서 사랑하시던 제자 성 요한을 동반하신 성모님께서 그에게 나타나셨다. 성모님은 땅을 내리쳤고, 그곳에서 맑은 물이 솟아났다. 수많은 기적을 일으킨 이 물은 수많은 군중들을 찾아오게 만들었고, 소련 공산주의 체제 아래서도 용기가 있는 그리스도인들은 이 거룩한 스타레츠의 샘에서 남몰래 성수를 떠가곤 했다.
39) 히브리 2:13에 인용된 이사야 8:18.
40) 조단빌(Jordanville:New York)의 수도사들은 1966년에 크론스타트의 성 요한을 기념하는 전례문들을 편찬했다. 1990년 6월 8일 자고르스크(Zagorsk)에 모인 러시아 교회의 공의회는 오래도록 기다려온 크론스타트의 성 요한 사제의 시성을 선언했다.

***

우리는 요한 신부가 설교를 많이 했을 뿐만 아니라 글을 많이 남겼다고 말했다. 많은 편지와 강론과 논문이 모스크바와 레닌그라드, 그밖에 다른 지역에서 출판되었다. 그 중에서도 그의 가장 중요한 저작은 그 자신이 『그리스도 안에서의 나의 삶』이라고 제목을 붙인 그의 일기이다. 이 '일기'는 그가 사제로서 살아온 일생을 담고 있으며, 그의 내적 삶과 사목적 열정을 고스란히 드러내주고 있다. 인간적, 신학적, 신비적, 사도적 풍요로움으로 가득 찬 페이지들. 1883년 『Le Nord』라는 잡지에 실린 그의 짧은 자서전에서 그는 우리에게 이렇게 말한다 :

> 사제직무의 첫날부터 나는 일기를 쓰기 시작했다. 이 일기에 나는 나의 내적 투쟁들, 나의 정념들, 나의 생각들, 나의 참회, 하느님께 드리는 비밀스런 기도들, 온갖 유혹과 고통으로부터 나를 구해주신 것에 대한 감사의 감정들을 적어놓았다.

그는 이 일기를 인생의 말년에 이르기까지 계속 써갔다.

그가 이 일기를 『그리스도 안에서의 나의 삶』이라고 이름 붙인 이유는 무엇일까? 그것은 분명 성 그레고리오스 팔라마스와 동시대인이었던 평신도 헤지카스트(기도를 통해 고요의 은총을 획득한 사람) 니콜라스 카바실라스의 『그리스도 안의 삶』이라는 위대한 저작에 영향을 받아 이를 기념하려고 그랬을 것임에 틀림없다. 요한 신부의 일기의 어떤 부분들은 전부가 그리스도에 대한 그리고 성사들과 성만찬 예배를 통해서 우리가 그리스도 안에서 변모되는 것과 관련된 니콜라스 카바실라스의 본문 전체를 옮겨놓은 것이거나 그것의 반향이다. 니콜라스와 요한은 동일한 소망과 동일한 열정을 가지고 있었는데, 그것은 흔히 동방에서 순교자들에 대해 말할 때 사용하듯 '온전한 표준'이 되는 것이었고 그 길을 다른 이들에게 가르치는 것이었다.

『그리스도 안에서의 나의 삶』은 사제들과 신자들을 동일한 사랑의 탐험으로 이끌고자 했던 요한 신부의 이 소망과 열정을 우리에게 말해준다. 이렇게 오랜 기간 기록되고 한 사람의 일생의 거의 전부가 담긴 저작이, 반복되는 부분이 많고, 별 의미 없는 부분들도 있으며, 때로는 부정확하고 지나치게 고지식한 생각들을 담고 있는 것은 어찌 보면 당연한 일일 것이다. 하지만 우리가 선택한 본문들은 모두가 축제적인 전례의 분위기, 하느님의 위대함에 대한 찬양, 인간을 향한 하느님의 자비에 대한 찬미들로서 우리 모두에게 즐거움과 감동을 가져다준다.

모스크바에서 수차례에 걸쳐 출판된 『그리스도 안에서의 나의 삶』은 요한 신부가 사망하기 6년 전인 1902년에 영어로 번역되었고, 뷕파스트(Buckfast)의 베네딕도 수도자인 돔 앙뚜완 스타엑(Dom Antoine Staerk)의 노력으로 프랑스어로도 번역되었는데, 그는 크론스타트의 요한 신부의 행정비서였던 사람에게서 가능한 모든 자료들을 전해 받아 번역에 참고하였다.

어느 날 나는 몽따뉴 쌩뜨 즈느비에브(Montagne Sainte-Geneviève)에서 우연한 기회에 『그리스도 안에서의 나의 삶』을 발견하고는 이 책에 크게 매료되었다. 나의 러시아 친구 니나 기(Nina Gueit)와 보리스 이바노브(Boris Ivanov)가 이 책을 읽는 데 큰 도움을 주었다. 그 후 나는 이 놀라운 책의 가장 아름다운 부분들만이라도 다른 사람들에게 알려야겠다는 생각이 들었다. 우리는 조단빌(Jordanville, 미국)의 성 삼위일체 수도원이

1894년 판과 1905년 판과 동일하게 재출판한 일기의 순서를 따랐다. 그래서 발췌한 내용들을 원래의 순서대로, 제목도 없이, 어떤 체계적인 배열도 시도하지 않은 채 번역하여 출판한다. 요한 신부가 저녁에 기도와 사랑으로 보냈던 하루 일과에 대해 아무런 의도도 없이 그저 펜 가는 대로 적어간 그대로 말이다. 이렇게 해서 우리는 이 빛의 사람이 걸어간 영적 사목적 궤적과 진보를 보다 더 잘 이해할 수 있을 것이다.

   나는 스타레츠 실루안 성인을 반갑게 맞이했던 때처럼 요한 신부를 따뜻하게 맞이해준 벨퐁뗀(Bellefontaine)의 내 형제들에게 감사드린다. 특별히 고백컨대 나의 악필로 인해 원고들을 가지고 그야말로 지루하지만 하지 않을 수 없는 '금욕적 노동'을 감당해야 했던 출판사에 진심으로 감사드린다. 이제 이들의 노력으로 하느님의 친구들인 독자들은 이 책을 손에 넣을 수 있게 되었다.

   "오직 행복감만이 모든 독자들의 마음을 가득 채우길."

1978년 9월
도미니크 수도회
루이 알베르 라쉬 신부

나는 나의 이 책에 서문을 달지 않았다. 그것이 이 책을 위한 것이든 그렇지 않은 것이든 말이다. 이 책엔 그저 내가 나 자신의 내적 상태를 깊이 또 신중하게 분석하는 순간들에, 특히 기도의 순간들에 성령께서 내게 드러내 보여주신 하느님의 은총을 담는 것으로 족하다. 나는 이 복된 생각과 감동들을 최대한 기록해보려고 노력했다. 이 책은 바로 이런 기록들로 수년에 걸쳐 만들어진 것이다.

독자들도 확인하게 되겠지만 이 책의 내용은 매우 다양하다. 책에 대한 평가는 오로지 독자들의 판단에 맡긴다. 영적인 사람은 모든 것을 판단하고 그 누구의 판단도 받지 않을 것이니.[41]

요한 일리치 세르게예브 대신부

---

41) I 고린토 2:15.

1부

"영원한 생명은 곧 참되시고
오직 한 분이신 하느님 아버지를 알고
또 아버지께서 보내신
예수 그리스도를 아는 것입니다."

(요한복음 17:3)

1. 오, 하느님이시여, 당신은 내게 참으로 위대한 당신의 빛과 진리를 열어주셨습니다. 학문을 통해 나를 가르치심으로써 당신은 신앙과 자연과 인간 지성의 그 모든 풍요로움을 내게 열어주셨습니다. 나는 당신의 말씀을 배워서 알게 되었습니다. "사람의 마음을 꿰뚫어 영혼과 정신을 갈라놓고 관절과 골수를 쪼개어 그 마음속에 품은 생각과 속셈을 드러내 주는"[42] 당신의 말씀을 알게 되었습니다. 나는 사람의 정신을 관통하는 법칙들과 올바른 지식에 대한 정신을 배워 알게 되었고, 언어를 배우고 익히게 되었습니다. 나는 또한 세상의 창조와 진화의 깊은 심연 안에 숨겨져 있는 자연 세계와 그 법칙들의 신비에 대해서도 조금은 탐구해 보았습니다. 나는 이 지구별에 얼마나 많은 사람이 살고 있는지, 또 얼마나 다양한 종족과 민족이 있는지, 이 세상에 왔다간 수많은 영웅들과 그들의 업적이 무엇인지도 압니다. 나는 놀라운 과학적 성과에 대해서, 또 자의식에 대해서, 당신께 갈 수 있는 방법들에 대해서도 조금은 배워 알게 되었습니다. 요약하자면, 너무나도 많은 것을 배워 알게 되었습니다! 당신께서 주신 가르침은 인간 정신에는 너무도 방대한 것입니다! 그런데도 나는 아직도 배워야 할 것이 너무나 많습니다.

나는 거의 모든 분야를 망라한 방대한 서적들을 갖고 있습니다. 나는 그 책들을 읽고 또 읽었습니다. 하지만 아직도 배가 채워지지 않습니

---

[42] 히브리 4:12.

다. 내 정신은 아직도 앎에 굶주려 있고, 내 마음은 포만감을 느끼지 못합니다. 내 마음은 배고픕니다. 지성을 통해 습득한 그 모든 지식들은 참으로 내 마음에 행복을 줄 수 없었습니다. 그러니 내 마음은 언제쯤에나 만족을 느낄까요? "나는 떳떳하게 당신 얼굴을 뵈오리이다. 이 밤이 새어 당신을 뵙는 일, 이 몸은 그것만으로 만족합니다."[43] 그때까지는 나는 늘 배고플 것입니다. 주님께선 말씀하셨지요. "내가 주는 물을 마시는 사람은 영원히 목마르지 않을 것이다. 내가 주는 물은 그 사람 속에서 샘물처럼 솟아올라 영원히 살게 할 것이다."[44]

2. 성인들은 어떻게 우리를 볼 수 있을까요? 어떻게 성인들은 우리의 필요를 알 수 있으며, 우리의 기도를 들을 수 있을까요? 비유를 하나 들어봅시다. 당신이 태양에 접붙여져서 태양과 하나가 되었다고 상상해 보십시오. 태양은 그 빛으로 온 땅을 비추어 줄 것입니다. 가장 미세한 부분까지도 비추어 줄 것입니다. 이 빛 속에서 당신은 세상을 볼 수 있을 것입니다. 하지만 당신은 이 태양에 비하면 너무도 보잘것없는 것이라 기껏해야 하나의 빛줄기를 표상할 뿐입니다. 그런데 태양은 이루 헤아릴 수 없이 많은 빛줄기들을 내뿜습니다. 이렇게 태양에 동화되어 일치됨으로써, 이 빛줄기는 온 세상을 비추는 태양광의 한 부분을 차지합니다. 마찬가지로, 거룩한 영혼은 영적 태양이신 하느님과 하나가 되기에, 온 우주를 비추는 이 영적 태양의 빛 안에서, 모든 사람을 알게 되는 것이며, 또 기도하는 이들 각자의 필요들을 알게 되는 것입니다.

---

43) 시편 17:15.
44) 요한 4:13-14.

3. 당신은 하느님을 보아야 한다는 것을 아십니까? 당신은 하느님이 무소부재하신 지혜요, 살아 역사하시는 말씀이요, 생명을 주시는 성령이심을 아십니까? 성경은 지혜와 말씀과 영(靈), 즉 삼위일체 하느님의 영토입니다. 그 안에서 삼위일체 하느님은 분명하게 자신을 드러내십니다. 주님은 말씀하십니다. "내가 너희에게 한 말은 영적인 것이며 생명이다."[45] 거룩한 교부들의 저술들 또한 인류 가운데서 교부라는 [영적] 엘리트의 영이 거룩한 삼위일체의 지혜와 말씀과 영에 협력하여 빚어낸 그 표현들입니다. 이 세상 사람들의 작품은 탐욕과 관습과 정념들로 빚어낸 타락한 인간 영혼의 표현입니다. 성경에서 우리는 하느님을 대면하여 봅니다. 우리 자신을 있는 그대로 봅니다. 인간이여, 성경을 통하여 너 자신을 알라, 언제나 하느님 면전에서 걸으라.

4. 당신도 아실 것입니다. 사람이 한 말은 결코 죽지 않습니다. 말로 볼 때 인간은 불멸합니다. 그 말들은 사람이 죽은 다음에도 여전히 말하게 될 것입니다. 나는 죽지만, 죽은 다음에도 나의 말은 여전히 말합니다. 우리들은 불멸의 말에 대해 말합니다. 이미 오래전 사망한 사람들이 남겨놓은 말들이지만, 아직까지도 수많은 사람들의 입술 위에 살아있는 그런 말에 대해서 말합니다! 그저 사람의 말임에도 불구하고 이렇게 힘이 있다면, 하느님의 말씀이야 얼마나 더 힘이 있겠습니까! 하느님의 말씀은 영원토록 살아서 역사하실 것입니다.

5. 금식과 참회는 무엇에 소용될까요? 무엇하러 이런 수고를 기울여야 하는 것일까요? 그것들은 영혼의 정화와 마음의 평화와 하느님과의

---

45) 요한 6:63.

일치에 봉사합니다. 그것들은 우리를 신심과 아들됨의 영으로 채워주고, 하느님 앞에 설 때 든든한 보증이 되어 줍니다. 보십시오, 이것이 바로 우리가 금식하고 참회해야 하는 이유입니다. 평가할 수 없는 훌륭한 보상이 이 의식적인 노력을 기다리고 있습니다. 하지만 아들이 아버지를 사랑하듯 진정으로 하느님을 사랑하는 사람이 우리 중에 과연 몇이나 될까요? 모든 걸 포기하고 확신에 차서 하늘에 계신 하느님을 "우리 아버지"라고 부를 용기를 가진 사람이 얼마나 될까요? 오히려 우리 마음이 이 세상의 헛된 것들과 이 세상 것, 이 세상이 주는 즐거움에 대한 집착으로 메말라버려서, 아들이 되어 하느님을 아버지라 부르는 이 호명이 더 이상 울려 퍼지지 않고 있는 것은 아닐까요? 하늘에 계신 우리 아버지께서 우리의 마음에서 너무 멀리 계시는 것은 아닐까요? 우리가 생각하는 하느님은 화가 난 하느님은 혹시 아닐까요? 우리는 그분을 떠나 아주 먼 나라에 가있는 것은 아닐까요?[46] 그렇습니다. 우리의 죄 때문에 우리 모두는 그분의 공의로운 분노와 형벌을 받아 마땅합니다. 그러나 그분께서는 우리에 대해 인내하시고 관대히 대해주시니 정말 놀랍지 않습니까? 그분은 우리가 열매 맺지 못하는 무화과나무처럼 멸망하는 것을 바라지 않으십니다.[47] 그러니 회개와 눈물을 통해서 하느님께서 분노를 거두시도록 서두릅시다. 우리 자신 안으로 들어갑시다. 하느님의 은총에 다가갈 수 없게 하는 수많은 흠들이 있음을 보고, '아 우리는 영적으로 죽어 있었구나!' 하고 깨달읍시다.

---

46) 루가 15:13 참고.
47) 루가 13:7 참고.

6. 하느님의 사제들이여, 고통 받는 그리스도인의 고난의 침상을 행복의 침상으로 변화시켜 주십시오. 그에게 믿음으로부터 나오는 위로를 주십시오. 너무도 불행하다고 믿고 있는 그를 모든 사람 중에서 가장 행복한 사람으로 만들어 주십시오. "그들이 받는 고통은 후에 받을 큰 축복에 비하면 아무 것도 아니다."[48]라는 것을 설득하십시오. 그러면 여러분은 사람들의 참된 친구가 될 것이고 위로의 천사가 될 것이며, 위로자이신 성령의 도구요 사역자가 될 것입니다.

7. 목자들이여, 우리의 신앙이 생명의 원천이 아니라거나 우리가 위선적으로 하느님을 섬긴다는 생각일랑 아예 하지 마십시오. 우리 자신이 먼저 그 누구보다도 먼저 하느님의 자비를 힘입어야 합니다. 우리는 경험으로 알고 있습니다. 그 자비란 결국 우리 주님이며, 주님의 성사들이며, 지극히 정결하신 성모님이며, 주님의 거룩한 성인들이라는 사실을 말입니다. 예를 들어 주님의 성체성혈의 신비에 참여하면서 우리는 이 신비가 생명을 주는 것임을, 이 신비가 성령 안에서의 평화와 기쁨이라는 하늘의 보화를 부어준다는 사실을 경험합니다. 우리는 알고 있습니다. 백성 중 가장 비천한 자를 향해서 임금이 아주 호의어린 시선을 보낸다면 이 사람은 가슴이 너무도 벅찰 것입니다. 하지만 그것은 하늘의 임금이신 주님의 자비로운 시선이 우리의 마음을 채우고, 이 신비들이 우리를 채워주는 것에 비하면 아무것도 아닙니다. 그러니 만약 우리가 하느님께서 사랑하시는 이들에게 이 신비의 위대함을 알려주려 노력하지 않는다면, 만약 우리가 하느님께서 성만찬 예배 때마다 우리 마음 안에서 이루시는 그 놀라운 일들을 찬양하지 않는다면, 그것은 우

---

48) 지혜서 3:5.

리가 하느님께 가장 배은망덕한 자들이며, 가장 마음이 완악한 자들임을 증명하는 것입니다. 우리는 또한 영광스럽고 생명을 주시는 십자가가, 감히 넘볼 수 없고 이해할 수도 없는 신적인 능력을 발휘한다는 것을 경험으로 알고 있습니다. 이 권능에 의지하여 우리는 우리 마음속에서 악한 정념들과 절망과 무기력함과 두려움과 그 밖의 모든 악마의 술수들을 물리칩니다. 십자가는 우리에게 친구가 되어 주고 선을 베풀어 줍니다. 나는 정말 진심을 다해서 이것을 말하고 있습니다. 나는 진정으로 내가 한 이 말이 진리이며 힘이 있다는 사실을 믿습니다.

8. 형제들이여, 이 세상에서 살아가는 목적이 무엇입니까? 지상에서 온갖 종류의 좌절과 불행을 다 겪고 난 후에, 또 성사들이 제공해주는 하느님의 은총에 힘입어 덕 안에서 진보를 거듭해 나간 후에, 그런 다음에 다가오는 죽음 이후에, 우리는 우리 영혼의 참된 평화이신 그리스도 안에서 안식을 누릴 수 있지 않겠습니까? 그래서 우리는 이렇게 찬양하는 것입니다 : "주님이시여, 돌아가신 당신 종의 영혼에 안식을 베푸소서." 평화로이 안식한다는 것, 그것은 우리가 바라는 모든 것의 절정입니다. 우리는 하느님께 이것을 간청합니다. 죽은 자가 또다시 고생해야 한다는 것은 정말 있을 수 없는 일이 아니겠습니까? 주님께서 말씀하십니다. "고생하며 무거운 짐을 지고 허덕이는 사람은 다 나에게로 오너라."[49] 이미 우리 곁을 떠난 이들, 그리스도인답게 죽어 잠든 이들은 하느님의 이 초대에 순종하였고, 그 결과 안식을 찾았습니다. 그런데도 왜 그것 때문에 슬퍼합니까?

---

49) 마태오 11:28.

9. 영적인 삶을 살려고 노력하는 사람들은 일생동안 자기 생각들에 대해 목숨을 걸고 지극히 힘겨운 투쟁을 해야 합니다. 영적 투쟁을 벌여야 한다는 말입니다. 영혼은 항상 마음속에 파고 들어오는 생각들을 감시하고 분별하여, 악마에게서 오는 생각들을 물리쳐낼 수 있는 청명한 눈과 같아져야 합니다. 그리고 마음은 항상 믿음과 겸손과 사랑으로 타올라야 합니다. 그렇지 않으면 악마의 계략이 사람의 마음속에 스며들 길을 찾게 될 것이고, 그 결과 믿음이 약해지거나 아예 완전한 불신앙에 빠져버리거나 눈물로도 닦아 낼 수 없는 온갖 악으로 넘쳐버리게 될 것입니다. 그러므로 당신의 마음이 특별히 기도의 순간에 차가워지는 일이 없도록 조심하십시오. 마음이 무방비 상태에 빠지지 않도록 경계하십시오. 종종, 입술은 기도드리지만 마음은 간계와 의심과 불신앙으로 가득 차 있어서 입술로는 하느님께 가까이 있는 것 같지만 마음으로는 하느님을 멀리 떠나 있는 상태가 발생하기도 합니다. 우리가 기도할 때, 악마는 모든 수단을 동원하여 우리의 마음을 차갑게 만들고 의심으로 가득 차게 만들려고 합니다. 우리가 눈치채지 못하게 말입니다. 그러니 기도하십시오. 보다 강해지십시오. 당신의 마음을 더욱 굳건하게 하십시오.

10. 당신이 기도를 통하여 하느님께 특별한 은총을 간구하고자 한다면, 기도하기 전에 먼저 당신 자신을 믿음 안에 굳게 자리 잡아 흔들리지 않도록 준비시키고, 의심과 불신앙에 대항하도록 무장시키십시오. 만약 기도할 때 당신의 마음이 주저하고 믿음 안에서 굳게 서있지 못하다면 그러한 간구는 오히려 당신을 초조함으로 속 타게 할 것이기 때문입니다. 당신이 주저하는 마음으로 간구하는 것이라면 주님으로부터

그것을 얻을 수 있으리라 기대하지 마십시오. 그렇게 하는 것은 주님을 모독하는 것이고, 하느님은 자신을 모독하는 사람에게 은총을 내려주시지 않기 때문입니다. 주님께서 말씀하십니다. "너희가 기도할 때에 믿고 기도하는 것은 무엇이든지 다 받을 것이다."[50] 말하자면 의심하고 믿지 않는 것이면, 그 어떤 것도 얻을 수 없다는 말입니다. 주님께서 또한 말씀하십니다. "너희가 의심하지 않고 믿는다면 이 무화과나무에서 본 일을 할 수 있을 뿐만 아니라 이 산더러 '번쩍 들려서 바다에 빠져라' 하더라도 그대로 될 것이다."[51] 그러므로 만약 당신이 주저하고 믿지 않는다면 그런 능력을 가질 수 없을 것입니다. "조금도 의심을 품지 말고 오직 믿음으로 구하십시오. 의심을 품는 사람은 바람에 밀려 흔들리는 바다 물결 같습니다. 그런 사람은 아예 주님으로부터 아무것도 받을 생각을 말아야 합니다. 의심을 품은 사람은 마음이 헷갈려 행동이 불안정합니다."[52]

하느님은 구하는 것을 주실 수 있는 분이심을 믿지 않는 마음은 벌을 받습니다. 그런 마음은 의심에 치이고 짓눌리게 될 것입니다. 의심의 그림자가 전능하신 하느님을 노엽게 하지 않기를 바랍니다. 이미 하느님의 전능하심을 수없이 경험한 당신이니 말입니다. 의심은 신성모독이고 마음속에 은밀하게 숨어 진리의 영에 대적하는 거짓 영의 뻔뻔스러운 거짓말입니다. 독사를 두려워하듯 그것을 두려워하십시오. 아니 오히려 그것을 무시해버리고 절대로 관심을 주지 말라는 말이 더 좋겠군요. 기도할 때 하느님께서는 "내가 너희의 소원을 이루어 줄 수 있다

---

50) 마태오 21:22.
51) 마태오 21:21.
52) 야고보 1:6-8.

고 믿느냐?"[53]라고 질문하시며 이 질문에 당신이 마음 깊은 곳에서부터 "예, 주님!" 하고 긍정의 대답을 하길 바라십니다.

의심 혹은 불신앙을 극복할 수 있도록 당신을 도와줄 수 있는 분이 누구인가 봅시다. 먼저 나는 하느님께 조금도 상상이나 공상의 것이 아닌 이미 존재하는 어떤 것을 간구합니다. 그런데 존재하는 모든 것은 하느님으로부터 그 존재를 부여받습니다. "모든 것은 말씀을 통하여 생겨났고 이 말씀 없이 생겨난 것은 하나도 없다."[54]라고 기록되어 있듯이 말입니다. 그러므로 생겨난 모든 것은 하느님의 허락 없이는 생겨날 수 없습니다. 만물은 하느님으로부터 그 존재를 부여받거나, 혹은 하느님의 의지나 허락에 의해서 그분께서 그 피조물들에게 주신 힘과 능력대로 생겨납니다. 존재하는 모든 것, 생겨나는 모든 것에 있어서 하느님은 전능하신 주인이십니다. 게다가 하느님께서는 "없는 것을 있게"[55] 만드셨습니다. 그렇기 때문에 나는 존재하지 않는 어떤 것을 간청할 수 있고, 하느님께서는 내게 주시려고 그것을 창조하실 수 있는 것입니다.

다음으로, 나는 가능한 어떤 것을 하느님께 간구합니다. 우리에게 불가능한 것이 하느님께는 가능하기 때문입니다. 여기서도 문제는 없습니다. 왜냐하면 하느님께서는 나를 위해서 내 눈에는 불가능해 보이는 것을 행하실 수 있기 때문입니다. 불행은 우리의 신앙이, 추론과 논거와 비교라는 거미줄로 진리를 칭칭 감아버리는 우리 이성의 근시안에 의해 방해받고 있다는 것입니다. 믿음은 단번에 껴안고 파악해 버립니다. 하지만 이성은 먼 길을 돌아서 진리에 도달합니다. 믿음은 하나의 영과 또 다른 영 사이의 소통을 확립합니다. 하지만 이성은 감각적이고

---

53) 마태오 9:28.
54) 요한 1:3.
55) 로마서 4:17.

순전히 물질적인 지성의 차원에서만 소용되는 소통의 수단입니다. 전자는 영(靈)이요, 후자는 육(肉)입니다.

11. 당신은 구세주 성화(聖畵)를 바라봅니다. 구세주께서 빛나는 눈으로 당신을 바라보고 계심을 알게 됩니다. 이 시선은, 당신의 생각 하나하나를 살피시고 당신 마음의 모든 근심과 한숨을 들으시는 구세주께서, 빛보다도 더 밝게 빛나는 눈으로 실제적으로 당신에게 보내시는 시선에 대한 하나의 형상입니다. 성화는 특징과 상징을 통하여, 표상될 수 없고 상징화될 수 없는 어떤 것, 오직 믿음을 통해서만 이해될 수 있는 어떤 것을 표상합니다. 그러므로 주님께서 항상 당신을 관찰하신다는 것을 믿으십시오. 어떤 상황에서나 우리 각자를, 우리 각자의 생각과 고통과 바람들을 마치 손바닥 보듯 늘 살피신다는 것을 믿으십시오. "너는 나의 두 손바닥에 새겨져 있고, 너 시온의 성벽은 항상 나의 눈앞에 있다."[56]고 하셨듯이 말입니다. 이 얼마나 큰 위로입니까! 전능하시고 능히 구하실 수 있는 하느님의 말씀으로 이루어진 굳건한 생명의 약속이 아니고 무엇입니까! 그러므로 마치 구세주 앞에 서있듯이 그분의 성화 앞에 서서 기도하십시오. 사람의 친구이신 그분은 그분의 은총으로 그 성화 안에 현존하십니다. 성화에 그려진 눈은 참으로 당신을 바라봅니다. "주님의 눈길은 안 미치는 데 없다."[57]라고 했듯이 말입니다. 성화에 그려진 귀는 정말로 당신의 간구를 듣습니다. 오직 그 눈은 하느님의 눈이고 그 귀는 무소부재하신 하느님의 귀라는 사실만 명심하십시오.

---

56) 이사야 49:16.
57) 잠언 15:3.

12. 내가 어디 있든지, 슬픔 중에서 마음의 눈을 하느님께로 향할 때마다, 사람의 친구이신 그분은 나의 믿음과 기도에 응답하십니다. 그러면 나의 슬픔은 곧 사라지고 맙니다. 하느님은 언제나 내 곁에 계십니다. 나는 그분을 보지 못합니다. 하지만 내 마음속에 계신 그분의 현존을 나는 생생하게 느낍니다. 슬픔은 마음의 죽음입니다. 그것은 배교나 다름없습니다. 살아있는 믿음에서 생겨나는 환희와 평화는 하느님께서 항상 내 곁에 계신다는, 아니 그분이 내 안에 머물러 계신다는 절대적이고도 분명한 증거입니다. 성인들과 천사들 중에서 죄와 슬픔으로부터 우리를 해방시킬 수 있는 분이 누가 있습니까? 아무도 없습니다. 오직 하느님만이 그렇게 할 수 있습니다. 나는 이것을 경험해서 알고 있습니다.

13. 하느님 존재에 대한 믿음은 영적인 세계에 속하는 영혼의 존재에 대한 믿음과 아주 밀접한 관계가 있습니다. 신심이 있는 영에게는 하느님의 존재가 자기 자신의 존재만큼이나 명백합니다. 왜냐하면 그에게는 좋든 나쁘든 모든 생각이, 또 모든 바람이, 모든 의향과 말과 행동이 마음의 어떤 새로운 상태와 연결되기 때문입니다. 평화롭든지 혹은 불안하든지, 기쁘든지 혹은 고통스럽든지 말입니다. 그런데 마음의 상태는 모든 영들과 육체들의 주인이신 분의 행위에서 비롯되는 것이고, 이 행위는 물에 반영되듯 우리의 마음에 반영됩니다. 물이 맑을수록 반영은 더욱 아름답고 선명하겠지만, 물이 흔들리면 그 반영 또한 어지럽게 일그러질 것입니다. 마찬가지로 영혼이 극도로 불순하고 흐릿하면, 그 반영도 완전히 사라져 버려서 영혼은 영적인 어둠, 완전한 무감각 상태의 포로가 됩니다. 그렇게 되면, 눈이 있어도 보지 못하고, 귀가 있어도

듣지 못하게 되는 것입니다.[58]

14. 영혼과 하느님의 관계는 온도계의 수은과 외부 공기에 비교될 수 있습니다. 수은은 그 팽창과 수축, 상승과 하강이 공기 상태의 변화에서 비롯되는 반면, 하느님은 변함없으시고 영원히 선하시고 의로우시다는 점이 다르지만 말입니다. 하느님과의 관계에서 지속적이지 못한 영혼은 변화를 겪습니다. 영혼이 믿음과 선한 행위들을 통해서 하느님께 가까이 나아간다면 틀림없이 환희에 차고 마음의 평화를 맛보게 됩니다. 하지만 의롭지 못한 행동과 믿음의 부족과 의심으로 하느님에게서 멀어지면, 틀림없이 위축되고 지치고 근심에 차게 됩니다.

15. 악마는 마치 모래 장난을 할 때 짓궂게 모래를 흩어버리듯이 기도를 흩어버리려고 애를 씁니다. 악마는 기도의 단어들을 마치 마른 모래알처럼 아무런 일관성도 없고 보드랍지도 않은 것, 다시 말해 마음의 뜨거움이 함께 하지 않는 것으로 만들어 버리려 합니다. 기도 또한 반석 위에 지어진 집이나 모래 위에 지어진 집과 같을 수 있습니다.[59] 믿음의 영이 없이 그저 건성으로 차갑게 기도하는 사람은 모래 위에 집을 짓는 사람입니다. 이런 기도는 그 자체로 온데간데없이 사라져 버려서 기도하는 이에게 아무런 유익도 주지 못합니다. 반대로 기도할 때 내내 시선을 하느님께 고정시키고, 마치 살아있는 사람에게 말하듯 얼굴을 맞대고 하느님께 기도하는 사람은 반석 위에 집을 짓는 사람입니다.[60]

---

58) 마태오 13:13-16 참고.
59) 마태오 7:24-27 참고.
60) 민수기 12:8 참고.

16. 구원의 말씀, 거룩한 교부들의 저작, 기도문, 특별히 성 삼위일체 하느님의 두 번째 위격이신 '말씀 자신'(우리 주 예수 그리스도)의 말씀들은 진실로 생명수입니다. 물이 흐르듯, 말씀도 물처럼 흐릅니다. 물이 몸을 시원하게 해주고 몸을 살리듯, 구원의 말씀들도 영혼을 살리고 영혼을 평화와 기쁨, 혹은 회한과 참회로 채워줍니다.

17. 기도를 통해 간구하는 것을 분명히 얻을 수 있다는 굳은 신뢰는 하느님의 자비와 선하심을 믿는 것에 토대를 둡니다. 하느님은 선하시고 자비로우신 분이시며, 인간의 친구이시기 때문입니다. 그래서 성경이나 성인들의 생애에 나타난 하느님의 선하심과 자비, 특별히 우리 자신에게 베풀어주신 그분의 선하심과 자비, 그 수많은 경험들을 지금 이 순간 기억하는 것은 너무나 좋은 일입니다. 더 나아가 기도가 열매를 맺도록 하려면, 기도하는 사람은 이전에 하느님께 구한 것은 모두 이미 얻었다고 온 마음을 다해 굳게 믿어야만 합니다. 우리는 기도를 통해 우리가 구했던 것을 얻습니다. 특별히 그것이 영혼의 구원과 관련될 때는 더 그렇습니다. 이렇게 우리가 얻은 것을 오직 하느님과 그분의 은총으로부터 온 것으로 생각해야지 우연이라고 생각해서는 절대 안 됩니다. 전능하신 하느님의 왕국에서 어떻게 우연이 있을 수 있겠습니까? 하느님의 동의 없이 일어나는 일은 없고 "하느님 없이 생겨난 것은 하나도 없습니다."[61]

아무리 기도해도 하느님께서는 아무것도 주시지 않는 것 같아서, 혹은 기도는 무익해 보인다고 해서 기도하지 않는 사람들이 많습니다. 그

---

61) 요한 1:3.

들은 하느님은 우리의 필요를 다 아시니까 굳이 하느님께 구하는 것이 필요 없다고 말합니다. 하지만 그들은 주님께서 이렇게 말씀하신 것을 까맣게 잊고 있는 것입니다. "구하라, 받을 것이다. 찾아라, 얻을 것이다. 문을 두드려라, 열릴 것이다."[62] 구하는 기도는 우리의 믿음을 더욱 강하게 하기 위해 꼭 필요합니다. 그리고 우리는 이 믿음을 통해서만 구원받을 수 있습니다. "여러분이 구원을 받은 것은 하느님의 은총을 입고 그리스도를 믿어서 된 것이지 여러분 자신의 힘으로 된 것이 아닙니다."[63] "여인아, 참으로 네 믿음이 장하다!"[64] 이렇게 믿음을 굳건하게 하기 위해서 주님께서는 여인이 끈기를 가지고 기도하길 원하셨던 것입니다. 그의 믿음을 일깨우고 강하게 해주시기 위해서 말입니다.

위에서 말한 사람들은 그리스도인의 가장 귀중한 유산이요, 생명만큼이나 없어서는 안 되는 이 믿음이 자신에게는 없다는 것을, 자신의 불신앙으로 인해 하느님을 거짓말쟁이로 만들어 버린다는 것을,[65] 자신들이 하느님의 자비를 얻을 자격이 없는 악마의 자식들이라는 사실을, 그리하여 멸망으로 나아가고 있다는 것을 생각해 보지 않습니다.

기도하는 동안에 우리의 마음은 영적인 복에 대한 열망으로 타올라야 합니다. 하느님 사랑으로 타올라야 합니다. 사람을 향하신 하느님의 무궁한 선하심과 아버지같이 부드럽게 우리의 모든 기도를 경청하시려는 그분의 의지를 생생하게 떠올려야 합니다. "너희는 악하면서도 자기 자녀에게 좋은 것을 줄 줄 알거든 하물며 하늘에 계신 너희의 아버지께서야 구하는 사람에게 더 좋은 것을 주시지 않겠느냐?"[66]

---

62) 마태오 7:7.
63) 에페소 2:8.
64) 마태오 15:28.
65) 1요한 1:10.
66) 마태오 7:11.

18. 보이는 것과 보이지 않는 모든 것을 만드신 창조주 하느님께서 빵과 포도주를 지극히 순결한 자신의 몸과 피로 변화시키는 것이 그리 놀라운 일이겠습니까? 빵과 포도주 안에서 성자 하느님이 다시 한번 육화하시는 것은 아닙니다. 그분은 이미 단 한 번 모두를 위해 육화하셨고 이것은 영원토록 충분한 것이기 때문입니다. 하지만 그분은 한 번 수용하셨던 그 육체 안에서 육화하십니다. 마치 빵 다섯 개를 불어나게 하시어 오천 명을 먹이셨던 것처럼 말입니다. 자연 세계에는 내가 알 수 없는 신비가 수많이 있습니다. 비록 눈에 보이는 것이라 할지라도 그 자체의 신비를 간직한 채 존재하는 것입니다. 그러니 이 성체성혈 성사에서 빵과 포도주가 주님의 몸과 피가 되는 방식이 내게는 지극히 신비로운 것이어서 비록 내가 그것을 이해할 수 없을지라도 이 성체성혈의 신비는 실제적인 것입니다. 나를 창조하신 창조주 하느님, – 나는 그저 그분의 진흙입니다.[67] 하느님께서 내 살과 피를 조성하셨고 영으로 덧입히셨습니다. – 지혜가 충만하시고 무한한 권능을 지니신 하느님께서는 비밀스런 생각들을 가지고 계십니다. 그러니 그분의 손으로 창조된 작품인 나도 하나의 신비가 아니고 무엇이겠습니까?[68] 내 영을 위해서는 주님의 성령이 계시고, 내 영혼과 몸을 위해서는 주님의 살과 피가 있습니다.

19. 잘 생긴 얼굴보다는 영혼을 보십시오. 사람의 옷(몸은 임시적인 옷이기 때문입니다)을 보지 말고 그것을 입고 있는 사람을 보십시오. 사는 곳의 휘황찬란함에 머리 숙이지 말고, 그곳에 사는 사람을 생각하고 그가

---

67) 욥기 10:9, 이사야 45:9, 64:7, 예레미야 18:6 등 참고.
68) 시편 139:14 참고.

어떤 사람인지를 생각하십시오. 그렇지 않으면 당신은 사람 안에 있는 하느님의 형상을 모욕하게 될 것이고, 신하는 공경하면서 정작 임금에게는 마땅한 공경을 드리지 않는 불경을 저지르는 꼴이 될 것입니다. 마찬가지로 책을 볼 때도 그 책의 아름다운 활자를 보지 말고, 그 책의 정신을 생각하십시오. 그렇지 않으면 영(靈)은 가치 없게 생각하고 도리어 육(肉)은 찬양해 마지않는 사람처럼 될 것입니다. 활자들은 육이요, 책의 내용은 영이기 때문입니다. 악기나 목소리의 아름다운 운율에 매료되지 마십시오. 오히려 그 운율들이 영혼에 미치는 결과와 노래의 가사들에 따라 그것들이 어떤 영으로부터 왔는가를 판단하십시오. 당신에게서 평화롭고 순결하고 거룩한 감정을 불러일으킨다면 귀를 기울이십시오. 그리하여 그것들이 당신의 영혼을 배불리게 하십시오. 반대로 당신의 영혼에 정념들을 불러일으킨다면 즉각 귀 기울이기를 멈추고 그러한 음악의 육과 영을 당신에게서 멀리 내던져 버리십시오.

20. 속사람은 비록 헛된 이 세상에서 어두운 육신 안에 있지만, 아침 일찍 잠에서 깨는 순간 악마들의 유혹에 보다 덜 굴복하고 악마의 시선에 보다 용이하게 버팁니다. 마치 물고기가 이때다 싶어 물 밖으로 즐겁게 뛰어오르는 것과 같습니다. 하지만 그 외의 시간에는 지척도 분간할 수 없는 칠흑 같은 어둠에 둘러싸이고, 그 눈은 영적인 것들의 참된 실상을 가리는 안대로 덮여버립니다. 그러니 새 생명의 시간, 몇 시간의 잠으로 다시 회복된 생명의 시간인 이 아침시간을 유익하게 사용하십시오. 이 시간들은 우리로 하여금 어느 정도는, 장차 밤은 없고 낮만 지속될 온 우주적 부활의 아침에 깨어날, 혹은 이 사멸할 육신에서 해방될 때 얻게 될 우리의 회복된 상태를 볼 수 있게 해줍니다.

21. 기도할 때에 간혹 불신에 빠진 마음에서 기어 올라오는 죽을 것 같은 어둠(불신앙이 곧 어둠이기 때문입니다)과 영적인 불안이 생기곤 합니다. 이런 때가 오더라도, 당신의 마음을 패배감에 내어주지 마십시오. 하느님의 빛이 당신 안에서는 꺼져 버렸을지라도 그것은 언제나 찬란하고도 영광스럽게 하느님 안에서, 그분의 교회에서, 하늘과 땅에서, "그분의 영원하신 능력과 신성과 같은 보이지 않는 특성을 나타내 보이는"[69] 온 우주만물 안에서 빛나고 있다는 사실을 명심하십시오. 진리가 없어지기라도 할 듯 생각하지 마십시오. 진리는 하느님 자신이며 존재하는 모든 것은 그분으로 말미암고 그분에 의해 지탱되기 때문입니다. 오직 당신 자신의 마음, 죄악에 물들어 어두워진 당신의 마음만이 진리를 저버릴 수 있을 뿐입니다. 그러한 마음은 진리의 빛이 내뿜는 광채를 견딜 수 없기 때문입니다. 그 빛의 순결함을 감당해 낼 수 없기 때문입니다. 오직 영적 어두움의 첫 번째 원인인 죄악들로부터 정화되었을 때만 그것을 견디고 감당할 수 있습니다. 당신은 분명 당신 스스로도 그 증거를 발견할 수 있습니다. 믿음의 빛, 하느님 진리의 빛이 당신 안에 머무를 때 당신의 마음은 평화롭고 고요하고 강하고 살아있습니다. 하지만 그 빛이 꺼지면, 당신의 마음은 불안하고, 바람에 갈대가 흔들리듯 나약해져 활기를 잃습니다. 이 어둠에 너무 신경을 쓰지 마십시오. 그것은 사탄의 장난입니다. 단지 생명을 주시는 십자가 성호를 그어 물리치십시오. 어둠이 흩어질 것입니다.

22. 교만이 드러나는 것을 주의 깊게 감시하십시오. 교만은 아무도

---

[69] 로마서 1:20.

모르게 나타납니다. 특별히 그것은 아무것도 아닌 일로 다른 사람들에게 반대하거나 화를 낼 때 슬며시 고개를 듭니다.

23. 하루를 평화롭게, 거룩하게, 죄짓지 않고 지낼 수 있는 유일한 방법은 아침에 잠에서 깰 때부터 열렬한 마음으로 아주 진지하게 기도하며 지내는 것입니다. 이 기도는 당신 마음 안에 성부와 성령과 함께 성자이신 그리스도를 모셔올 것이고 그렇게 해서 악의 모든 공격으로부터 당신의 영혼을 굳건하게 지켜줄 것입니다. 하지만 아주 면밀하게 당신 마음을 지키는 것 또한 아주 중요합니다.

24. 가끔, 우리 영혼이 낙심할 때, 우리는 죽기를 원합니다. 죽는 것은 쉽고 금방 끝나겠지요. 하지만 당신은 정말 죽을 준비가 되어 있습니까? 죽음 이후에 심판이 온다는 것을 기억하십시오.[70] 당신은 아직 죽을 준비가 되어 있지 않습니다. 만약 당신에게 죽음이 찾아온다면, 아마도 당신은 공포에 벌벌 떨 것입니다. 그러니 함부로 죽음을 이야기해서는 안 됩니다. "차라리 죽는 것이 낫겠다!"라고 말하지 마십시오. 오히려 이렇게 말하십시오. "그리스도인답게 죽으려면 어떻게 준비해야 할까?" 두려움과 부끄러움 없이 평화롭게, 자연의 냉혹한 법칙에 따르는 것이 아니라 거룩하시고 복되신 하늘 아버지께서 영원한 그의 왕국으로 부르시는 사랑 가득한 초대에 응하는 것으로서 죽음을 맞이하려 한다면, 믿음과 선행으로 인생의 온갖 비참과 고통을 용기 있게 감당하면서 사십시오. 무거운 인생의 짐에 짓눌려 죽음을 호소하는 노인

---

70) 히브리 9:27 참고.

을 생각해보십시오. 막상 죽음이 임박하면, 그는 죽기를 거부하고 무거운 짐을 져도 좋으니 계속 살게 해달라고 할 것이 분명합니다.

25. 기도의 순전함을 해치지 않으면서도 빠르게 기도할 수 있을까요? 순결한 마음으로 내적인 기도를 드리는 사람에게는 그것이 가능합니다. 기도하는 동안, 마음은 당신이 간구하는 것을 진실하게 열망해야 하고, 또 당신이 말하는 것의 진실함을 느껴야 합니다. 순결한 마음에는 이것이 자연스럽게 이루어집니다. 따라서 하느님께서 흠향하시는 방법으로 빠르게 기도하는 것이 가능한 것입니다. 이 경우 기도의 빠름은 기도의 진정성을 해치지 않습니다. 하지만 진실한 마음으로 기도드릴 수 없는 사람들은 반드시 천천히 기도해야 합니다. 그렇게 해서 마음이 기도의 한 마디 한 마디에 반응할 수 있도록 기다려 주어야 합니다. 이것은 관상적인 기도에 익숙지 않은 사람에게는 항상 쉬운 것은 아닙니다. 그래서 그런 사람에게는 기도 말을 천천히 소리 내어 적당한 쉼과 함께 기도드리는 것을 절대적인 규칙으로 삼도록 해야 합니다. 각각의 단어들이 마음에서 반향을 일으키도록 적당히 기다려 주십시오.

26. 사람은 그 마음에서 하느님께 가까이 나아가거나 그분으로부터 멀어집니다. 그것이 바로 마음에서 기쁨과 평화를 누리거나 두려움과 불안과 짓눌림을 느끼는 이유입니다. 전자는 생명이며 후자는 영적인 죽음입니다. 일반적으로 절망감이 느껴질 때 우리는 하느님께 가까이 나아가려 합니다. 하느님이 아니시라면 누구도 우리를 도울 수 없기 때문입니다. 그래서 우리는 온 마음을 다 하느님께 돌려 드리는 것입니다. 반면 우리가 평안하고 풍족할 때, 이 땅이 주는 만족에 취해 있을

때 그리하여 우리의 육적인 옛 사람이 교만으로 잔뜩 부풀어 있을 때 우리는 하느님으로부터 멀어집니다. 부유함과 영광과 명예에 목말라 하거나 그런 것으로 채워질 때, 사람의 마음은 믿음을 잃고 최고의 심판자이신 하느님을 잊어버립니다. 자신의 영혼이 불멸하다는 것을 잊어버립니다. 온 마음을 다해 하느님을 사랑하고 이웃을 나 자신처럼 사랑해야 함을 잊어버립니다.

27. 하느님과의 연합, 이것이야말로 우리 인생의 가장 위대한 일입니다. 죄는 이것에 가장 큰 걸림돌입니다. 죄를 마치 가장 끔찍한 원수처럼, 영혼을 죽이는 살해자처럼 여기고 피해야 하는 이유가 여기에 있습니다. 하느님 없이 사는 것, 그것은 삶이 아니라 죽음이기 때문입니다. 우리가 왜 창조되었는지를 잘 이해하도록 하십시오. 우리 주님께서는 우리 모두를 주님과 연합하도록 부르셨다는 것을 항상 기억하십시오.

28. 마음의 눈으로 하느님을, 그분을 있는 그대로, 우리를 향하신 그분의 사랑과 그분의 모든 완전함을 보려면, 또 천사들의 아름다움, 지극히 거룩하신 동정 성모님의 영광과 그 영혼의 아름다움과 존귀함을, 성인들의 아름다움과 우리를 위한 그분들의 사랑을 보려면, 그리스도인은 무엇보다도 순결한 마음을 가져야 합니다. 우리는 이 모든 것을 그 자체로 보아야 합니다. 그리스도교 신앙의 진리들과 그 성사들을 관상해야 합니다. 그것들이 얼마나 숭고한 것인지를 깨달아야 합니다. 우리는 또한 우리 영혼의 상태와 특별히 그 안에 숨어있는 죄악들을 보아야 합니다. 깨끗하지 못한 마음은, 즉 이 땅의 온갖 정념들로 차 있는 영혼은 눈으로 육적인 욕망들을 먹고 삽니다. 이 세상의 교만을 먹

고 삽니다. 그런 마음은 내가 방금 말한 이 모든 좋은 것들을 볼 수 없습니다.

29. 기도는 영과 마음을 하느님께 올려드리는 것입니다. 그러므로 그 영과 마음이 돈이나 명예와 같은 육적인 욕망에 달라붙어 있거나, 그 마음이 증오와 질투 같은 온갖 정념으로 가득 차있는 사람이 참된 기도를 드릴 수 없다는 것은 너무도 분명합니다. 정념은 마음을 옥죄지만, 하느님은 마음을 기쁨으로 부풀게 하고 마음에 참된 자유를 주시기 때문입니다.

30. "내가 세상 끝날까지 항상 너희와 함께 있겠다!"[71] 주님, 그렇습니다. 당신은 항상 우리와 함께 계십니다. 당신이 안 계시는 날은 단 하루도 없습니다. 당신이 우리 곁에 안 계신다면 우리는 결코 살 수 없습니다. 당신은 특별히 당신의 거룩한 성체성혈 성사 안에서 우리와 함께 계십니다. 거룩한 성사들 안에서 당신은 진정 실체적으로 현존하십니다! 우리 주님이신 당신은 매번 성만찬 예배가 행해질 때마다 죄가 없는 것을 제외하곤 우리의 것과 똑같은 몸을 취하십니다.[72] 그리하여 생명을 주시는 당신의 살로 우리를 먹이십니다. 성사 안에서 당신은 전적으로 우리와 함께 하시고, 당신의 살은 우리의 살과 하나가 되고, 당신의 영은 우리의 영혼과 하나가 됩니다. 우리는 생명을 주고 마음을 달래주는 온유한 이 연합을 느낍니다. 거룩한 성만찬 안에서 당신과 연합됨으로써 우리는 당신과 단 하나의 영이 됩니다. "주님과 합하는 사람

---

71) 마태오 28:20.
72) 히브리 4:15 참고.

은 주님과 영적으로 하나가 됩니다."[73] 우리는 당신처럼 선하고 온유하고 겸손하게 됩니다. 당신께서 "나는 마음이 온유하고 겸손하니"[74]라고 말씀하셨듯이 말입니다.

 타락하고 맹목적인 우리의 육이나 우리의 육에 거처하는 이 세상의 왕인 사탄은 종종 우리에게 속삭입니다. 그것은 단지 빵과 포도주일 뿐이라고 말입니다. 그리고 시각과 미각과 촉각을 그 증인들로 내세웁니다. 하지만 이 모략 중상자들의 말에 솔깃하지 않도록 해야 합니다. 단지 이렇게 말합시다. 주님, 당신께는 모든 것이 가능합니다! 당신은 인간과 동물과 물고기와 기어 다니는 것들과 모든 피조물들의 육을 창조하셨습니다. 어디에나 현존하시고 만물을 채우시는 당신이 정작 당신 자신에게는 하나의 육체를 만들 수 없다는 생각이 과연 타당할까요? 이뿐만이 아닙니다. 당신은 생명이 없는 물질을 생명이 있는 것으로 변화시키셨습니다. 모세의 지팡이로 뱀을 만드신 기적이 그 예입니다.[75] 당신께는 불가능한 것이 없습니다. 그런데도 당신이 빵과 포도주로 당신의 몸을 만드시어 우리의 양식과 음료로 주시고 그렇게 해서 당신 자신으로 하여금 우리의 살과 피가 되게 하실 수 없단 말입니까? 당신은 우리의 신앙이 지탱할 수 있는 것 이상으로 우리의 믿음을 시험하지 않으십니다. 당신이 당신의 지극히 순결한 몸으로 변화시키신 것은 흙덩이가 아니라 뽀얗고 신선하고 순결하며 맛있는 이 빵이기 때문입니다. 당신의 피가 된 것은 물이 아니라 성경에서 '포도의 피' (αιμα σταφυλης)[76]라고 표현된 포도주이기 때문입니다. 포도주의 색깔은 피의 색깔을 연

---

73) I 고린토 6:17.
74) 마태오 11:29.
75) 출애굽기 7:8-9 참고.
76) 집회서 39:26 (칠십인역) : 한글 성경에는 그냥 '포도즙'으로 번역되었다.

상시키고 그 맛 또한 아주 좋아 "사람의 마음을 즐겁게 해줍니다."[77] 당신께서는 우리의 약함을, 우리 믿음의 약함을 아십니다. 그래서 당신께서는 당신의 거룩한 성체성혈 성사에서 그 살과 피에 가장 알맞은 요소들을 사용하신 것입니다. 그러므로 비록 겉보기엔 빵과 포도주이지만 그 안에서 우리는 우리 주님의 참된 살과 피에 참여한다는 것을 굳게 믿읍시다. 그리고 이 거룩한 성만찬 교제의 신비 안에서 예수님 자신이 "영원토록 세상 끝날까지 우리와 함께 하신다."[78]는 것을 굳게 믿읍시다.

31. 덕스러운 사람이 되는 것은 좋고도 훌륭한 것입니다. 덕스러운 사람은 자기 자신과 평화롭습니다. 또 그는 하느님과 이웃들에게도 좋습니다. 덕스러운 사람은 의도하지 않아도 관심을 끕니다. 왜일까요? 향수는 우리가 원하지 않아도 관심을 끌고 그 냄새를 맡고 싶어 하도록 만들기 때문입니다. 덕스러운 사람의 면모와 그 얼굴의 표정들을 관찰해 보십시오. 어떤 표정일까요? 그것은 천사의 얼굴입니다. 그는 온유함과 겸손함으로 빛나고 원하지 않아도 그 아름다움으로 모든 사람을 사로잡습니다. 그런 사람의 말을 주의 깊게 들으십시오. 그 말에서 더욱 짙은 향기가 흘러나오기 때문입니다. 그런 영혼을 앞에 두고 있으면, 그대는 그와의 대화의 부드러움에 온통 마음을 빼앗겨 버립니다.

32. 사랑은 마음을 진정시키고 아주 부드럽게 녹여주고 또 그것을 생기 있게 만들어 줍니다. 반면 미움은 마음을 고통스럽게 옥죄고 흔들어

---

77) 시편 104:15.
78) 마태오 28:20.

댑니다. 다른 이를 미워하는 사람은 자기 자신을 억압하는 독재자, 학살자입니다. 그런 사람이야말로 바보보다 더욱 어리석은 사람입니다.

33. 만약 그대가 병고에 시달린다 해도 하느님을 원망하지 마십시오. "주님께서 주셨던 것, 주님께서 도로 가져가시니 다만 주님이 이름을 찬양할지라."[79]라고 말하십시오. 그대는 그대의 몸이 그대 자신의 개인적 소유물이라고 생각해왔겠지만 그것은 완전히 잘못된 생각입니다. 그대의 몸은 하느님의 성전이기 때문입니다.

34. 사제처럼 고귀한 존재가 또 있을까요! 그는 끊임없이 하느님과 대화를 나눕니다. 하느님께서는 끊임없이 그에게 대답하십니다. 교회 공동체가 행하는 그 어떤 예식에서나 기도에서든 사제는 하느님께 말씀드립니다. 또 하느님은 그에게 대답하십니다. 이런 조건에서 정념들의 공격을 받을 때 그 정념들이 그에게 특별히 비루하고 불결한 것임을, 그래서 오직 예수 그리스도만이 가득 채우셔야 할 그의 마음속에 그것들이 제멋대로 파고들게 내버려 둘 수 없음을, 사제가 어찌 잊을 수 있단 말입니까? 사제는 천사입니다. 사람이 아닙니다. 땅에 속한 모든 것은 사제에게 가까이 할 수 없도록 멀리 내던져 버려야 합니다. 오, 주님, "당신의 사제들이 정의로 옷 입게 하소서."[80] 그들의 소명이 얼마나 위대한 것인가를 늘 기억하게 하소서. 그들이 세상과 악마의 덫에 옭매이지 않게 하소서. "세상 걱정과 재물의 유혹과 그 밖의 여러 가지 욕심이 그의 마음에 들어가지 않게 하소서."[81]

---

79) 욥기 1:21.
80) 시편 131(132):9
81) 마르코 4:19.

35. 기도의 영을 완전하게 잃어버렸거나 그러한 영을 가지고 있지 않거나 그 영을 항상 간직하고 있지 않거나 할 때, 한 마디로 기도하지 않을 때 사람들은 믿음을 잃어버린 것입니다. 이 세상 임금(사탄)은 이런 사람들의 마음속에서라면 마음대로 활개치며 행동합니다. 그리고 그들의 주인 행세를 합니다. 그들은 하느님의 은총을 간청한 적도 없고 또 여전히 간청하지 않습니다. 하느님의 선물은 그것을 간청하고 추구하는 사람에게만 주어집니다. 본성상 부패해 버린 그들의 마음 역시 메말라 버리고 생명을 주시는 성령의 이슬을 빼앗겨버립니다. 마침내 완전히 바싹 말라버려 불신앙과 정념이라는 지옥불 속에 휩쓸려 버립니다. 악마는 이 끔찍한 화마를 끌어들일 정념들의 불씨를 어떻게 지피는지 너무나 잘 알고 있습니다. 이 불쌍한 영혼들의 폐허를 보면서 악마는 승리의 환성을 지릅니다. 사탄의 권세를 발밑에 짓밟아 버리신 그리스도의 피로 다시 살려낸 영혼인데 말입니다.

36. 하느님께서는 풀잎도, 꽃도, 아주 작은 나뭇잎도 그분의 부드러운 관심에서 제외하지 않으십니다. 그런데 하물며 우리를 그분의 온유한 관심에서 제외하실까요? 오, 정말 모든 사람이 마음 깊은 곳에 굳은 확신을 갖길 바랍니다. 하느님께서는 그분이 지으신 가장 작은 피조물에 대해서도 철저하시고 충실하시다는 것을 말입니다. 우리 구세주께서 말씀하셨듯이, 하느님께서는 들판의 풀도 옷 입히시고 하늘의 새도 먹이십니다.[82] 그러니 그분의 피조물인 우리들을 기쁨으로 가득 채우시기 위해 무언들 하지 않으실까요? 그분은 우리에게 꽃들을 주십니다. 부드러운 어머니처럼, 그분의 영원한 권능과 지혜로, 매년 여름 우리를

---

82) 마태오 6:26-30.

위해 무(無)로부터 이 찬란한 식물들을 만들어내십니다. 그것들을 잘 음미할 줄 알아야 합니다. 그리고 하늘에 계신 우리 아버지이신 창조주 하느님의 선하심에 영광 돌리는 것을 잊지 말아야 합니다. 또한 우리 마음의 사랑으로 그분의 사랑에 응답할 줄 알아야 합니다.

37. 보이지 않는 하느님께서는 종종 아주 감각적인 방법으로 우리의 보이지 않는 영혼을 건드리십니다. 그리고 이 건드림은 우리 영혼을 경이로운 평화와 신적인 기쁨 속에 잠기게 합니다. 나의 하느님을 내게 알려주는 것은 내 눈이 아닙니다. 보통의 감각은 창조된 세상의 보통 사물들을 위해 만들어진 것이기 때문입니다. 이해할 수 없는 분이신 하느님의 메시지를 단어와 음성을 통해 내게 전달해주는 것은 내 귀가 아닙니다. 그것은 하느님 안에 녹아버린 영혼 그 자체입니다.

38. 하느님의 신비에 관해서라면 아무것도 묻지 마십시오. 어떻게 그럴 수 있을까 묻지 마십시오. 그대는 하느님께서 어떻게 무(無)로부터 이 세상을 창조해내셨는지 알지 못합니다. 그대는 이 땅에 있는 한 하느님께서 어떻게 신비롭게 행동하시는지 알 수도 없고 알아서도 안 됩니다. 하느님의 신비는 그대에게 하나의 신비로 남아있어야 합니다. 그대는 하느님이 아니고, 또 그대 전능하시고 영원히 지혜로우신 하느님에 대해 알려진 모든 것을 알 수는 없기 때문입니다. 그대는 그분이 빚으신 작품이고 아주 작아서 잘 드러나지도 않는 보잘 것 없는 존재입니다. 아무것도 존재하지 않았던 때가 있었고 지금 존재하는 모든 것은 그 무로부터 하느님의 말씀에 의해 창조되었다는 것을 꼭 기억하십시오. "모든 것은 말씀에 의해 생겨났고 말씀 없이 생겨난 것은 하나도 없

다."[83]는 사실을 꼭 기억하십시오.

39. 기도하는 그대여, 그대의 아이들, 그대의 아버지와 어머니, 그대의 후원자, 친구를 사랑하는 그대의 그 참된 사랑의 마음을 하느님께 드리십시오. 순결하고 진실한 사랑의 온유함을 알고 있는 이 마음을 말입니다.

40. 긴 시간 동안 기도를 해도 그중 단지 몇 분만이 하느님께 흠향되는 진정한 기도요, 진정한 하느님 섬김이 되는 경우가 있습니다. 기도에서 중요한 핵심은 마음을 온전히 하느님께로 가져가는 것입니다. 하느님 현존의 부드러움이 영혼 안에서 그것을 증언할 것입니다.

41. 우리 주님께서는 얼마나 재빨리 그리고 쉽게 우리를 구하실 수 있는지요! 순식간에, 예고 없이, 감지할 수 없게 하십니다. 나도 종종 낮에 큰 죄를 범할 때가 있었습니다. 하지만 저녁에, 간절히 기도를 드리고 나면, 성령의 은총으로 정화되고, 의롭게 되고, 눈보다 더 희게 되어 잠들 수 있었습니다. 마음은 그윽한 평화와 기쁨으로 충만해집니다. 우리 인생의 저녁에, 우리의 나날들의 석양에 우리를 구하시는 것이 그분에게는 이렇게 쉽답니다! 오, 지극히 선하신 주님이시여, 구하소서, 구하소서, 나를 구하소서. 나를 당신의 하늘나라에 받아주소서. 당신께는 모든 것이 가능합니다! "그가 서거나 넘어지거나, 그것은 그의 주인이 상관할 일입니다. 주님께서는 그를 서있게 하실 힘이 있으시니 그는

---

83) 요한 1:3.

넘어지지 않을 것입니다."[84]

42. 원하는 대로 다 말하지 마십시오. 사람은 가끔씩 너무 화가 나고 악독해져 저절로 그렇게 되기도 합니다. 악마의 집요한 노력이 그를 이렇게 만드는 것입니다. 그러므로 화가 나거나 마음이 악해지는 순간에, 혹은 불친절하다고 생각되는 어떤 사람을 아예 없애버리고 싶다는 마음이 드는 순간에, 그대 자신을 혹은 다른 사람들을 잘 관찰해 보십시오. 잠시 후에 수호천사의 도움으로 그대 안에 또 그대가 관찰하는 다른 사람 안에 찾아오게 될 침착함, 부드러움, 선함의 상태를 이런 상태와 비교해 보십시오. 그러면 그대는 이렇게 말할 것입니다. "조금 전까지만 해도 극도로 화가 나서 악을 뿜어대던 사람과는 완전히 다른 사람이군! 이 사람은 '악령이 쫓겨나가' 온유하고 겸손하신 '예수님 발 앞에 머리 조아린, 정신이 되돌아온[85] 사람'과 같군. 그에게는 조금 전의 그 악독함과 미치광이 상태가 흔적도 남지 않게 되었어."

더러는 사악한 영들의 존재를 부정합니다. 하지만 사람들의 삶 속의 많은 현상들이 악한 영들이 존재함을 분명하게 증명합니다. 모든 현상에는 다 원인이 있고, 나무가 그 열매로 평가받는다면,[86] 과연 누가 화가 나서 거의 미칠 지경인 사람 안에 악한 영이 현존하고 있다는 것을 인정하지 않을 수 있겠습니까? 누가 과연 이 분노의 격류 안에서 악의 왕을 보지 않을 수 있겠습니까? 악한 영은 오직 자신에 걸맞은 방식으로만 드러납니다. 게다가 분노에 휩쓸리고 악의를 품는 사람은, 주님께

---

84) 로마서 14:4.
85) 루가 8:35 참고.
86) 루가 6:43-44.

서 "내 멍에는 편하고 내 짐은 가볍다."⁸⁷⁾라고 말씀하신 것과는 반대로, 분명 자기 가슴 안에서 영혼을 무겁게 짓누르는 어떤 적대적인 힘을 느낍니다. 다시 말해 우리가 영혼뿐만 아니라 몸까지도 불편하고 억눌림을 당할 때, 그것은 다른 영이 내 안에 있다는 사실을 알려줍니다.

끔찍한 진실이 있습니다. 회개하지 않은 죄인들은 죽은 다음에는 선하게 될 모든 가능성을 영영 잃어버린다는 것입니다. 그 결과 돌이킬 수 없는 영원한 고통에 넘겨진다는 것입니다. 죄는 고통을 주는 것이기 때문입니다. 증거가 있냐구요? 이는 어떤 죄인들의 상황 속에서, 또 사람을 노예로 만들고 거기서 빠져나올 수 있는 모든 가능성을 봉쇄해버리는 죄의 본성 자체 안에서 명백하게 드러납니다. 죄인이 하느님의 은총 없이, 그렇게도 좋아하는 죄의 길에서 벗어나 덕의 길로 들어서는 것이 얼마나 어려운 일인가를 모르는 사람이 과연 어디 있겠습니까? 죄가 죄인의 마음속에, 그의 존재 전체 속에 깊이 뿌리내리기 때문이랍니다! 죄가 죄인으로 하여금 사물들을 특별한 방식으로 보게 만들기 때문입니다. 사물들을 참된 본래의 모습과는 완전히 다른 무엇으로 보게 만든다는 것입니다. 미혹하는 무엇으로 말입니다. 이것이 바로 우리가 그렇게도 자주 확인하듯 죄인들이 회개할 생각조차 안하고 자신을 큰 죄인이라고 여기지도 않는 이유입니다. 그들의 눈은 자기 사랑과 교만으로 멀어버렸기 때문입니다. 그래서 설사 자신이 죄인임을 깨닫게 되다 할지라도 그때 회개하기는커녕 오히려 끔찍한 절망에 자신을 내주어 자신의 영을 짙은 어둠으로 짓누르고 마음을 돌처럼 무감각하게 만들어 버립니다.

---

87) 마태오 11:30.

하느님의 은총이 없다면 과연 어떤 죄인이 하느님께로 다시 돌아올 수 있을까요? 우리 영혼을 어둠 속에 빠뜨리고 우리의 손발을 묶어 버리는 것이 바로 죄의 본질인데 말입니다. 하지만 은총이 역사하는 시간과 장소는 바로 지금 여기입니다. 죽은 다음에는 교회의 기도만 있을 뿐입니다. 그리고 이 기도는 오직 회개하는 죄인들에게만 유익을 줄 수 있습니다. 다시 말해 영혼에 하느님의 자비를 받아들일 능력을, 혹은 교회의 기도로 그 은총을 누릴 만한 자격을 발전시킨 사람들에게만 유익합니다. 다시 말해 선한 행위들의 빛은 다음 세상에서도 그들과 함께한다는 말입니다.

내가 죄의 포로가 될 때 경험이 내게 가르쳐주는 것은 무엇일까요? 나는 온종일 고통 받습니다. 내 마음을 다해 하느님께로 다시 돌아올 수 없습니다. 죄가 내 마음을 돌처럼 단단하게 만들고, 그래서 내게 하느님은 다가갈 수 없는 분이 되어버리기 때문입니다. 나는 불 속에 던져지고 그 속에서 의식을 잃지 않은 채 머뭅니다. 죄가 나의 모든 능력들을 꼼짝달싹 못하게 옭아매고 있기 때문입니다. 내적으로 사슬에 묶여 있기에 나는 스스로 하느님께로 돌아올 수 없습니다. 하느님 자신이 나의 무력함과 나의 비참함과 나의 눈물을 보시고 나를 불쌍히 여기시어 은총을 베풀어주시기 전까지는 말입니다. 그래서 죄에 빠진 사람에 대해 "그는 어둠의 사슬에 넘겨졌다."[88]라고 말하는 것이 결코 허튼 소리가 아닙니다.

---

88) Ⅱ베드로 2:4.

43. 우리의 영적 삶은 아주 분명하게 구별되고 완전히 다른 두 가지 상태를 경험합니다. 평화, 기쁨, 마음의 부풀어 오름이 하나의 상태이고, 고통, 두려움, 마음의 움츠러듦이 다른 하나의 상태입니다. 전자는 영혼이 주님의 계명들을 잘 지키고 그것에 순응할 때 생깁니다. 후자는 이 거룩한 계명에 대한 불충(不忠)에서 나옵니다. 나는 이 두 상태의 시작이 어떠한지 언제나 볼 수 있습니다. 또 나는 이 두 상태를 의식합니다. 고통과 움츠러듦의 상태를 만들어내는 원인을 없애면 결과적으로 이 고통과 움츠러듦도 사라져 버리게 됩니다.

44. 그대가 타인들의 고통과 그 영혼들의 불안을 접하고 깊은 연민을 느끼는 마음으로 그들을 위해 기도해야겠다는 마음이 든다면, 그대 자신의 죄들을 용서해달라고 간청할 때처럼 간절하게 그들의 죄에 대해 자비를 베풀어 주시도록 하느님께 간구하십시오. 다시 말해 그들을 용서해달라고 눈물로 간청하십시오. 당신 자신의 구원을 위해 기도할 때처럼 타인들의 구원을 위해 기도하십시오. 그대가 그렇게 된다면, 그런 습관을 기른다면, 그대는 하느님으로부터 엄청난 영적 선물, 타인의 구원을 염려하는 영혼을 사랑하시는 성령의 충만한 은사를 받게 될 것입니다. 왜냐하면 우리가 성령께 저항하지 않고 마음을 고약하게 만들지만 않는다면 성령께서는 모든 가능한 수단을 다 써서 우리를 구원하려 하시기 때문입니다. "성령께서도 연약한 우리를 도와주십니다. 어떻게 기도해야 할지 모르는 우리를 대신해서 말로 다 할 수 없을 만큼 깊이 탄식하시며 하느님께 간구해 주십니다."[89]

---

89) 로마서 8:26.

45. 그대 자신을 잘 살피십시오. 특별히 가정생활의 틀 안에서 그대의 정념들을 잘 살피십시오. 정념들은 가정이라는 울타리 안에서 가장 자유롭게 표현되기 때문입니다. 마치 아무런 위험이 없을 때 두더지가 구멍에서 나와 활개를 치듯이 말입니다. 밖에서는 적지 않은 우리의 정념들이 보다 "적절한" 정념들로 자신을 숨기곤 하지만 집에서는 영혼의 통일성을 갉아먹는 이 검은 두더지를 잠잠케 할 것이 아무것도 없습니다.

46. 작은 일들과 관련된 계명들을 지키는 것부터 시작하십시오. 그러면 큰 계명들도 지킬 수 있게 될 것입니다. 작은 것은 언제나 큰 것으로 인도합니다. 수요일과 금요일에 금식을 지키는 것이나 혹은 불순한 생각과 불결한 욕망들에 관한 열 번째 계명을 지키는 것부터 시작하십시오. 그러면 그대는 결국 모든 계명들을 지키는 데까지 이르게 될 것입니다. "지극히 작은 일에 충실한 사람은 큰일에도 충실할 것입니다."[90]

47. 썩어 없어질 이 땅에서의 삶만 생각하고 하늘에서의 영원한 삶은 생각하지 않는 사람은 곰곰이 생각해 보십시오. 잠깐이면 지나가버릴 이 생명이 무엇일지요? 생명의 불꽃이 계속해서 타올라 사그라지지 않게 하려면, 집을 계속 따뜻하게 하려면 끊임없이 연료를 넣어주어야 합니다. 우리 몸의 불확실한 생명을 보존하려면 우리는 다른 것들의 생명을 빼앗아 우리 몸의 음식으로 공급해주어야만 합니다. 사람이여, 참으로 그대의 생명이 부조리한 거미줄과 무엇이 다르단 말입니까! 적어도

---

[90] 루가 16:10.

하루에 두 번씩은 그대 몸 안으로 보급을 대주어야만 합니다. 다시 말해 그대는 적어도 하루에 두 번은 먹고 마심으로써 힘을 충전해주어야 합니다. 또 밤이 되면, 마치 집의 겉창들을 다 잠그듯이 그대의 모든 감각들을 닫음으로써 영혼을 몸속에 가두어야 합니다. 그래야 영혼이 밖으로 나가지 않고 몸 안에 머물러 온기와 생명을 유지해줄 것이기 때문입니다. 거미줄과 같은 우리의 생명, 그것은 거미줄만큼이나 끊어지기 쉬운 것입니다. 그러니 겸손하십시오. 영원한 생명을 향해 참된 경의를 표하십시오.

48. 진리는 창조된 모든 것의 토대입니다. 진리가, 내적인 것이든 외적인 것이든 그대의 모든 행동의 토대가 되길 바랍니다. 특별히 그대의 기도의 토대가 되길 바랍니다. 그대의 모든 삶, 모든 행위, 모든 생각, 모든 욕구가 진리 위에 세워지길 바랍니다.

49. 단 하루라도 하느님의 계명에 따라 살도록 분투하십시오. 그러면 그대는 마음으로 보고 느낄 것입니다. 하느님의 뜻을 행하는 것이 얼마나 달콤한 것인지를 말입니다. 우리를 향한 하느님의 뜻은 우리의 영원한 생명이요 지복이기 때문입니다. 마음을 다해 하느님을 사랑하십시오. 적어도 그대의 부모를 사랑하는 만큼, 그대에게 선을 베푸는 이들을 사랑하는 만큼이라도 말입니다. 하느님께서 당신에게 충만하게 채워주시는 그의 사랑과 복을 맛보려고 애쓰십시오. 마음속으로 하느님께서 주신 복을 열거해보는 것을 좋아하십시오. 하느님께서 그대에게 존재와 그 밖의 모든 선한 것들을 주셨다는 사실을 기억하십시오. 또한 그분께서 얼마나 큰 인내심으로 그대의 죄를 참고 계시는지 기억하십

시오. 또 얼마나 큰 자비로 당신의 회개하는 마음을 보시고 그의 사랑하는 독생성자의 수난과 십자가의 죽으심의 공로로 그대의 모든 죄들을 용서하시는지 기억하십시오. 또 그대가 그분께 신실하다면 그런 그대를 위해 그분께서 얼마나 큰 복들을 영원 안에 준비해놓고 계시는지 기억하십시오. 무한히 크고 다양한 모습을 가진 그분의 자비를 일일이 헤아려 보십시오. 더 나아가 모든 사람을 그대 자신처럼 사랑하십시오. 그대 자신이 원하지 않는 것이라면 다른 사람에게도 그것을 바라지 마십시오. 그대 자신에 대해서 생각하고 느끼는 방식대로 다른 사람도 생각하고 느끼십시오. 그대 안에서 보고 싶지 않은 것이 있다면 다른 이에게서도 그것을 보려 하지 마십시오. 악에 대한 것이라면 어떤 기억도 간직하지 마십시오. 그대가 다른 사람에게 행했을 수도 있는 악을 그 사람이 기억하지 않고 잊어버리기를 바라듯이 말입니다. 그대에게서나 다른 사람에게서나 죄책이나 불결함을 의심하지 마십시오. 일반적으로 말해서 나쁜 것임이 자명하지 않다면 다른 사람의 의도 또한 그대의 것처럼 선한 것이라고 믿으십시오. 그대가 그대 자신을 위해서 하는 일을 다른 이들을 위해서도 하십시오. 그대가 그대 자신을 위해서라면 결코 하지 않을 일은 다른 이에게도 행하지 마십시오. 그러면 그대 마음에 유익이 있음을 보게 될 것입니다. 얼마나 큰 평화이고, 얼마나 지극한 복입니까! 낙원에 가기 전이지만 이미 그대는 낙원에 있게 될 것입니다. 다시 말해 천상의 낙원에 들어가기 전이라도 이미 그대는 이 지상에서부터 낙원을 누리며 살게 될 것입니다. 주님께서 말씀하십니다. "하느님 나라는 바로 너희 가운데 있다."[91] 또 사도께서도 가르쳐주십니다. "사랑 안에 있는 사람은 하느님 안에 있으며 하느님께서는 그 사람

---

91) 루가 17:21.

안에 계십니다."⁹²⁾

50. "영과 진리로 하느님께 예배드리십시오."⁹³⁾ 예를 들어 봅시다. "아버지의 이름이 거룩하게 하시며"⁹⁴⁾라고 기도할 때, 그대는 정말로 주님의 이름이 그대나 다른 이들의 선한 행위들을 통해 거룩하게 되기를 바랍니까? 또 "아버지의 나라가 오게 하시며"라고 기도할 때, 그대는 정말 주님의 통치가 오기를 원합니까? 그대는 참으로 죄의 소굴이 아니라 하느님의 성령의 전(殿)이 되기를 원합니까? 혹시 죄 속에서 사는 것을 더 좋아하지는 않습니까? 그대가 "아버지의 뜻이 이루어지게 하소서."라고 기도할 때 그대는 진정 하느님의 뜻보다 그대 자신의 뜻을 추구하지는 않습니까? 불행하게도 그렇습니다! 그대가 "오늘 우리에게 필요한 양식을 주소서." 하고 말할 때, 그대는 마음속으로 이렇게 말하지는 않습니까? "내겐 그런 간구가 필요 없어. 간구할 필요도 없이 나는 이미 충분히 가지고 있으니까. 가난한 사람들이나 간구하라지!" 하고 말입니다. 또 우리는 적은 것에, 하느님께서 주시는 것에 만족하기보다는 탐욕스럽게 더 많은 것을 가지려고 안달하지는 않습니까? 우리는 우리가 가진 것에 대해 하느님께 마땅한 감사를 드릴 줄도 모릅니다. "우리가 우리에게 잘못한 이를 용서하듯이 우리의 죄를 용서하소서."라고 말하면서, 속으로는 이렇게 말하지는 않는지요? "하느님은 분명 아실거야. 내가 그렇게 큰 죄인은 아니라는 것을 말이야. 내가 다른 사람들보다 더 악하게 사는 것 같지는 않아. 그러니 내가 행한 잘못, 내

---

92) I 요한 4:16.
93) 요한 4:24.
94) 마태오 6:9-13.

죄를 용서해달라고 굳이 기도할 필요를 못 느끼겠는걸." 하고 말입니다. 또 그대가 이렇게 기도할 때, 그대는 정말 누군가에 대한 짜증이나 분노를 느낀 적이 없습니까? 정말 그렇다면 그대는 기도 중에도 뻔뻔스럽게 하느님께 거짓말을 하고 있는 것입니다. 그대는 말합니다. "유혹에 빠지지 않게 해주십시오." 하지만 그대는 심지어 유혹도 없는데, 죄로 돌진해가지는 않습니까? 그대는 또 말합니다. "악에서 구하소서."라고 말입니다. 하지만 그대는 아버지 악마에게서 나오는 모든 악을 행하면서 악마와 완전히 한통속이 되어 있지는 않는지요?

그대의 혀가 그대 마음과 불일치하지 않도록 주의하십시오. 기도 중에 하느님께 거짓말하지 않도록 경계하십시오. 그대가 '주님의 기도'나 다른 기도들을 드릴 때 이 모든 것을 영 안에서 잘 살피십시오. 그대의 마음을 관찰하십시오. 그대 입이 말하는 것과 일치하는지 말입니다.

51. 마음은 청결하면 할수록 더 넓어집니다. 그래서 더 많은 친구들을 마음속에 받아들일 수 있게 됩니다. 반대로 마음이 불결하면 할수록, 마음은 더 오그라들어서 그 안에 사랑을 위한 자리가 점점 없어집니다. 자기 사랑으로 뒤덮여버립니다. 자기 사랑은 거짓 사랑입니다. 우리는 금과 돈과 간음과 방탕과 그 밖의 것들 속에서, 다시 말해 불멸하는 영혼에는 합당치 않은 것들 속에서 자기를 사랑합니다.

52. 그대가 다른 사람의 잘못을 고쳐주려고 한다면, 그대 자신이 가지고 있는 방법으로 그렇게 할 수 있으리라고는 생각하지 마십시오. 그대는 자신의 정념들과 교만과 그로부터 나오는 화 때문에 해를 끼칠 뿐입니다. "그대의 짐을 하느님께 맡기고",[95] 마음을 다하여 "사람의 마음

속, 뱃속을 헤쳐보시는"[96] 하느님께 그 사람의 마음에 빛을 비추어 주시길 간구하십시오. 그대의 기도가 사랑으로 숨쉬고, 그야말로 그대 마음 깊숙한 곳에서 올라오는 참된 것임을 보신다면, 하느님께서는 그대 마음의 바람을 분명히 이루어주실 것입니다. 그러면 그대가 기도한 사람에게서 일어나는 변화를 보고 그대는 이렇게 고백하게 될 것입니다. "이 변화는 지극히 높으신 하느님의 오른팔이 이루신 업적이나이다."

53. 우리의 내적인 태도들은 비록 밖으로는 어떤 표징도 드러내지 않을지라도 다른 사람의 영적 상태에 큰 영향을 미칩니다. 이런 일은 아주 자주 일어납니다. 비록 아무도 눈치 채지 못해도 말입니다. 내가 누군가에게 화가 났거나 좋은 마음을 갖고 있지 않다고 가정해 봅시다. 그 사람은 그것을 느끼고 당신에 대해서 좋지 않은 마음을 갖기 시작합니다. 육체의 감각들 외에도 영혼들 사이에는 또 다른 확실한 소통이 있습니다.

감각을 매개로 한 영혼의 활동에 있어서, 영혼은 특별히 시각을 통해 다른 사람에게 큰 영향을 줄 수 있습니다. 먼 거리에 있다 해도 말입니다. 상대가 시야에 들어와 있지 않고, 우리가 바라보는 그 순간에 혼자 있다면 더 그렇습니다. 누군가를 바라봄으로써 우리는 그를 당황하게 할 수도 있고 동요하게 할 수도 있습니다. 나는 몇 번인가 집의 창문 밖으로 지나가는 사람들을 응시한 적이 있습니다. 그들은 알 수 없는 힘에 이끌리기라도 하듯 내가 바라보고 있는 창문으로 시선을 돌려 주위를 살피고 누가 있나 찾으려 합니다. 반대로 어떤 사람은 움찔하면서

---

95) 시편 54(55):23.
96) 시편 7:9.

갑자기 걸음을 재촉하거나 반대편 길로 바꾸거나 넥타이나 모자를 바로잡곤 합니다. 어떤 소통체계가 작동하고 있는 것이지요. …

54. 그대의 영혼에 생명을 주는 영의 현존과, 반대로 그것을 죽이고 파괴하는 영의 현존이 어떻게 다른지 보십시오. 그대 영혼 안에 선한 생각들이 있을 때 그대는 행복감과 홀가분함을 느낍니다. 평화와 기쁨이 그대 마음 안에 있다면, 그것은 선의 영이신 성령께서 그대 안에 있기 때문입니다. 반대로 악한 생각과 충동들이 그대 안에서 일어나면 그대는 무언가 불편함과 억압을 느낍니다. 내적으로 동요가 일어난다면, 그것은 악의 영, 속이는 영이 그대 안에 있기 때문입니다. 악의 영이 우리 안에 있으면 우리는 마음의 동요와 억압, 동시에 하느님께로 다가가는 데 큰 어려움을 경험합니다. 악한 영이 영혼을 옭아매서 하느님께로 올라가지 못하도록 막아서기 때문입니다. 악한 영은 의심의 영, 불신의 영, 정념의 영, 억압의 영, 슬픔과 동요의 영입니다. 반면 선한 영은 굳은 믿음의 영, 덕의 영, 영적 자유의 영, 꽃피움의 영, 평화와 기쁨의 영입니다. 이러한 표징들을 통해 그대 안에 있는 영이 하느님의 영인지 악의 영인지 알아보십시오. 그대에게 생명과 빛을 주시는 성령께 가능한 한 자주 감사하는 마음을 가지십시오. 또 온 힘을 다하여 의심과 불신과 정념을 피하십시오. 이런 것들 아래서 우리 영혼을 훔치고 살해하는 악한 뱀이 우리 안에 기어들어 옵니다.

55. 신실한 신자들의 삶 가운데서도 때로는 하느님께서 그들을 완전히 버리신 것 같이 느껴지는 시간들이 있습니다. 어둠의 권세가 지배하는 시간들 말입니다. 그럴 때 사람은 그 마음 깊숙한 곳에서부터 하느

님께 부르짖습니다. "영원한 빛이시여, 어찌하여 내게서 당신의 얼굴을 돌리셨사옵니까? 보소서. 낯선 어둠이 내 영혼을 덮쳐버렸습니다. 사탄의 어둠이, 저주하는 자의 어둠이 내 영혼을 짙은 어둠 속에 가두어 버렸습니다. 이 잔인한 어둠 속에 있는 것이 내 영혼에게는 너무나 힘듭니다. 이 어둠이 지옥의 형벌과 어둠을 보여주는 것만 같습니다. 오, 구세주시여, 나를 당신 계명의 빛으로 향하게 하소서. 나의 길을 다시 세워주소서. 이렇게 당신께 간절히 비옵나이다."

56. 만약 그대가 악한 영의 술책들의 결과를 어떤 경험들을 통해 알지 못한다면, 그대는 성령께서 선사하시는 호의들이 무엇인지 또 그것이 얼마나 가치 있는 것인지도 알지 못할 것입니다. 파괴하는 영을 알지 못하면, 그대는 생명을 주는 성령도 알지 못할 것입니다. 선과 악, 생명과 죽음의 현격한 이 대비를 통해서만 우리는 이 두 가지를 명확하게 알 수 있습니다. 만약 우리가 육체적 혹은 영적 불안과 위험의 종이 되어보지 못했다면, 우리는 참으로 이 영적 죽음과 불안에서 우리를 구하시는 생명의 수여자이신 구세주를 알지 못할 것입니다. 예수 그리스도께서는 위로자이시고, 기쁨이시고 생명이시고 평화이시고 우리 마음의 꽃을 활짝 피우시는 분이십니다. 악과 죽음의 영으로 하여금 우리를 시험하고 고통스럽게 하도록 허락하시는 지혜와 자비가 넘치는 하느님께 영광 돌립니다. 그렇지 않다면 우리가 어떻게 아무런 대가 없이 위로와 생명을 주시는 영이신 위로자 성령을 바르게 알고 감사드릴 수 있겠습니까?

57. 하느님께서는 사람이 분명히 알기를 원하십니다. 사람 마음 안에서 그분이 살아 역사하신다는 것을 말입니다. 하느님은 빛이시고 진리이시기 때문입니다. 반면 악마는 무엇보다도 이것을 두려워합니다. 악마는 어둠이고 거짓이기 때문입니다. 어둠은 빛에 가까이 오지 않습니다. 어둠의 행실들이 밝히 드러날까 봐 두렵기 때문입니다.[97] 악마는 어둠 속에서는 강합니다. 그는 속임수와 거짓에 있어서는 그야말로 강자입니다. 그의 거짓을 만천하에 드러내십시오. 그를 밝은 빛으로 이끌어 내십시오. 모두 사라지고 말 것입니다. 악마는 속임수를 통해서 사람들을 온갖 종류의 정념 속으로 몰아넣습니다. 그는 사람들을 살살 달래고 잠재우고, 모든 것을 있는 그대로 보지 못하게 만듭니다. 악마가 얼마나 많은 것들을 이렇게 덮어 가리고 있는지 모릅니다!

58. 그대 안에서 공격성이 불타오르고 저주로 가득 찬 말들이 입에서 터져 나오려고 할 때 절대 동요하지 마십시오. 그저 그 공격성을 향해 "잠잠하고 없어져라."라고 말하십시오. 그렇지 않고 공격적인 독설들이 그대가 온순한 것을 알고 자유롭게 그대 입술에까지 올라가는 버릇이 들면, 그것들은 조만간 그대의 주인이 될 것입니다. 저수지에 갇힌 물이 조그마한 틈새를 발견하고 점점 넓혀 구멍을 내게 될 것이고, 결국에 저수지 둑은 점점 약해지고 물살의 위력은 점점 강해져 나중에는 이를 멈추게 하는 것이 어렵고 불가능한 상태가 되듯이 말입니다. 그래서 사람은 항상 끊임없는 노력으로 저수지 둑을 잘 살피고 튼튼하게 해주어야 합니다. 사람의 마음 안에 있는 공격성도 똑같습니다. 우리가

---

97) 요한 3:20 참고.

그것을 한 번 두 번 세 번 뚫고 나오도록 허락한다면, 나중에는 정말 거칠고 강력하게 터져 나와 둑을 무너뜨리고 모두 삼켜버릴 것입니다. 영혼 안에는 악의 물이 있다는 것을 명심하십시오. 시편기자가 말한 것처럼 말입니다. "깊은 수렁에 빠졌습니다. 발붙일 것 하나도 없사옵니다. 물 속 깊은 곳에 빠져 물결에 휩쓸렸습니다."[98]

59. 살아계신 하느님, 지혜가 충만하신 하느님의 작품인 세상은 생명으로 가득합니다. 어디에나 생명과 지혜가 있고, 어디에서나 세부적인 것에서처럼 또한 전체적인 것에서도 우리는 당신의 생각의 표현을 발견합니다. 보십시오. 그것은 계시만큼 확연한 것은 아닐지라도 하느님을 알도록 가르쳐 줄 수 있는 참된 책입니다. 세상이 있기 전에는 하느님 홀로 살아계셨고 무한하셨습니다. 세상이 무로부터 존재로 부름 받았지만, 그렇다고 해서 하느님도 유한한 존재가 되신 것은 분명 아닙니다. 생명과 무한함의 충만이 그분 안에 머무릅니다. 하지만 이 생명과 무한함의 충만은 또한 살아있고 잘 조직된 이 피조물들 안에서도 표현됩니다. 그 수가 헤아릴 수 없이 충만하고 각각이 모두 생명을 소유하고 있기 때문입니다.

60. 그대는 '어떻게 성인들이 하늘에서 우리의 기도를 들을 수 있을까?' 하고 자문합니다. 하지만 어떻게 태양광선은 우리가 사는 이곳까지 내려와서 지상의 모든 만물들을 비추어줄까요? 영적 세계에서 성인들은 이 물질 세계의 태양광선과 같습니다. 하느님은 영원하고 살아계

---

98) 시편 69:2.

신 태양이십니다. 성인들은 이 영적 태양의 광선들입니다. 그래서 주님의 두 눈이 끊임없이 이 땅과 땅 위에 사는 모든 것들을 바로보고 계시는 한, 성인들도 주님의 주의 깊은 시선과 같은 방향 속에서 그들의 보화(그들의 몸, 그들의 업적, 그들이 살았던 거룩한 땅, 그들에게 경배 드리는 사람들)가 있는 곳을 바라보지 않을 수 없습니다. "너의 보물이 있는 곳에 너의 마음도 있다."[99]고 말씀하셨듯이 말입니다.

그대는 마음이 얼마나 빨리, 멀리, 또 분명하게 볼 수 있는(특별히 영적인 대상들을) 능력이 있는지 압니다. 그대는 모든 지식에 있어서, 특별히 많은 것이 마음(마음으로 봄)을 통해서 얻어지는 영적인 지식에 있어서 이것을 알아차립니다. 마음은 인간 존재의 눈입니다. 깨끗하면 할수록 그것은 더 빨리, 더 멀리, 더 분명하게 봅니다. 하느님의 성인들의 마음은 지상의 삶에서부터 이미 인간이 도달할 수 있는 가장 높은 단계에 이르렀습니다. 죽어서 하느님과 연합될 때 그들의 영적 시야는 하느님의 은총으로 더욱 더 넓고 분명해집니다. 이것이 바로 성인들이 아주 명확하게 넓게 멀리 볼 수 있는 이유입니다. 그들은 우리의 영적인 바람들을 봅니다. 그들은 마음을 다해 그들을 부르는 이들을, 다시 말해 그 어떤 의심이나 불신으로 어두워지거나 동요되지 않고 내적인 시선을 똑바로 그들에게 고정시킨 이들을 보고 듣습니다. 달리 말하자면, 성인에게 기도하는 이의 영적인 두 눈은 바로 그 성인의 두 눈과 만난다는 뜻입니다. 이것은 참으로 큰 신비입니다. 이 신비를 경험한 사람은 이 말이 무슨 말인지 이해할 것입니다.

성인들과 소통하는 것은 이렇게 쉽습니다! 단지 마음의 시선을 정화

---

99) 마태오 6:21.

하고 그 시선을 기도를 드리고자 하는 성인에게 확실히 고정시키고 바라는 것을 간구하면 됩니다. 그러면 그것을 얻게 될 것입니다. 주님의 시선에 대해서 뭐라 말할 수 있을까요? 그분은 온전한 빛이시고, 온전한 앎이십니다. 그분은 하늘과 땅을 영원히 채우십니다. 그분은 모든 곳에서 만물을 보십니다. "주님의 눈길은 안 미치는 데 없어, 좋은 사람 나쁜 사람 한결같이 살피신다."[100]

61. 엄마가 아기에게 걸음마를 가르쳐주듯이 주님께서는 우리에게 살아있는 신앙을 가질 수 있도록 가르쳐 주십니다. 엄마는 아기를 세워 놓은 다음 잠시 혼자 내버려둡니다. 그리고 나서 자신에게 오라고 말합니다. 아기는 엄마가 자신을 떠나면 웁니다. 엄마에게 가서 안기고 싶어 합니다. 하지만 아기는 감히 발을 내딛지 못합니다. 걸어보려고 노력하지만 한 걸음 내딛고는 이내 넘어집니다. 마찬가지의 방법으로 주님께서는 그리스도인들에게 그에 대한 신앙을 갖도록 가르치십니다. 신앙은 '영적인 걸음마 배우기'이기 때문입니다.

우리의 신앙은 이제 막 걷기 시작한 아기만큼이나 나약하고 일천합니다. 주님은 사람에게서 도움을 거두시고 악마 혹은 온갖 종류의 불행과 슬픔에 내맡겨 버립니다. 그리고 나서 사람이 강렬하게 구원의 필요성을, 그 모든 것으로부터 해방되어야 할 필요성을(왜냐하면 우리가 구원의 필요성을 느끼지 못하는 한, 우리는 그분께 갈 준비가 되어있지 않은 것이기 때문입니다) 느낄 때, 우리에게 당신을 보라고(우리는 절대적으로 그분을 바라보아야 합니다), 구원받기 위해 당신께로 오라고 지시하십니다. 그리스도인은 그렇게 하려고 노력합니다. 마음의 눈을 열고(아기가 발을 내딛듯이) 주님을

---

100) 잠언 15:3.

보려고 노력합니다. 하지만 하느님을 보는 것을 배우지 못한 마음은 자기 자신의 무모함에 두려워 떨고 휘청거리다 쓰러집니다. 적과 우리의 태생적인 더러움은 이제 겨우 뜨게 된 눈을 다시 가려버려 하느님으로부터 떼어내고 그래서 하느님께로 가까이 갈 수 없게 만들어 버립니다. 하느님께서는 아주 가까이서 그를 안아줄 채비를 하고 계신데도 말입니다. 오직 믿음으로 하느님께 다가가야 합니다. 신앙의 영적인 눈으로만 그분을 뵙고자 하는 노력을 해야 합니다. 그러면 하느님 당신이 도움의 손을 내밀 것이고 그분의 품에 안아줄 것이며, 원수들을 다 쫓아 흩어버리실 것입니다. 그러면 그리스도인은 구세주의 품 안에 쓰러졌음을 알게 될 것입니다. 주님! 당신의 선하심과 지혜에 영광 돌리나이다!

 이렇게 악마가 우리를 집요하게 괴롭힐 때 또 온갖 슬픔 속에 있을 때 우리는 우리 마음의 눈으로 분명히 보아야 합니다. 사람의 친구이신 구세주께서 우리 앞에 계시다는 것을 말입니다. 확신을 가지고 그분을 바라보아야 합니다. 선하심과 자비로우심이 무궁무진한 보물이신 그분을 바라보아야 합니다. 우리가 축복과 영적 도움의 무궁무진한 이 샘에서 도움을 얻을 수 있게 해달라고 온 마음을 다해 기도해야 합니다. 그러면 우리는 즉시 간구한 것을 얻을 것입니다. 핵심은 믿음 – 다시 말해 주님을 마음의 영적인 눈으로 보는 것 – 과 참되시고 지극히 자비로우신 그분으로부터 모든 것을 얻게 될 것이라는 희망입니다. 그것은 진리입니다. 나는 경험으로 이렇게 말합니다. 또한 주님은 이런 방법을 통해서 그분 없이는 우리가 도덕적으로 얼마나 나약한 존재인지 깨닫게 하시고 참으로 종교적인 마음가짐으로 참회하라고 가르치십니다.

62. 그대의 영혼이 깊이 있는 신앙을 통해 하느님과 연합될 때, 그대에게는 모든 것이 가능해질 것입니다. 강력하고 보이지 않는 적들이 비상을 걸고 그대에게 전쟁을 거나요? 그대가 모두 무찔러 버릴 것입니다. 눈에 보이는 외적인 적들인가요? 이 또한 그대가 다 무릎 꿇게 할 것입니다. 정념들이 그대를 찢으려 달려드나요? 그대는 그것들을 길들이게 될 것입니다. 고통에 짓눌려 있나요? 그대는 다 극복할 것입니다. 절망에 빠져버렸나요? 다시 용기를 갖게 될 것입니다. 신앙으로 그대는 모든 것을 이길 수 있고, 하느님 나라는 그대의 것입니다. 신앙은 삶의 최고선입니다. 그것은 사람을 하느님과 연합시켜 줍니다. 그것은 하느님 안에서 사람을 강하고 승리하는 자로 만들어줍니다. "주님과 합하는 사람은 주님과 영적으로 하나가 됩니다."[101]

63. 창조세계를 바라볼 때 나는 무엇을 볼까요? 나는 네 발 달린 짐승, 파충류, 곤충, 새, 물고기 할 것 없이 모든 동물 세계, 아니 창조세계 도처에서 경이로운 생명의 발산과 생명의 참된 열광을 봅니다. 사람들은 묻습니다. 사람에게는, 특별히 열정적인 사람에게는 실존의 현실이 왜 이렇게 힘겹고 협소한 것일까요? 주님께서는 어디에나 생명과 풍요와 행복을 퍼뜨리십니다. 사람을 제외한 모든 피조물들은 이 풍요와 생명과 터질 듯한 기쁨으로 하느님께 영광 돌립니다. 그러면 나와 생기 넘치는 세상 사이의 불일치는 무엇에 기인하는 것일까요? 나는 같은 창조주의 피조물이 아닌가요?

대답은 간단합니다. 우리의 생명은 죄에 의해, 혹은 우리 자신의 잘

---

101) I 고린토 6:17.

못에 의해, 혹은 형체 없는 적에 의해 오염되었습니다. 이 형체 없는 적은 특별히 그 누구보다도 먼저 경건한 삶에 전념하는 사람들을 공격합니다. 사람의, 참 그리스도인의 생명은, 미래 속에, 다가올 세상 안에 있습니다. 거기에는 모든 기쁨과 축복이 그에게 열려있습니다. 지상에서 사람은 유배당한 존재일 뿐이고, 형벌을 치릅니다. 이 세상에서는, 태곳적부터 "으르렁대는 사자처럼 먹이를 찾아 돌아다니는"[102] 원수 악마는 말할 것도 없이, 모든 자연이 사람의 죄 때문에 사람에 맞서 반역합니다. 그렇기 때문에 나는 세상 어디서나 기쁨과 풍요가 지배하는 것을 본다고 해도 조금도 동요하지 않습니다. 나만은 행복도 없이 신음하며 하느님의 피조물들의 행복과 자유를 묵상하는 신세일지라도 말입니다. 나는 내 죄로 인해 내 안에 나의 사형수를 가지고 있습니다. 그는 나를 떠나지 않고 끊임없이 나를 때립니다. 하지만 나 또한 기쁨에 참여할 것입니다. 여기가 아니라 또 다른 세상에서 말입니다.

64. 우주를 묵상할 때면, 나는 자연 곳곳에서 드러나는 그분의 호의 안에서 하느님의 경이로운 자유를 봅니다. 땅의 표면은 마치 가장 주의 깊고 관대한 주인이 준비한 온갖 진수성찬으로 가득한 식탁과 같습니다. 깊은 바다도 사람에게 음식을 제공해줍니다. 동물들, 네 발 달린 짐승들, 새들은 또 어떻고요? 사람에게 음식과 의복을 제공하기 위해 정말 너그러움을 베풉니다. 주님의 자비는 무한합니다. 땅이 여름과 가을에 산출하는 모든 것을 보십시오! 모든 그리스도인, 특별히 사제는 하느님의 관용하심을 본받아야 합니다. 주님의 식탁이 그러하듯이, 그

---

102) I 베드로 5:8.

리스도인의 식탁도 모든 이에게 개방되기를! 인색함은 하느님의 적입니다.

65. 땅에 튼튼하게 뿌리내린 나무는 잘 자라서 열매를 맺습니다. 영적인 뿌리라고 할 수 있는 믿음과 사랑으로 하느님 안에 튼튼하게 뿌리내린 영혼 또한 영적으로 발전하여 하느님이 기뻐하시는 덕의 열매들을 맺습니다. 그리고 그 열매들로 인해 지금을 살아가고 또 다가올 세상에서 살아갈 것입니다. 뿌리 뽑힌 나무는 살지 못합니다. 그것은 뿌리를 통해 땅에서 생명을 길어 올릴 수 없기 때문입니다. 마찬가지로 믿음과 사랑을 잃어버린 사람의 영혼은 생명의 유일한 원천이신 하느님 안에 더 이상 머물지 못합니다. 그래서 영적으로 죽어버립니다. 이렇듯 하느님과 영혼의 관계는 땅과 식물의 관계와 같습니다.

66. 계속해서 정념들과 악마의 노예로 살지 않으려면, 그대를 도달해야 할 목표에 고정시키고, 끊임없이 이 목표를 주시하며, 주님의 이름으로 모든 장애들을 극복하면서 그곳에 도달하기 위해 분투하십시오. 이 목표는 무엇일까요? 바로 세상의 창조 때부터 모든 믿는 이들을 위해 준비된[103] 영광의 처소, 하늘나라입니다. 하지만 이 목표는 어떤 특별한 매개를 통해서만 도달할 수 있는 것이기에, 이 매개들을 확보해서 간직해야 합니다. 이 매개들은 무엇일까요? 그것은 믿음과 희망과 사랑입니다. 그중에서도 특히 마지막 사랑이 중요합니다. 믿고 희망하고 사랑하십시오. 특히 사랑하십시오. 장애물은 신경 쓰지 마십시오. 모든 것보

---

103) 마태오 25:34 참고.

다 하느님을 진정으로 사랑하십시오. 그리고 이웃을 그대 자신처럼 사랑하십시오.[104] 만약 그대가 그대 마음에 값을 매길 수 없는 이 보화를 간직할 힘이 없다면, 사랑이신 하느님의 발 앞에 무릎 꿇고 엎드려 간청하십시오. 자주 하십시오. "구하라, 받을 것이다. 찾아라, 얻을 것이다. 문을 두드려라, 열릴 것이다."[105]라고 약속하신 분은 진실하십니다. 걷든지 앉든지 눕든지[106] 혹은 다른 사람과 대화를 하든지 일을 하든지, 언제든지 마음을 다해 그대가 믿음과 사랑을 가질 수 있게 해달라고 간구하십시오. 그대는 지금까지, 마땅한 간구의 태도를 가지고, 구하는 것을 얻게 될 것이라는 확신을 가지고 강력하고 열렬하게 간구하지 않았습니다. 이제 말하십시오. "나도 그렇게 하리라." 하고 말입니다.

67. 청소년 교육에 있어서 우리의 주된 관심은 무엇이어야 할까요? 무엇보다도 우리는 그들의 마음의 눈이 밝아지도록 해야 합니다.[107] 우리의 삶과 우리가 알고 있는 거의 모든 것에서 주도적인 역할을 하는 것이 바로 마음이라는 사실을 그대들은 아시지 않나요? 마음은 지성이 알기 전에도 어떤 진리 혹은 생각들을 봅니다. 지식을 습득하는 일에 있어서도 이런 일이 일어납니다. 마음은 전체적으로, 통째로, 즉각적으로 봅니다. 그런 다음 마음의 직관은 지성에 넘겨지고 이 지성에 의해 장, 절, 문단으로, 선과 후가 구분되고 나누어집니다. 마음의 직관은 지성에 의해 분석된다는 말입니다. 생각은 지성이 아니라 마음과, 다시 말해 겉사람이 아니라 속사람과 관련됩니다. 그러므로 마음의 눈을 밝

---

104) 마태오 22:37-39, 루가 10:27 참고.
105) 마태오 7:7.
106) 신명기 6:7 참고.
107) 에페소 1:18 참고.

히는 것은 모든 지식을 얻는 데 관건이 되는 것입니다. 특별히 신앙의 진리와 도덕의 법칙들을 아는 데 있어서는 더욱 그러합니다.

68. 하느님 나라에서 누릴 미래의 삶은 마음의 완벽한 순결함입니다. 이 땅에서 마음은 조금씩 정화됩니다. 이 땅에 현존하는 한, 마음은 자주 죄와 악마의 숨으로 질식하고 혼탁해집니다. 하느님 은총의 활동으로 마음이 밝아져서 하느님을 보는 것은 잠시뿐입니다. 하느님과의 이러한 연합은 주로 기도하는 중에 혹은 성체성혈을 받아 모실 때 이루어집니다.

69. 축일을 어떻게 보내야 할까요? 우리는 축일에 어떤 사건(이 사건의 위대함, 사건의 목적, 이 사건이 신자들에게 가져다주는 열매들을 묵상하면서)이나 어떤 분, 예를 들어 우리 주님, 성모님, 천사 혹은 성인(그분이 하느님과 또 사람들과 맺은 영적인 관계, 하느님의 교회에 끼친 선과 영향들을 묵상하면서)을 기념하고 경축합니다. 우리는 경축하는 사건이나 인물의 역사를 묵상해야 합니다. 마음을 다해 그 사건과 인물에게 다가가고 우리의 것으로 만들기 위해서 말입니다. 그렇지 않으면 축일은 불완전한 것이 되고 하느님께서는 이것을 기뻐하지 않으십니다. 축일들이 우리의 삶을 특징짓고 살아있게 하고, 다가올 지복에 대한 믿음에 생기를 불어넣으며, 경건하고 선한 자세를 갖출 수 있도록 지켜줄 것입니다. 그럼에도 불구하고 우리는 자주 축일들을 죄와 방탕 속에서, 차가운 마음으로, 불신자들과 어울리며, 조금도 준비하지 않은 채 보내곤 합니다. 축일의 사건이나 인물을 통해 우리에게 기꺼이 주시고자 하는 하느님의 크신 자비에는 아랑곳하지 않고, 받아 누릴 생각도 없이 말입니다.

70. 공격성, 혹은 우리 마음에 뿌리를 두고 있는 모든 다른 정념들은 악의 본성 자체에 의해 겉으로 드러나려는 경향을 가집니다. 그래서 사람들은 분노에 찬 사람에 대해 그가 분노를 어떤 사람 혹은 어떤 사물에 퍼부었다고 흔히들 말하는 것입니다. 악의 가장 고약한 측면은 바로 그것이 마음 안에 머물러 있지 않고 끊임없이 밖으로 퍼져 나가려 한다는 것입니다. 이것은 악을 행하는 장본인이 강력하고 그 지배 영역 또한 넓다는 것을 분명하게 보여줍니다. "온 세상은 악마의 지배를 받고 있습니다."[108] 증기나 닫힌 그릇 안에 압력을 받는 가스가 폭발하려는 경향이 있는 것과 마찬가지로, 악한 영의 숨결인 정념들도 사람의 마음을 가득 채우면 밖으로 퍼져 나가서, 다른 사람에게로 흘러넘치고, 그 악취로 다른 이들의 영혼을 오염시킵니다.

71. 이 땅에서, 헛된 이 세상에서, 간음과 죄의 세상에서 우리의 영혼과 몸은 끊임없이, 종종 지각할 수 없는 방식으로, "좀먹거나 녹이 슬고"[109] 맙니다. 그러면 영적인 도둑들은 그것에 구멍을 내고 들어와 영혼의 보화들을, 다시 말해 성령 안에서의 정의와 평화와 기쁨[110]을 훔쳐 갑니다. 그러면 이 영적인 도둑들의 못된 짓을 막을 수 있는 최고의 처방은 무엇일까요? 바로 참회와 믿음의 기도입니다. 이것이 육체의 정욕의 유혹에 의해 갉아 먹힌 영혼에 생기를 불어넣어주고 살아있게 만들고, 내부의 도둑들을 쫓아냅니다. 그것은 이 도둑들에게는 채찍이지만 우리에게는 힘과 생명과 구원의 원천입니다. 그리고 그 영광은 하느님께 돌려집니다! 기도는 우리를 죄로부터 지켜주고 해방시킵니다. 마음

---

108) I요한 5:19.
109) 마태오 6:19.
110) 로마서 14:17.

속으로 이 믿음의 기도와 함께 살아가는 것은 참으로 좋은 일입니다. 기도하는 동안 우리는 주님과 함께 살기 때문입니다. 그분은 그분께 간구하는 자에게 좋은 것을 주시겠다고 약속하셨습니다. "구하라, 받을 것이다. 찾아라, 얻을 것이다. 문을 두드려라, 열릴 것이다. 누구든지 구하면 받고, 찾으면 얻고, 문을 두드리면 열릴 것이다."[111] 주님이시여, 이토록 참되신 말씀을 주신 당신께 영광 돌리나이다! 주님이시여, 비천한 나의 중보를 통해 당신께 간구하는 이들에게 모든 복과 그 마음의 모든 간절한 바람들을 이루어주소서. 그렇게 될 줄 믿나이다. 아멘.

72. 이 땅에서도 나는 그리스도 안에서 그리스도와 함께 쉽니다. 그렇다면 내가 죽은 다음, 이 세상에서 보이지 않는 원수와의 가열찬 투쟁을 끝낸 후에는 그분 안에서 누릴 영원한 휴식이 나를 기다리고 있을 것이라는 사실을 어찌 믿지 않을 수 있을까요? 이 땅에서도, 그리스도가 없으면 나는 흔들림과 억눌림을 느낍니다. 그렇다면 그분이 면전에서 최종적으로 나를 거부하실 때, 그리스도로부터 분리된 내가 느낄 고통은 비교할 수 없이 더 클 것이라는 사실을 어찌 믿지 않을 수 있겠습니까? 그러므로 우리 영혼의 현재 상태는 그것의 미래의 상태를 예시해 줍니다. 미래의 우리 상태는 현재 우리의 내적 상태의 연장이 될 것입니다. 하지만 그 강도는 우리가 의심할 수 없이 더욱 강렬할 것입니다. 의로운 이들에게는 그것이 영원한 영광의 충만이겠지만, 죄인들에게는 영원한 형벌의 충만일 것입니다.

---

111) 마태오 7:7-8.

73. 기도와 하느님 찬양의 달콤함을 맛보았던 다윗은 "하느님 곁에 있는 것이 나는 좋사오니, 이 몸 둘 곳 주님이시라."[112]라고 말합니다. 그 말고도 많은 사람들이 이를 확인해줍니다. 죄인인 나도 그렇습니다. 알아두십시오. 이 땅에서 하느님과 연합되는 것은 좋은 것이고 복된 것입니다. 우리가 여전히 좋고 싫은 것을 너무도 강렬하게 느끼는 죄의 육신 속에 있지만 말입니다. 그렇다면 저 높은 곳, 하늘에서 하느님과 연합되는 것은 얼마나 더 큰 행복이겠습니까! 이 땅에서 하느님과 연합되는 행복은 죽은 다음에 영원 속에서 하느님과 연합되는 행복의 일면이요, 담보입니다. 창조주께서는 참으로 선하시고, 자비로우시며, 신의가 있으신 분이십니다. 그대가 진정한 마음으로 그분께 다가가면, 그분께서는 언젠가 그분과의 그윽한 연합 속에서 발견하게 될 행복을 그대에게 확신시켜주시기 위해 그대에게 이 지상에서부터 그 행복의 몇 가지를 맛보도록 허락해주십니다. 그렇습니다. 보이지 않는 내 영혼은 이 지상에서도 보이지 않으시는 하느님 안에서 쉼을 얻습니다. 그렇지만 내 영혼은 몸을 떠나게 될 때 더욱 완벽한 방식으로 그분 안에서 쉬게 될 것입니다.

74. 그대는 언제나 지극히 온유하신 주 예수님의 현존 안에서 걷고 있다는 것을 기억하십시오. 그대 자신에게 자주 이렇게 말하십시오. "내 삶이 나를 위해 십자가에서 죽으신 사랑하는 주님께 기쁨이 될 수 있도록 살기 원하노라. 무엇보다도 내 마음에 사랑을 부어주시고[113] 나로 하여금 모든 이의 구원을 열렬히 바라게 하시고, 기뻐하는 자와 함

---

112) 시편 73:28.
113) 로마서 5:5 참고.

게 기뻐하고 슬퍼하는 자와 함께 슬퍼하게[114] 하시는 지극히 거룩하신 나의 사랑, 주 예수님을 내 삶의 친구요 동반자로 삼으리라. 그것이야 말로 내 위로자이신 그리스도를 위로하게 되리라."

75. 부모님들과 교육자들이여, 주의하십시오. 그대들의 자녀들이 변덕부리는 것을 허용하지 않도록 아주 세심하게 돌아보십시오. 그렇지 않으면 자녀들은 그대의 사랑의 값어치를 금방 잊어버리고 그들의 마음은 고약하게 비뚤어져 버릴 것입니다. 마음의 따뜻하고 진정어리고 거룩한 사랑을 까맣게 잊어버릴 것이고, 어른이 되어서는 어렸을 때 버릇없게 내버려두어 변덕을 더욱 더 키우게 만든 그대들을 심하게 원망할 것입니다. 변덕은 마음의 부패를 낳는 싹이며, 마음의 녹(綠)이요, 사랑을 좀먹는 기생충이며, 악의 씨앗이요, 주님께 가증스러운 것입니다.

76. 다른 사람이 내게 행한 잘못은 기억하고 그에 대한 원망은 오래도록 간직하면서도, 정작 하루에도 수없이 거의 죽을 만큼 우리를 괴롭히는 악마의 사악하고도 지속적인 공격은 그토록 쉽게 잊어버리는 것은 도대체 무엇에 기인하는 것일까요? 우리는 사람들의 잘못에 대해서는 하루 종일, 때로는 그 이상으로 마음에 담아둡니다! 이것은 악마의 속임수입니다. 그는 능숙하게 우리를 속입니다. 우리를 공격할 때 악마는 언제나 우리의 자기 사랑 뒤에 숨습니다. 어떤 정념들을 부추김으로써 우리에게 호의를 얻고자 하는 것처럼 행동합니다. 하지만 그 다음에는 노략질을 해댑니다. 그러면 자기 사랑의 희생자가 된 우리에게는 쓰

---

114) 로마서 12:15.

디쓴 실망이 이어집니다. 악마는 다른 사람의 공격을 백배로 부풀리고 왜곡합니다. 여기서도 악마는 우리의 자기 사랑 뒤로 숨어서 다른 이들이 공격하고 파괴하지 못하도록 우리의 행복을 먼저 단단히 지켜야 한다고 생각하게 만듭니다.

두 개의 힘이 반대의 방향에서 우리에게 영향을 미칩니다. 하나는 선한 것이고, 또 하나는 악한 것입니다. 하나는 생명을 주는 것이고, 또 하나는 치명적인 것입니다. 이 두 가지 모두 영적인 것이고, 보이지 않습니다. 선한 힘은 나의 진실하고 자발적인 기도의 효력을 통해 오직 내 안에 숨겨진 악이 있을 때만 힘을 가질 수 있는 악한 힘을 몰아냅니다. 악한 영의 집요한 괴롭힘의 목표물이 되지 않으려면 마음속에 예수 기도를 늘 기억하고 간직해야 합니다. "주 예수 그리스도, 하느님의 아들이여, 나를 불쌍히 여기소서." 보이지 않는 악마에 대해 보이지 않으시는 하느님으로 맞서십시오. 힘 있는 악마에 대해 전능하신 하느님으로 맞서십시오.

77. 그저 단순한 의무감에서 드리는 기도는 위선을 낳고, 사람으로 하여금 심사숙고하지 못하게 만들고, 모든 것에 시큰둥하게 만들며, 심지어는 자기의 책임을 방기하게 만듭니다. 이런 상황만 보아도 우리는 이런 식으로 기도하는 모든 사람들이 기도의 방법을 수정해야 한다는 것을 알 수 있습니다. 기쁨으로 활기 넘치게 마음을 다해 기도해야 합니다. 시련이나 필요에 의해 기도하지 않을 수 없을 때만 기도하는, 그런 사람이 되지 않도록 하십시오. 하느님은 기쁨으로 내놓는 이를 사랑하십니다.

사람의 손으로 만들어지지 않은 하느님의 성전인 사람의 몸 안에는 내적인 빛인 영혼이 있습니다. 이 빛은 지혜의 태양이신 하느님에 기원을 두고 있습니다. 영혼이 몸을 통해 드러나듯이, 하느님께서도 세상을 통해 자신을 드러내십니다. 내적인 태양이신 하느님께서 내 영혼을 파고들어 비추실 때 나는 행복감과 따뜻함과 빛남을 느낍니다. 하지만 그 빛이 떠나면, 영혼은 어둠과 고통 속에 남게 됩니다. 물질세계에서 어둠은 태양이 사라지거나 질 때에 오듯이, 영적인 우주에서도 어둠은 내적인 빛이신 하느님이 영혼에서 사라지실 때 옵니다. 그러면 영혼의 존재는 저주하는 자 사탄의 어둠에 의해 침략당합니다. 물질세계에서 태양이 진 후에도 그 빛의 비교할 수 없는 위대함으로 인해 언제나 몇 시간 동안은 빛의 여운이 남아있듯이, 내적인 태양이신 하느님이 사라진 후에도 그분의 무소부재성과 하느님의 허락 없이는 절대로 영혼을 완전히 어둠으로 뒤덮어 버릴 수 없는 어둠의 왕의 상대적인 약함 때문에 영혼 안에는 얼마간의 빛이 남아있게 마련입니다. 하지만 "빛이 너희와 같이 있는 것도 잠시뿐이니 빛이 있는 동안에 걸어가라. 그리하면 어둠이 너희를 덮치지 못할 것이다."[115]라고 주님께서 말씀하셨듯이, 우리는 늘 깨어있어야 하겠습니다.

78. 전능하신 구세주시여, 당신께 영광을 돌리나이다! 무소부재하신 힘이신 구세주시여, 당신께 영광을 돌리나이다! 자비의 샘이시여, 당신께 영광을 돌리나이다! 내게 자비를 베푸시고 내 죄들로부터 나를 구원하시기 위해 비참한 나의 기도를 언제나 들어주실 준비가 되신 항상 열려 있는 자비로운 귀시여, 당신께 영광을 돌리나이다! 사랑으로 나를 바라보시고 내 모든 비밀들도 꿰뚫고 계시는 빛나는 시선이시여, 당신

---

[115] 요한 12:35.

께 영광을 돌리나이다! 당신께 영광, 당신께 영광! 지극히 온유하신 나의 구세주, 예수여, 당신께 영광을 돌리나이다!

79. 사람인 우리들은 반드시 깊은 믿음을 가져야만 합니다. 우리 지성의 빛은 지극히 제한적이어서 정신의 방대한 빛남을 다 끌어안을 수 없기 때문입니다. 반면 주 우리 하느님은 무한한 빛이시고, 세상은 그 전능하심과 지혜의 심연입니다. 우리 자신 안에는, 말하자면, 그분의 권능과 지혜의 물 한 방울이 있을 뿐입니다. 그것이 썩어 없어질 우리 육신이 담을 수 있는 모든 것이기 때문입니다.

80. 그대의 이웃에게서 어떤 잘못들과 정념들을 보게 되거든, 그를 위해 기도하십시오. 모든 사람을 위해 기도하십시오. 심지어 그대의 원수들을 위해서도 기도하십시오. 그대의 형제가 자신만만하고 고집이 세어 그대를 향해 혹은 다른 이들을 향해 교만하게 행동하는 것을 보게 되거든, 그를 위해 기도하십시오. 하느님께서 그의 지성을 밝혀주시고 그 은총으로 그의 마음을 따뜻하게 해 주시도록 말입니다. 기도할 땐 이렇게 말할 수 있겠습니다. "주님, 사탄의 교만에 빠진 당신의 종에게 온유함과 겸손함을 가르쳐 주소서. 그의 마음으로부터 모든 어둠과 악한 자존심의 짐을 멀리 떼어놓아 주소서."라고 말입니다.

화를 잘 내는 형제를 보거든, 이렇게 기도하십시오. "주님, 당신의 은총으로, 당신의 종이 선한 사람이 되게 해주소서!" 돈의 노예가 된 탐욕스런 형제를 보거든, 이렇게 기도하십시오. "주님, 당신은 썩지 않는 보화이시고 고갈되지 않는 풍요이시니, 당신의 형상으로 지음 받은 당신의 종이 재물의 기만적인 특성을 깨닫게 하시고, 재물은 다른 모든 지상의 것들처럼 헛되고, 지속적이지 않고, 속이는 것임을 알게 하소서. 사람의 날 수는 풀과 같고 거미줄과 같기 때문입니다. 오직 당신만이 우리의 풍요로움이요, 우리의 평화요, 우리의 기쁨이나이다."

질투심 많은 형제를 보거든, 이렇게 기도하십시오. "주님, 당신 종의 영과 마음을 비추어주소서. 그리하여 당신의 소진되지 않는 관대함으로부터 받은 헤아릴 수 없이 수많은 선물들을 깨닫게 하소서. 그가 정념에 눈이 멀어 당신과 당신의 귀한 선물을 잊었나이다. 오, 형언할 수 없는 후원자시여, 당신의 그 많은 호의에도 불구하고 그는 스스로 가난하다 생각하여, 당신께서 당신 종들 각각에게 당신의 뜻에 따라 배분해주신 복들을 질투심으로 바라보나이다. 자비가 충만하신 주님이시여, 악마가 그 마음의 눈에 뒤덮어 놓은 장막을 거두어 주시고, 그에게 마음의 돌이킴과 참회와 감사의 눈물을 주소서. 그리하여 원수가 올가미로 그를 붙잡아 당신의 손에서 빼앗아가는 기쁨을 누리지 못하게 하소서."

술 취한 사람을 보거든, 마음속으로 이렇게 기도하십시오. "주님, 배의 탐욕과 육체의 즐거움에 미혹당한 당신 종에게 선하신 눈길을 보내소서. 그로 하여금 절제와 금욕의 달콤함, 또 그로부터 나오는 영적인 열매의 달콤함을 알게 하소서." 맛있는 음식에 집착하고 그것에서 행복을 찾는 사람을 보거든, 이렇게 기도하십시오. "주님, 당신은 썩지 않으며 우리를 영원한 생명으로 인도하는 우리의 양식이십니다.[116] 당신의 영으로부터 너무나 멀리 떨어져 있는 육적인 탐식의 추악함으로부터 당신의 종을 정화하소서. 당신의 영적이고 생명을 주는 양식, 다시 말

---

[116] 요한 6:27 참고.

해 당신의 성체와 성혈, 그리고 살아 역사하는 당신의 거룩한 말씀을 그가 알고 사모하게 하소서."

이렇게 혹은 또 다른 방법으로 모든 죄인들을 위해 기도하십시오. 누구든지 죄 때문에 그를 멸시하거나 그것을 억지로 엄하게 고치려 하지 않도록 하십시오. 이것은 그의 상처를 더 덧나게 할 뿐입니다. 오히려 조언과 경고, 적당한 벌로 그를 교정하여 악을 없앨 수 있게 하거나, 어떤 한계 안에서 절제 할 수 있게 하십시오.

81. 우리는 우리 마음속에 두 개의 대립되는 힘의 활동을 느낍니다. 하나는 다른 것에 맞서서, 온갖 속임수 혹은 폭력으로 마음을 정복하고 죽음을 가져다줍니다. 다른 하나는 가장 사소한 불결함에 의해 미세하게 침해 당하기만해도 마음에서 조용히 물러납니다. 하지만 그것이 다시 우리 안에 나타나 활동하면, 우리 마음을 기쁘게 하고 생기를 주고 따뜻하게 해줍니다. 서로 대립하고 있는 이 두 인격적 힘의 경험으로부터 우리는, 끊임없이 사람들을 해치고 죽이는 악마와 끊임없이 생명을 주시는 구세주 예수님이 분명 확실하게 존재한다는 것을 쉽게 납득할 수 있습니다. 하나는 어둠이요 죽음이라면 다른 하나는 빛이요 생명입니다.

그래서 만약 하느님을 사랑하는 그대가 어느 날 그대의 영과 마음속에서 깊은 어둠과 슬픔, 고통, 모순, 불신, 다시 말해 하느님에 대한 신앙에 강하게 대립되는 어떤 힘을 발견하게 되면, 그리스도에 적대적 힘인 악마가 거기에 있다는 것임을 알아차리십시오. 죄를 짓게 하려고 그대의 마음에 은밀하게 기어들어와 그대로 하여금 주님과 성인들에게 기도하지 못하게 방해하고 그대의 눈에서 그분들을 빼앗아가 불신의 안개 속에 숨겨버리는 것이 바로 이 힘입니다. 왜 그렇게 할까요? 우리를 고통스럽게 만들기 위해서입니다. 신앙은 우리가 그의 모든 함정들을 벗어날 수 있게 해주기 때문입니다. 하지만 이것은 하느님 그리스도의 주권적 권능의 존재를 정확하게 확증해주는 것이기도 합니다. 악마는 불의와 불신을 통해서 우리를 끊임없이 하느님의 권능으로부터 떼어내려 애씁니다. 하지만 하느님의 주권적 권능은 우리의 신앙을 통해 악의 힘을 정복할 수 있게 하고, "그들을 영원한 사슬로 묶어서 그 큰 심판의 날까지 암흑 속에 가두어두셨습니다."[117]

그러므로 온전한 믿음으로 구세주 그리스도를 열심히 불러야 합니다. 모든 그리스도인들은 그 어떤 상황에서든지 기도 안에서 재빨리 하느님께 돌아서는 습관을 가져야만 합니다. "언제나 감사하는 마음으로 기도하고 간구하며 여러분의 소원을 하느님께 아뢰십시오."[118] "어떤 처지에서든지 감사하십시오."[119] 알렐루야를 외치는 천사들과 같이 감사와 기도를 결합하십시오.

82. 모든 선한 생각은 우리 안에 선하고 고귀한 원리가 있어서 우리 영혼을 거룩함으로 형성해 나간다고 판단할 수 있게 해줍니다. 이것은 분명합니다. 모든 종류의 선이 우리 안에 숨겨져 있는데도 우리는 옛날부터 우리의 고유한 자산이었던 그것을 다시 우리 마음 안에 들여오겠다고 헛되이 애쓰는 형국이라고 할 수 있겠습니다. 사도의 말씀은 그래서 정확히 맞습니다. "여러분이 가지고 있는 것(모든 선한 생각과 모든 본성

---

117) 유다 1:6.
118) 필립비 4:6.
119) I 데살로니카 5:18.

적 은사)은 모두 하느님께로부터 받은 것이 아닙니까? 이렇게 다 받은 것인데 왜 받은 것이 아니고 자기의 것인 양 자랑합니까?"[120]

83. 우리를 하느님과 연합시켜주는 수단들(기도와 참회)이 확실하고 강력할수록 하느님의 원수요 우리의 원수인 악마는 그 수단들을 약화시키려고 더욱 집요하게 공격합니다. 그 목적을 위해서라면 모든 방법이든 다 동원할 것입니다. 허약하기 짝이 없는 우리의 몸, 우리 영혼의 나약함, 세상적인 복과 관심사들에 대한 영혼의 집착, 우리 안에 웅크리고 있는 의심, 불신, 불신앙, 하느님을 모독하는 불결하고 악한 생각들, 마음의 근심과 불안, 정신의 어둠 등이 모두 악마의 공격 수단이 될 수 있습니다. 그렇습니다. 악마는 경계가 허술해진 사람을 향해 이 모든 것들을 동원할 것입니다. 그래서 기도의 길에, 하느님께로 올라가는 계단에 걸림돌을 놓을 것입니다. 바로 이런 이유로 인해 마음 깊이 진정으로 기도하는 사람이 많지 않은 것입니다. 이것이 바로 그리스도인들이 성체성혈을 자주 모시지 않고 고백성사도 자주 하지 않는 이유입니다.

84. 얼마나 우리 영혼이 성령의 도우심으로 강건해질 필요가 있는지 나는 오랫동안 잘 깨닫지 못했습니다. 하지만 지금, 지극히 자비로우신 주님께서 내게 이것이 얼마나 중요하고 필요한 것인지 깨닫게 해주셨습니다. 그렇습니다. 이것은 우리가 숨을 쉬고 있는 한 우리 삶의 모든 순간에 필요합니다. 기도할 때뿐만 아니라 우리 삶의 매순간 필요합니

---

120) I 고린토 4:7.

다. 성령께서 우리 영혼을 강건하게 해주시지 않는다면 우리 영혼은 끊임없이 온갖 죄와 영적 죽음으로 인도됩니다. 영혼은 점점 쇠약해지고 마음속에 들어온 악으로 인해 힘을 다 잃어버리고 선을 행할 수 없게 되어버립니다. 성령의 힘이 없을 때 우리는 마음이 온갖 악에 의해 갉아 먹혀 순간순간 어둠의 심연 속에 잠기게 됨을 느낍니다. 그래서 우리의 마음은 바위 위에 굳게 세워져야 합니다. 이 바위는 바로 성령이십니다. 성령께서는 우리의 모든 기관을 강건하게 해주십니다. 사람이 기도할 때, 성령께서는 간구하는 것을 얻을 것이라는 믿음과 희망을 주심으로써 그 마음을 강건하게 만듭니다. 성령께서는 영혼을 하느님 사랑으로 불타게 합니다. 성령께서는 영혼을 빛나고 선한 생각들로 가득 채워줍니다. 성령께서는 영과 마음을 굳건하게 해주십니다. 사람이 뭔가 완수해야 할 것이 있다면, 성령께서는 그의 마음이 이 일의 필요성과 중요성을 알게 하심으로써 자극받게 하시고, 모든 장애를 뛰어넘는 꺾을 수 없는 인내심으로 그를 강력하게 만드십니다. 성령께서는 성별을 불문하고 어떤 조건의 인간관계에서도 하느님의 형상대로 지어지고 주 예수 그리스도의 피로 구속된 인간 인격에 대한 존중심을 불어넣어 줍니다. 성령께서는 종종 매우 혐오스런 외모를 지니고 있는 이라 할지라도 사람을 외모로, 또는 옷차림새로, 혹은 말이나 행동의 상스러움으로 판단하지 않도록 도우십니다. 우리 모두를 하늘에 계신 한 아버지의 자녀들로서 사랑 안에서 묶어주시고, 예수 그리스도 안에서 "하늘에 계신 우리 아버지 …"[121]라고 말할 수 있게 가르쳐주시는 분은 바로 성령이십니다.

---

121) 마태오 6:9.

85. 하느님께서 어떤 사람의 모든 생각들, 그의 바람들, 그의 모든 의도들, 그의 말과 행동들 안에 현존하실 때, 하느님 나라는 이미 그 사람 안에 임한 것입니다. 그럴 때 그는 모든 것에서 하느님을 봅니다. 생각의 세상에서도, 행동의 세계에서도, 물질세계에서도 말입니다. 그러므로 하느님의 무소부재하심은 그에게 너무나도 분명한 것이어서, 하느님에 대한 진정한 두려움과 경외심이 그 마음 안에 자리 잡게 됩니다. 그는 매순간 하느님을 기쁘게 해드리고자 하고, 매순간 자기 곁에 계시는 하느님에 반하여 죄를 짓지나 않을까 두려워합니다.[122] 주님, "당신의 나라가 오게 하소서."[123]

86. 우리는 생각과 말과 행동으로 죄를 짓습니다. 지극히 거룩하신 삼위일체의 이콘이 되기 위해서는 우리의 생각과 말과 행동이 거룩한 것이 되도록 힘써야 합니다. 생각은 성부 하느님과, 말은 성자 하느님과, 행동은 모든 것을 완성하시는 성령 하느님과 각각 대응합니다. 그리스도인에게 생각으로 죄를 짓는 것은 결코 무시할 만한 것이 아닙니다. 이집트의 마카리오스 성인에 따르면 우리 안에서 하느님께서 기뻐하실 모든 것은 이미 생각 안에 다 포함되어 있다고 합니다.[124] 생각은 말과 행동이 나오는 원리이기 때문입니다. 말도 마찬가지입니다. 말은 그 말을 듣는 사람을 구원하는 것일 수도 있고, 그의 생각과 마음을 부패하게 만드는 타락과 유혹의 수단이 될 수도 있습니다. 행동은 더 그렇습니다. 행동이 예야말로 다른 이들에게 그 어떤 것보다도 더 강력하

---

122) 시편 16:8
123) 마태오 6:10.
124) *Les Homélies spirituelles de saint Macaire*, Hom. XXXI, 3, *Spiritualit Orientale* n 0, Bellefontaine, 1984, p. 286. (마카리오스 성인의 《영적 설교들》, 설교 31, 3.)

게 영향을 주어, 그와 똑같은 행동을 하도록 충동질합니다.

87. 그리스도인이여, 조심하십시오. 그리고 잊지 마십시오. 그대의 보이지 않는 생명, 그대의 평화, 그대의 빛, 그대의 힘, 그대의 호흡이신 분, 즉 예수 그리스도에 대한 그대의 믿음을 결코 잃지 마십시오. 그대 마음이 육적이고 어둡고 불신앙에 빠질 때, 지나치게 먹고 마시는 것, 세상적인 쾌락이 그대의 마음을 차갑게 만들 때, 그래서 더 이상 마음이 아니라 머리에 따라 살게 될 때는, 결코 그 마음을 따르지 마십시오. 다시 말해 지성에는 공을 들이고 마음은 소홀하게 대할 때, 어부는 박탈과 비참 속에 처넣고 대신 그물만 손질하고 정돈할 때 말입니다. 비유로 말하자면 마음은 사냥꾼 혹은 어부지만 지성은 어부의 그물일 뿐이기 때문입니다.

고요하고 편안하고 육체적인 만족 안에서 육신은 모든 정념과 함께 깨어납니다. 반면에 억압과 갈등과 혐오의 시기에는 육신과 함께 모든 정념들이 온순해집니다. 그래서 하늘에 계신 우리의 아버지께서는 지혜와 자비로우심으로 우리의 영혼과 몸을 호된 시련과 병마의 지배 아래 있게 하십니다. 그렇기 때문에 우리는 인내로 시련과 병마를 참아내야 할 뿐만 아니라 영적인 고요의 상태나 육체의 편안함과 건강보다 그것을 기뻐해야 합니다. 영적인 시련과 육체적인 병을 피하기만 한다면 사람의 영적 상태는 의심할 필요도 없이 악화될 것이기 때문입니다. 특별히 이 세상에서 모든 만족을 누릴 때 더욱 그렇습니다. 그럴 때 마음은 알지 못하는 사이에 온갖 죄악과 정념들을 낳고 그 마음을 영적인 죽음에 노출시킵니다.

88. 그대가 성 삼위일체에 대한 책 한 권을 써서 천 부, 혹은 그대가 원하는 만큼을 출판했다고 가정해 봅시다. 이 모든 책들은 동일한 정신과 동일한 단어, 동일한 형태를 가집니다. 그리스도의 몸이 우리에게 주어지는 것도 마찬가지입니다. 그 몸은 이 땅 곳곳에 있는 수많은 성당에서 제공됩니다. 동일하신 삼위일체께서 모든 그리스도교적인 제단에서 역사하십니다. 각각의 빵 조각에는 유일하시고 동일하신 그리스도께서 계십니다. 마치 책의 내용이 다 같듯이 말입니다. 모든 곳에서 봉헌물은 모두 똑같은 유일한 형태를 가집니다. 이렇게 지극히 거룩한 이 신비는 사람들을 향한 주님의 유일하고도 위대하고 거룩한 사랑의 책과 같습니다. 동일한 형태로 무한하게 출판된 단행본처럼 말입니다. 그 각각의 단행본 속에는 사랑으로 충만하시고 세상의 모든 죄를 자신 위에 짊어지신 그리스도의 영, 동일하고 유일한 성령께서 살아계십니다.

또 다른 비유를 들 수 있습니다. 땅에는 수많은 사람들이 존재합니다. 그들은 모두 동일한 육체적 외형과 하나의 영혼과 비록 똑같지는 않지만 유사한 태도들을 가지고 있습니다. 이 모든 존재들이 '사람'이라는 공통의 이름을 가지고 있습니다. 모든 사람이 서로 비슷합니다. 또 모든 사람은 동일한 기원, 먼저는 하느님이신 성부와 성자와 성령, 그리고 아담과 하와라는 유일한 부부에게서 나왔습니다. 그래서 다른 것들도 있지만 하느님께서는 특별히 모든 사람을 우리들 자신처럼 사랑하라고 명하십니다. 동일한 본성을 가지고 있는 존재들이기 때문입니다. 이렇게 우리는 수많은 사람들을 보지만 그들은 사실 몸과 영혼이라는 동일한 본성을 가지고 있는 하나입니다. 마찬가지로 주님께서도 생명을 주시는 그분의 신비 안에서, 그분이 자신을 내어주시는 모든 곳에서 영원히 분리될 수 없는 유일한 창조주이시고, "그분께서는 또 한 사람에게서 온 인류를 만드시어 온 땅 위에 살게 하시고, 일정한 절기와 거주지의 경계를 정하셨습니다."[125] 살아계신 주님께서는 그분의 유일하신 성령을 통해 전 세계 모든 교회에서 드려지는 성체성혈 성사 안에서, 죄와 악마에의 굴종으로 인해 그분으로부터 멀리 떨어져 나갔던 우리가 당신과 하나 되기를 원하십니다. 우리를 그분으로부터 또한 우리들 서로로부터 갈라놓고 분열[126]시켰던 모든 것을 뽑아버리시고 정화하시기 위해서 말입니다. 그리스도께서 기도하셨듯이 말입니다. "그들이 모두 하나가 되게 하십시오. 아버지, 아버지께서 제 안에 계시고 제가 아버지 안에 있듯이, 그들도 우리 안에 있게 하십시오." 이것이 바로 거룩한 성체성혈 성사의 목적입니다.

89. 그리스도인들은 적의, 반감, 증오를 그 단어조차도 알지 못해야 합니다. 어떻게 그리스도인들에게 적의가 있을 수 있습니까? 어디서나 우리는 사랑을 봅니다. 어디서나 우리는 사랑의 향기를 맡습니다. 우리 하느님은 사랑의 하느님입니다. 그분의 나라는 사랑의 나라입니다. 하느님께서는 우리를 위한 사랑으로 "당신의 아들까지 아낌없이, 죽음에까지 내어주셨습니다."[127] "우리의 죄에 대한 속죄 제물"[128]로 말입니다. 그대는 그대 주위의 그리스도인들 안에서 사랑을 봅니다. 그들 모두가 세례와 견진성사 때 사랑의 십자가로 날인되었기 때문입니다. 그들은 십자가의 표시를 지니고 있습니다. 그들은 교회에서, 사랑의 축제에서

---

125) 사도행전 17:26.
126) 요한 17:21.
127) 로마서 8:32.
128) I 요한 4:9.

그대와 함께합니다. 교회 안에 사랑의 상징들은 너무도 많습니다. 십자가, 십자성호, 하느님과 사람에 대한 사랑으로 하느님께 기쁨이 되었던 성인들, 육화하신 사랑 그리스도. 하늘과 땅 위에 사랑은 만연합니다. 하느님의 속성인 사랑은 마음에 쉼과 기쁨을 줍니다. 반면 적의는 영혼과 몸을 죽입니다. 우리가 어디서나 사랑의 속삭임을 듣는다면, 사람을 죽이는 자 악마만이 영원한 적의일진대, 어떻게 사랑하지 않을 수 있겠습니까?

90. 기도에 대해서 이야기해 볼까요? 별이 총총한 하늘을 볼 때 우리는 본의 아니게 찬사를 터뜨립니다. 하지만 그 하늘과 별들을 보면서, 사람을 향한 하느님의 선하심을, 사람에 대한 하느님의 무한한 사랑을, 우리의 구원을 위해 "자신의 외아들 우리 주 예수 그리스도를 아끼지 않으시고 내어주신"[129] 그 사랑을 떠올릴 때는 더더욱 그렇습니다. 그대가 무로부터 창조되었고, 어떤 이유나 그대의 어떤 공로 때문이 아니라 오직 그대에 대한 사랑으로 세상의 기초가 세워지던 때부터 그대를 영원한 지복으로 예정하셨다는 것을 상기한다면 하느님께 영광 돌리지 않는 것은 불가능합니다. 그대의 구원을 위해 그대의 평생 동안 하느님께서 베푸신 은총들, 또한 한 두 번이 아니라 이루 헤아릴 수 없을 만큼 여러 번 하느님께서 용서해주신 그대의 수많은 죄악들을, 그리고 건강에서부터 그대가 마시는 공기와 한 방울의 물에 이르기까지 그분께서 그대에게 베푸신 자연의 선물을 생각할 때도 마찬가지입니다. 우리가 동물계, 식물계, 광물계의 피조물들의 무한한 다양성을 경이로움을 가

---

129) 로마서 8:32.

지고 바라볼 때 저절로 탄성이 터져 나옵니다. 무한하게 큰 것부터 무한하게 작은 것에 이르기까지 이 얼마나 지혜로운 질서란 말입니까! 마음으로부터 탄성이 저절로 나와 이렇게 부르짖게 됩니다. "주여, 손수 만드신 것이 참으로 많사오나 어느 것 하나 오묘하지 않은 것이 없고 땅은 온통 당신 것으로 풍요합니다."[130] 만물을 창조하신 주님, 당신께 영광을 돌리나이다!

91. 사람이란 그 얼마나 놀라운 피조물입니까! 보십시오! 흙으로 창조된 이가 하느님의 숨결을 담고 있습니다. 사람은 인격체이고, 독립적이고, 자유로우며, 하느님 자신의 형상입니다. 사람의 육체의 구성을 보면 지혜와 아름다움으로 충만합니다. 온 땅을 지배하는 사람은 "우리 모습을 닮은 사람을 만들자! 그래서 바다의 고기와 공중의 새, 또 집짐승과 모든 들짐승과 땅 위를 기어 다니는 모든 길짐승을 다스리게 하자!"[131]고 말씀하셨듯이 하느님과 닮아 지혜와 사랑으로 가득합니다. 하지만 우쭐대지 마십시오. 하느님의 형상을 따라 그대 안에 심어진 그것이 마치 성전을 나오듯 그대의 몸에서 나와 버릴 때 어떻게 되는지 보십시오. 그대는 마치 한 번도 존재하지 않았던 것처럼 될 것이고, 이 세상에서 사라져 버릴 것입니다. 성전인 그대의 몸은 그 탁월함과 아름다움을 다 잃어버립니다. 그것은 다시 먼지가 되어 흙에서 나왔던 그대로 다시 흙으로 돌아갑니다. 그래서 본래 그러했듯이 흙과 완전히 섞여버립니다.

사람이란 그 얼마나 놀라운 피조물입니까! 하느님께서는 놀랍게도

---

130) 시편 104:24.
131) 창세기 1:26.

이 먼지 같은 존재에게 그분의 형상, 그분의 불멸하는 영을 불어넣으셨습니다. 하지만 그리스도인인 그대여, 창조주의 지혜와 권능과 자비야말로 더욱 경이롭습니다. 그분은 빵과 포도주를 그분의 지극히 순결한 몸과 피로 바꾸시고 변화시키십니다. 생명을 주시는 성령을 통하여 그분 자신이 우리 안에 머무시기 위해 오십니다. 그분의 몸과 피는 동시에 영과 생명입니다. 왜 그러실까요? 죄인인 그대를 죄로부터 정화하고, 그대를 거룩하게 하며, 이렇게 성화된 그대를 그분 자신과 연합시키고, 이렇게 연합된 그대에게 지복과 불멸성을 주시기 위함입니다. "오! 하느님의 풍요와 지혜와 지식은 심오합니다."[132]

92. 마음이 가난하다는 것은 자기 자신은 마치 존재하지 않는 것처럼, 대신 오직 하느님만이 존재하는 유일하신 분으로 바라보는 것입니다. 그것은 하느님의 말씀을 세상 모든 것보다 더 높이고 그 말씀을 지키기 위해서는 무엇도, 심지어 자신의 목숨까지도 아끼지 않는 것입니다. 그것은 모든 일에 있어서 나 자신의 의지를 포기하고 나와 타인들에 대한 하느님의 뜻만을 생각하는 것입니다. 마음이 가난한 사람은 마음을 다해 이렇게 바라고 말합니다. "아버지의 이름이 거룩하게 하시며 아버지의 나라가 오게 하시며 아버지의 뜻이 하늘에서와 같이 땅에서도 이루어지게 하소서."[133] 말하자면 자기 자신은 사라지는 것입니다. 어디서나 어떤 것에서나 그 자신 안에서나 타인에게서나 그는 하느님을 보길 원합니다. "주님, 모든 것이 당신 것이고, 내 것은 없나이다."

그는 자신과 타인에게서 하느님의 거룩하심과 그분의 통치하심과 그

---

132) 로마서 11:33.
133) 마태오 6:9-10.

분의 뜻을 보길 열망합니다. 그는 마땅히 그것이 사람의 마음을 온통 채우길 바랍니다. 그분만이 절대적인 자비이시고 절대적인 보호이시며 생명의 수여자이시기 때문입니다. 반대로 원수 악마와 그 졸개들은 하느님 나라의 도둑들이고 하느님의 적대자들입니다.

마음이 가난한 사람에게는 세상 전체가 아무것도 아닙니다. 그는 어디서나 만물에 생명을 주시고 다스리시는 하느님만을 봅니다. 그에게 하느님이 안 계신 곳은 없습니다. 한 순간도 하느님 없는 시간은 없습니다. 언제 어디서나 그는 하느님과 함께하고 하느님 앞에 단독자로 살아갑니다. 마음이 가난한 사람은 이해할 수 없는 것을 감히 이해해보겠다고, 하느님의 신비들을 파헤쳐보겠다고, 원리들에 대해 철학적으로 고민해보겠다고 만용을 부리지 않습니다. 그는 주님의 말씀이 진리요, 영이요, 영원한 생명임을 알아서 단순하게 주님의 생명을 주시는 말씀을 믿습니다. 그는 성령을 통해 모든 진리 안에서 가르침 받아온 교회의 가르침을 믿습니다. 그는 아이가 어떤 증거도 요구하지 않고 온전히 자신을 내맡기며 엄마 아빠를 믿듯이 그렇게 믿습니다. 마음이 가난한 사람은 자신을 만인 중에 가난 마지막에 있는 자요, 가장 큰 죄인이라고 생각합니다. 그래서 모든 사람의 발에 밟혀도 무방한 사람이라고 생각합니다.

93. 선행을 행하는 데 성공하려면 어떻게 해야 할까요? 집에서 개인적으로 아침저녁으로 기도드릴 때나 성당에서 예배를 드릴 때, 어떻게 하면 이 선행을 실천할 수 있을지 마음을 다해 여쭙고 진정 그것이 하느님의 영광을 위한 것이기를 바라십시오. 주님과 그분의 지극히 순결하신 어머니께서 분명 그대를 밝혀주실 것이고 그대가 어떻게 행동해

야 할지 알게 해줄 빛나는 생각을 그대 마음에 불어넣어 주실 것입니다. 예를 들어 그대가 연설문이나 설교문을 써야 하는데 어떤 주제를 선택해야 할지 알지 못한다면, 또 그대의 마음에 생수가 없어 갈급해 한다면, 이것에 대해 오직 기도 중에만 생각하십시오. 주님과 그분의 지극히 순결하신 어머니께서 분명히 확실하게 다루어야 할 주제를 다양한 각도에서 그대에게 보여줄 것입니다. 그러면 그대의 영과 밝게 조명된 마음은 주제의 모든 측면을 명확하게 보게 될 것입니다.

94. 온 우주를 충만케 하시는 위로자께서는 겸손하고 온유하고 단순하고 선량한 모든 신자들의 영혼을 꿰뚫고, 그들 안에 머무시어 그들에게 생명을 주시고 굳건한 지주가 되어 주십니다. 그분은 그들과 하나의 동일한 영이 되시어, 그들의 전부가 되십니다. "모든 마음과 모든 영리한 자들과 모든 순결한 자들과 가장 정묘한 자들을 꿰뚫어 보심으로써"[134] 힘이 되시고, 평화가 되시고, 기쁨이 되시고, 하는 모든 일 그중에서도 특별히 신앙의 삶에서 하는 모든 일의 성공이 되시고, 모든 종류의 선이 되십니다. "우리는 모두 한 성령으로 세례를 받아 한 몸이 되었고 같은 성령을 받아 마셨습니다."[135] 모든 경건한 신자들은 마치 스펀지가 물에 젖어들 듯 하느님의 성령에 흠뻑 젖습니다.

기도할 때 그대는 입술로 수천 마디를 하는 것보다는 마음 깊이 다섯 단어를 말하는 것이 더 낫다는 이 원리를 잘 지키십시오. 그대 마음이 차갑고 기도할 자세가 되어있지 않다고 생각될 때는 기도하는 것을 멈추고 그대 자신의 방탕, 그대의 영적 빈곤, 그대의 비참과 근시안이나

---

134) 지혜서 7:23.
135) I 고린토 12:13.

하느님께서 그대와 모든 이들에게, 특별히 그리스도인들에게 끊임없이 베풀어주신 무진장한 호의를 절절하게 떠올림으로써 그대의 마음을 다시 따뜻하게 만드십시오. 그런 후에 천천히 간절한 마음으로 기도하십시오. 많은 기도를 드릴 시간이 없다면, 중요한 것이 아니니 개의치 마십시오. 천천히 간절하게 드린 한 마디 기도가 서둘러서 모든 기도를 드리되 마음은 기도와 함께 하지 않는 것보다 그대에게 훨씬 유익합니다. "이상한 언어로 일만 마디의 말을 하느니보다는 차라리 내 이성으로 다섯 마디의 말을 하고 싶습니다."[136] 하지만 우리가 이성으로 또 합당한 감정을 가지고 일만 마디의 기도를 드릴 수 있다면 그것이 훨씬 더 좋을 것입니다.

주님께서는 그분을 위해 수고하고 시간을 아끼지 않는 이들을 방치하지 않으십니다. "너희가 남에게 되어 주는 분량만큼 너희도 받을 것이다."[137]라고 말씀하신 분이시니 말입니다. 그분께서는 그들의 기도의 진정한 물결에 대해 그들 영혼 안에 영적인 빛과 온기와 평화와 기쁨을 그 분량에 비례하여 보내주심으로써 보상하십니다. 오랫동안 지속적으로 기도하는 것은 좋습니다. 하지만 "그것은 아무나 할 수 있는 일이 아닙니다. 다만 하느님께서 허락하신 사람만이 할 수 있습니다."[138] 오래 기도할 수 없는 이들에게는 간단한 기도를 뜨거운 영으로 드리는 것이 낫습니다.

기도하면 금방 지친다고 말하는 이들이 많습니다. 왜 그럴까요? 그것은 늘 우리 옆에 계시는 주님[139]을 집중하여 떠올리지 않기 때문입니다.

---

136) I 고린토 14:19 참고.
137) 루가 6:38.
138) 마태오 19:11.
139) 시편 16:8.

그대 마음의 눈으로 끊임없이 그분을 바라보십시오. 그러면 기도하면서 밤을 새워도 피곤하지 않을 것입니다. '밤새워'라고 말했나요? 아니 그보다 더 피곤을 느끼지 않고 기도하며 이틀 사흘 밤을 새울 수도 있습니다. 기둥에 올라가 금욕 수행했던 성인들을 기억해보십시오. 그들은 기둥이나 가파른 절벽 위에 올라가 몇 년 동안을 기도하며 머물러 있었습니다. 그들은 게으름에 익숙한 그대의 육신과 똑같은 육신을 가지고 있었지만 그것을 길들였습니다. 그런데도 그대는 단 몇 시간의 기도로도, 혹은 형제들과 함께 드리는 단 한 시간의 기도로도 마치 초죽음이나 당한 듯이 하지 않습니까?

95. 천사들의 생각은 주님께서 지극히 거룩하신 동정녀 마리아를 통해 육화하심으로써 우리에게 나타내 보이신 그 지혜와 자비와 전능하심을 이해할 수도 충분히 평가할 수도 없습니다. "하늘의 모든 천사들이 당신의 육화에 놀랐나이다. 범접할 수 없는 하느님께서 사멸할 자들 가까이 계시면서 인간들과 대화하고 그들의 알릴루야 찬양을 받고 있음을 보았음이로다."[140] 당신의 자비에 영광 돌리나이다! 당신의 위대함에 영광 돌리나이다! 당신의 지혜에 영광 돌리나이다! 당신의 권능에 영광 돌리나이다! 주님께서는 육화를 통해 구약 성경에서는 아직 알려지지 않았던 혹은 잘못 알려졌던 신앙의 모든 신비들을 우리에게 드러내주셨습니다. 그분의 육화를 통해서 혐오스러운 죄인인 우리들은 그분의 지극히 순결한 성체와 성혈에 참여할 자격을 갖게 되었고, 그를 통해 그분과 아주 친밀하게 연합하여 우리는 그분 안에 머물고 그분은

---

140) 성모 기립찬양(아카티스트) 성가 중에서 이꼬스 16

우리 안에 머뭅니다. 그분의 육화를 통해서 지극히 거룩하신 동정녀께서는 밤낮으로 우리를 위해 중보하심으로써 우리의 힘 있는 보호자가 되셨고, 죄와 재앙과 불행에서 우리를 건져주시는 구조자가 되셨고, 눈에 보이는 혹은 보이지 않는 어떤 원수 마귀도 저항할 수 없는 우리의 여왕이 되셨고, 십자가에 달리신 그리스도께서 그 제자 성 사도 요한에게 "보아라. 네 어머니다." 그리고 그 어머니에게는 "보십시오. 당신의 아들입니다."[141]라고 말씀하신 바에 따라 은총으로 우리 모두의 진정한 어머니가 되셨습니다.

96. 다가올 세상에서 하느님과 우리가 연합하는 것은 어떤 것일까요? 그것은 우리에게 빛과 평화와 기쁨과 행복의 샘이 될 것입니다. 이미 이 세상에서부터 우리는 그것의 몇몇 전조를 경험으로 느낍니다. 기도하는 동안 우리 영혼이 온전히 하느님을 향해 돌아서서 그분과 연합될 때, 우리는 행복하고 고요하고 가볍고 즐겁습니다. 마치 어린 아기가 엄마 품에 기대듯이 말입니다. 더 정확히 말하자면 우리는 말로 표현할 수 없이 복된 감정을 경험합니다. "선생님, 저희가 여기서 지내면 얼마나 좋겠습니까!"[142] 그러므로 그대는 이승에서부터 이미 맛볼 수 있는 이 영적 지복에 이르기 위해 간단없이 싸우십시오. 하지만 이 맛보기는 사도 바울로가 "우리가 지금은 거울에 비추어보듯이 희미하게 보지만"[143]이라고 고백했듯이 여전히 지상에 속한 것이고 그래서 불완전한 것임을 기억하십시오. 그렇다면 우리가 진실로 실제적으로 하느님

---

141) 요한 19:26-27.
142) 루가 9:33.
143) I 고린토 13:12.

과 연합될 때, 형상과 그림자는 사라지고 현실이 되어 눈으로 보게 될 때는 어떻겠습니까! 오, 진정 우리의 모든 삶이 끊임없이 이 지복을, 하느님과의 연합을 향하도록 해야 할 것입니다!

97. 말씀보다 더 확실하고 안정되고 강력한 것이 또 있을까요? 세상을 창조한 것은 바로 말씀이십니다. 세상은 "그의 능력의 말씀으로 만물을 보존하시는"[144] 분에 의해 실존을 유지합니다. 그럼에도 불구하고 우리 죄인들은 말을 가볍게 여기고 소홀히 합니다! 우리가 말보다 더 홀대하는 것이 있습니까? 우리 안에 말만큼 불안정한 것이 과연 있습니까? 오, 우리는 정말 불쌍한 존재들입니다! 가장 고귀한 것들에 이렇듯 주의를 기울이지 않다니 말입니다! 우리는 믿음과 사랑으로 가득 찬 마음에서 나오는 한 마디 말이, 예를 들어 기도 중에, 예배 중에, 설교나 성사 중에 행해지는 말들이 기적을 일으키고 우리와 다른 사람들의 영혼에 생명을 가져다준다는 사실을 잊고 삽니다. 그리스도인들이여, 이 말에 큰 공을 들이십시오. 모든 말에 주의를 기울이십시오. 책임감과 담대함을 가지고 말하십시오. 하느님의 말씀, 성인들의 말씀, 생명의 말씀에 의지하십시오. 말씀이 생명의 기원이라는 사실을 늘 기억하십시오.

98. 깊은 절망 혹은 큰 질병에 짓눌릴 때, 특히 사람들의 불의에, 원수의 공격과 감언이설에 직면할 때, 마음을 다해 "아버지, 당신의 뜻이 이루어지게 하소서."라고 말하는 것은 쉽지 않습니다. 그 어떤 것도 하

---

144) 히브리 1:3.

느님의 뜻이 없이는 일어나지 않겠지만, 어떤 불행의 상황이 하느님의 뜻이 아니라 우리 자신의 잘못으로 우리에게 닥쳐왔다고 생각될 때, "당신의 뜻이 이루어지게 하소서."라고 말하는 것은 훨씬 어렵습니다. 일반적으로 말할 때, 우리가 받은 고통이 하느님의 뜻이라고 진정 믿기란 어렵습니다. 믿음과 경험으로 보아 하느님은 우리의 행복이심을 우리가 마음으로 알고 있기 때문입니다. 그러므로 불행 속에서 "당신의 뜻이 이루어지게 하소서."라고 말하기란 정말 어렵습니다. 우리는 생각합니다. 이것이 하느님의 뜻이라는 게 정녕 가능한 것일까? 하느님께서 왜 우리를 이토록 고문하시는 걸까? 왜 다른 사람들은 저토록 평안하고 행복하기만 할까? 내가 무엇을 했기에? 이 고통의 끝은 과연 있는 걸까? 하지만 하느님의 뜻이 아니라면 어떤 것도 일어나지 않음을 믿어야 합니다. 우리에 대한 하느님의 뜻을 인정해야 합니다. 그래서 겸손하게 그 뜻에 나를 복종시키는 것이 정말 우리의 타락하고 부패한 본성에는 너무나도 어려운 것일 때일수록, 바로 그때야말로 우리가 이 하느님의 뜻을 받아들여 순종하고, 주님께 가장 값진 희생 제물을 바쳐야할 때임을 알아야 합니다. 번영과 행복의 시기만이 아니라 고통과 불행의 시기에 사랑으로 충만하여 우리 자신을 온전히 하느님께 선물로 드려야 합니다. 우리의 헛되고 빗나간 지혜를 하느님의 비교할 수 없는 지혜에 복종시켜야 합니다. "하늘이 땅에서 아득하듯"[145] 우리의 생각은 하느님의 생각에서 멀리 떨어져 있기 때문입니다.

---

145) 이사야 55:9.

99. 우리 각자가 자신의 이삭(Isaac)을, 자신의 유일한 것을, 자신이 가장 사랑하는 것을, 고통이 아니라 평화와 행복이 약속된 것을 하느님께 제물로 바칠 수 있기를 바랍니다. 그렇게 해서 우리 자신의 신앙과 순종을 하느님께 보여주길 바랍니다. 이것이 바로 우리가 이미 누리고 있고, 또 장차 누리기를 희망하는 하느님의 모든 은사들에 합당한 것입니다.

100. 그리스도께서 마음 안에 계시면 우리는 모든 것에 만족합니다. 우리를 거북하게 했던 것도 가장 편안한 것이 됩니다. 쓴 맛은 달콤한 맛이 되고, 가난은 부유함이 되며, 배고픔은 배부름이 되고, 우리의 슬픔은 기쁨으로 변화됩니다. 하지만 그리스도께서 마음 안에 계시지 않으면, 사람은 그 무엇에도 만족하지 못합니다. 어떤 것에서도 행복을 느끼지 못합니다. 건강해도, 삶이 안락해도, 존귀와 명예를 얻어도, 날마다 잔치를 해도, 화려한 궁전에 살아도, 온갖 산해진미로 차려진 식탁에 앉아도, 멋진 옷을 입어도, 그 어떤 것에서도 행복하지 않습니다. 생명의 수여자시며 우리 영혼의 구세주이신 그리스도께서는 사람에게 없어서는 안 될 정말 필요한 분이십니다. 그리스도의 사랑을 위해서, 그분께서 우리 안에 머무시게 하기 위해서, 우리는 배고프고 목말라야 하고, 잠을 줄여야 하고, 소박하게 입어야 하고, 고요하고 평화로운 마음으로 인내와 온유함을 가지고 모든 것을 견뎌야 합니다. 잔인한 사냥꾼인 악마는 끊임없이 우리의 영혼을 사로잡으려 합니다. 어떻게 하면 죄와 정념으로 우리 영혼에 상처를 입힐 수 있을까, 어떻게 하면 우리 안에 악한 습관들을 뿌리내리게 할 수 있을까 궁리합니다. 악마가 원하는 것은 우리가 구원받지 못하도록 가능한 모든 방법을 동원하여 장애

물을 놓는 것이며, 우리를 하느님에 대해, 종교적 삶에 대해, 교회에 대해, 영원에 대해, 사람들에 대해 냉담하고 무관심한 사람으로 만드는 것입니다.

101. 나의 구세주, 나의 하느님, 예수 그리스도시여, 그 신비체들이 거룩한 제단이나 성반이나 감실이나 성체함 안에 놓일 때, 또 사제가 병자를 방문하기 위해 가슴에 그 신비체들을 지니고 운반할 때, 당신의 신성의 빛이 당신의 지극히 거룩한 신비들로부터 흘러넘친다면, 어떻게 될까요? 이 빛을 보는 모든 사람들은 놀람과 두려움으로 땅에 엎드릴 것입니다. 천사들조차도 접근할 수 없는 당신의 영광의 그 두려움으로 얼굴을 가릴 것입니다.[146] 그럼에도 불구하고 얼마나 많은 사람들이 이 천상의 신비에 무관심한지 모릅니다! 또 어떤 사람들은 이 거룩한 신비 성사의 두려운 예식을 정말 아무 관심도 없이 형식적으로 드리곤 하는지 모릅니다.

102. 오, 성령이시여, 세례를 통해 당신에게서 다시 태어난 우리 모든 그리스도인들은 당신의 숨결입니다. 지상에 있는 우리 모두는, 첫 번째 사람의 존재 안에 불어넣어주신 당신의 첫 번째 창조적 숨결[147]을 통해 당신으로부터 태어난 당신의 숨결입니다. 오, 성령이시여, 우리를 불쌍히 여기소서. 우리를 다시 일으켜 주소서. 당신의 숨결이 우리 죄와 정념들의 고약한 냄새를 우리에게서 멀리 쫓아내게 하소서. 죄로 기우는 우리의 나쁜 습성들을 뿌리 뽑아주소서.

---

146) 이사야 6:2.
147) 창세기 2:7.

신문이나 잡지를 읽을 때, 그대는 아무 수고도 들이지 않고 기쁘게 그것을 읽습니다. 그리고 아무런 어려움도 없이 그것들이 말하는 것을 믿습니다. 하지만 종교적인 출판물을, 특별히 교회와 관련된 책을 집어 들 때, 더 나아가 가끔 기도서를 읽으려 할 때, 그대의 마음은 무거워지고, 의심과 불신이 밀려오고, 거부감과 어두움을 느낍니다. 많은 사람들이 이런 경험을 합니다. 이런 감정들은 어디서 오는 것일까요? 물론 이것은 책으로부터 오는 것이 아니라 책을 읽는 자, 그의 마음 본성에서, 그리고 무엇보다도 먼저 사람의 원수요 모든 거룩한 것의 적인 악마에게서 오는 것입니다. "악마는 그 말씀을 마음에서 빼앗아 가는"[148] 자이기 때문입니다. 우리가 세상적인 책을 읽는 것은 악마에게 아무런 상관이 없기 때문에 우리에게 아무 짓도 하지 않습니다. 하지만 우리가 신앙 서적을 잡기만 하면, 우리가 자신의 참회와 구원에 대해 관심을 갖기만 하면, 우리는 그에 맞서게 되고, 그를 화나게 하고, 그를 골치 아프게 합니다. 그래서 그는 우리를 공격하고 못살게 구는 것입니다. 그러면 우리는 어떻게 해야 할까요? 물론 우리 영혼에 유익하고 좋은 일인 영적 독서와 기도를 포기해서는 안 됩니다. 오히려 인내로 무장하고, 인내하면서 우리 영혼을 구원해야 합니다. "참고 견디면 생명을 얻을 것이다."[149]라고 주님은 말씀하십니다.

똑같은 일이 극장과 교회에, 연극 무대와 거룩한 예배에 적용됩니다. 많은 사람들이 극장에 가는 것은 너무 좋아하지만 교회에 가는 것은 힘들어하고 지겨워합니다. 왜 그럴까요? 극장에서는 모든 것이 사람의 감정을 고무시키기 위해 고안됩니다. 거기서 우리는 조금도 악마에 대립

---

148) 창세기 2:7.
149) 루가 21:19.

해 있지 않고 오히려 악마를 즐겁게 합니다. 악마는 우리를 더욱 더 즐겁게 해주려 하고 조금도 걱정하지 않습니다. "내 친구들아, 실컷 즐기고 웃어라. 하느님은 조금도 생각하지 말거라." 이렇게 악마는 속삭이고 있는 것입니다. 반대로 교회에서는 모든 것이 신앙심, 하느님에 대한 두려움, 경건의 감정들, 우리 죄와 타락에 대한 양심의 가책을 일깨우기 위한 것입니다. 그래서 악마는 우리 마음 안에 의심과 방심과 절망, 불결하고 신성모독적인 생각들을 심습니다. 우리가 더 이상 무엇을 해야 할지 알지 못하도록, 단 한 시간도 견디지 못하도록, 가능한 한 빨리 교회에서 도망치게 만들려고 애씁니다. 극장과 교회, 이것은 정반대에 서 있는 두 개의 상징입니다. 하나의 세상의 전이요, 다른 하나는 하느님의 전입니다. 하나가 악마의 전당이라면, 다른 하나는 주님의 성전입니다.

103. 형제들이여, 집 안에서 폭력과 원망이 폭발할 때, 하느님의 어머니께 기도하십시오. 지극히 선하시고 힘 있으신 성모님은 사람들의 마음을 아주 쉽게 잠잠케 합니다. 평화와 사랑은 그 원천이신 하느님에게서만 옵니다. 우리의 평화이신 그리스도, 그의 어머니이신 우리의 여왕께서는 하느님 안에서 온 세상의 평화를 간절하게 바라시고, 하느님께 그것을 간구하십니다. 특별히 모든 그리스도인들의 평화를 위해서 말입니다. 단 한 번의 손짓으로도 그녀는 낯선 영들, 열심히 끈질기게 증오심을 심고 부추기는 자들을 우리에게서 멀리 쫓아내실 능력뿐만 아니라 믿음으로 그녀의 지극한 보호를 간구하는 모든 이들에게 정말 빠르게 평화와 사랑을 주실 수 있는 엄청난 능력을 가지고 계십니다.

그대의 마음속에 믿음과 사랑을 잘 보존하도록 관심을 게을리 하지 마십시오. 만약 그대가 주의를 게을리 한다면 그대는 성모님의 중보에 합당하지 못하게 되기 때문입니다. 또한 성모님의 열렬하고도 충직한 종이 되십시오. 그것이 영원히 복되시고, 우리 하느님의 흠 없으신 어머니이시며, 모든 피조물 가운데 제일 위대하시고, 온 인류의 보호자이신 성모님을 축복하는 참된 길입니다. 또한 겸손한 마음을 간직하십시오. 성모님이야말로 그 어떤 존재보다 더욱 겸손하셨고, 그래서 겸손한 이들을 지극한 자애심으로 바라보시기 때문입니다. "주께서 여종의 비천한 신세를 돌보셨습니다."[150]라고 엘리자벳에게 성모님께서 고백하셨듯이 말입니다.

104. 그대가 영혼 안에서 살기를 느낄 때, 사악함과 악과 참지 못함과 신성모독의 충동을 느낄 때, 혹은 악한 생각들의 지배를 느낄 때, 결코 좌절하지 말고, 절망으로 내려가지 않도록 하십시오. 끊임없이 싸우고 용감하게 저항하십시오. 그대 마음을 다해 지옥을 짓밟아 버리신 승리자, 우리 주 예수 그리스도를 간절히 부르십시오. 그대야말로 모든 죄인들 중에서 가장 큰 죄인임을[151] 영혼 깊숙이 인정함으로써 정말 마음 깊숙한 곳으로부터 그대를 겸손하게 하십시오. 그러면 그대의 겸손과 투쟁을 보시고, 주님께서 그대를 도우러 오실 것입니다. 또한 우리의 보호자이신 지극히 거룩하신 동정 성모님께 도움을 호소하며, 이렇게 간구하십시오. "지극히 순결하신 이여, 내 영혼의 깊은 상처들을 치유해주소서. 끊임없이 나를 공격하는 원수들을 짓밟아 주소서."[152]

---

150) 루가 1:48.
151) I 디모테오 1:15.
152) 「수호 천사에게 바치는 카논」 중에서

105. 거룩한 성만찬 예배는 모든 사람들을 위한 하느님의 사랑의 식탁입니다. 이 순간 성반 위에는 어린 양[153] 주위로 산 자와 죽은 자, 성인과 죄인, 승리한 교회와 투쟁하는 교회 모두가 함께 모입니다.

106. "너희는 그들이 맺은 열매를 보고 그들을 알아볼 수 있다."[154] 주님의 성체와 성혈을 받아 모시는 신비의 성사인 성만찬 예배의 복되고 달콤하고 생명을 주는 열매를 보고, 그대는 성만찬 예배가 하느님으로부터, 하느님의 성령으로부터 영감 받은 것이고, 생명을 주시는 성령께서 그 모든 기도와 거룩한 예식에 숨결을 불어넣어주신다는 것을 알게 될 것입니다. 성만찬보다 더욱 경이로운 생명의 나무가 또 있을까요! 그 짙푸르고 무성한 잎 하며, 그 열매는 정말 놀랍습니다! 열매뿐만 아니라 "그 나뭇잎도 만국 백성을 구원하는 약이 됩니다."[155] 뜨거운 신앙심으로 거룩한 성만찬 예배에 참여했는데도 영적인 유익과 평화와 지복을 경험하지 못한 사람이 누굽니까? 좋은 열매를 맺는 나무는 나무 자체도 좋습니다. 이것은 자연의 법입니다.

107. 자선은 마음에서 교만, 교활함, 질투, 게으름, 탐식, 간음, 거짓말, 속임수, 그 밖의 다른 죄들을 제거하려는 노력이 동반될 때 선한 것이 되고 구원을 가져다줍니다. 반대로 마음을 고치는 것에 관심을 두지 않고, 자선에만 기댄다면, 우리는 아마도 아주 적은 유익만을 얻을 것입니다. 그것은 한 손으로는 세우면서 다른 손으로는 무너뜨리는 격이

---

153) 봉헌된 빵의 가장 중심이 되는 부분으로, 사제에 의해 십자가 모양으로 잘려져 성반 위에 따로 모셔지는데, 이를 '어린 양'이라고 부른다.
154) 마태오 7:16.
155) 묵시록 22:2.

기 때문입니다.

108. 어린 바울로와 올가는 주님의 무한하신 자비와 나의 보잘 것 없는 기도로, 그들을 짓누르는 병마로부터 치유되었습니다. 어린 바울로는 잠자고 있는 동안 병이 사라졌습니다. 어린 올가는 고요해졌고, 어둡고 고통에 일그러졌던 그녀의 조그마한 얼굴은 환하게 밝아졌습니다. "두드리는 자에게는 열릴 것이다."[156]라는 말씀에 대한 나의 믿음이 결코 헛되지 않을 것이라는, 내가 이렇게 간절하게 졸라대면 하느님께서도 내가 원하는 것을 들어주실 것이라는 담대한 믿음을 가지고 그들을 아홉 번 찾아가서 기도를 드렸습니다. 불의한 재판관도 성가시게 굴던 여인의 요구를 들어주었는데[157] 하물며 온 우주의 심판자이시고 의로우신 재판관께서 아무 죄 없는 이 아이들을 위한 나의 보잘 것 없는 기도는 얼마나 더 잘 들어주시겠습니까? 그분께서는 나의 수고, 나의 중보, 나의 간구, 나의 무릎 꿇음, 나의 담대함, 그리고 그분에 대한 나의 신뢰를 받아주십니다. 주님께서는 정녕 그렇게 해주십니다. 그분께서는 죄인인 나를 부끄럽게 하지 않으셨습니다. 내가 그들에게 열 번째 갔을 때, 이 아이들은 치유 받았습니다. 나는 주님과 우리의 지극히 신속하신 보호자 성모님께 감사드렸습니다.

109. 우리가 우리의 이웃을 우리 자신의 몸처럼 사랑하기 시작할 때, 그들을 향해 우리 자신을 비롯하여 우리가 가진 모든 것을 거절하지 않고 내놓을 때, 비로소 우리 안에서 하느님에 대한 우리의 사랑이 드러

---

156) 루가 11:10.
157) 루가 18:1-5 참고.

나고 활동하기 시작합니다. 가능한 모든 것을 다해 이웃의 구원을 위해 애쓸 때, 그리고 하느님을 기쁘게 해드리기 위해 우리의 욕심과 안목의 정욕과 하느님의 지혜를 따르지 않는 세상적인 지혜를 만족시키길 거부할 때, 비로소 하느님에 대한 우리의 사랑이 드러나기 시작합니다. "눈에 보이는 형제를 사랑하지 않는 자가 어떻게 보이지 않는 하느님을 사랑할 수 있겠습니까?"[158] "그리스도 예수에게 속한 사람들은 육체를 그 정욕과 욕망과 함께 십자가에 못 박은 사람들입니다."[159]

110. 무엇이든 쥐려드는 이 두 손은 이제 가슴에 포개지고 아무것도 잡지 않을 것입니다. 악 속에 거닐기를 좋아하고 기도 중에 서있기를 질색하는 이 발과 다리는 영원을 향해 서있을 뿐 이제 그 어디로도 가지 않을 것입니다. 남의 행복을 질투심으로 바라보던 이 눈들은 감길 것이고, 그 불꽃은 꺼질 것이며 이제 그 어떤 것도 이 눈들을 미혹하지 못할 것입니다. 저주와 중상을 즐겨 듣던 이 귀들은 이제 아무것도 듣지 않을 것입니다. 천둥소리조차도 듣지 못할 것입니다. 생명의 부활 혹은 심판의 부활로 이 부패의 몸이 다시 부활할 때[160] 죽은 자들을 깨우는 나팔 소리만 듣게 될 것입니다. 죽은 다음에 우리 안에 살아남을 것이 무엇이겠습니까? 이 생에서 우리가 진정 모든 관심을 쏟아야 할 대상은 무엇이겠습니까? 그것은 바로 마음이며, 속사람이며, 영혼입니다. 이것이야말로 우리가 전력을 다해 관심을 기울여야 할 대상입니다. 평생 그대의 마음을 정화하십시오. 저승에서 깨끗한 마음으로 존재하

---

158) I 요한 4:20.
159) 갈라디아 5:24.
160) 요한 5:29 참고.

고 그래서 그대의 영혼이 하느님을 볼 수 있도록 말입니다. 건강과 힘과 품위를 유지하기 위해 꼭 필요한 만큼만 몸과 그 몸의 요구를 들어주십시오. 이 모든 것은 죽을 것입니다. 이 모든 것은 흙으로 돌아갈 것입니다. 그러므로 그대 안에서 사랑하고 미워하는 것, 평화롭기도 하고 때론 요동치기도 하는 것, 기뻐하기도 하고 슬퍼하기도 하는 것, 지성을 통해 생각하고 반성하는 바로 그대의 마음, 그대의 속사람을 완전으로 이끌기 위해 노력하십시오.

111. 우리 이웃이 하느님께 혹은 우리에게 죄를 짓는다면, 우리는 그를 더욱 더 사랑해야만 합니다. 왜냐하면 그는 병이 든 것이고, 크나큰 영적 곤궁에 빠져 위험한 상태에 있기 때문입니다. 특별히 우리는 그에게 연민을 가지고 그를 위해 기도해야 하며 그의 마음에 구원의 붕대를 감아주어야 합니다. 격려, 가르침, 질책, 위로, 용서, 사랑의 말로 말입니다. "하느님께서 그리스도를 통해서 여러분을 용서하신 것처럼 서로 용서하십시오."[161] 모든 죄, 정념들, 다툼과 논쟁들은 진정으로 영적인 병입니다. 우리는 마땅히 이렇게 여겨야 합니다. 더 나아가 모든 정념들은 영혼의 화재, 내적으로 황폐케 만드는 거칠게 타오르는, 지옥 깊은 곳에서 흘러나오는 불입니다. 이 불을 끌 수 있는 것은 사랑의 물입니다. 사랑은 사악함과 정념들의 지옥 불을 꺼버릴 만큼 강력한 힘이 있습니다. 하지만 우리는 불행한 존재입니다! 우리들의 자기애는 참으로 불행한 현실입니다! 우리는 이 불에 우리 자신의 고유한 죄악의 불씨를, 화냄의 불씨를 더합니다. 그렇게 함으로써 우리는 사람들의 영혼

---

161) 에페소 4:32.

에 다양한 정념의 불을 실어 나르는 데 여념이 없는 악한 영들에게 봉사하니 말입니다! 그렇게 행동함으로써 우리는 지옥 불에 떨어져 마땅한 존재가 됩니다. 만약 우리가 참회하지 않는다면, 또 우리가 선에는 지혜롭고 악에는 어리석은 존재가 되지 않는다면 우리는 분명 악마와 그의 졸개 천사들과 함께 지옥 불의 고통이라는 심판을 면치 못할 것입니다. 그러므로 악이 승리하도록 내버려 두어서는 안 됩니다. 오히려 선으로 악을 이기는 자가 되십시오.[162]

우리는 정말 비참한 존재들입니다! 모든 죄를 영혼의 엄청난 불행이라고 생각하는 법을 아직도 배우지 못했다니 어찌된 일입니까? 이 불행에 빠진 모든 이들을 향해 부드럽고 따뜻하고 진정어린 연민을 갖는 법을 아직도 배우지 못했다니 어찌된 일입니까? 어찌하여 우리는 독을 피하듯 뱀을 피하듯 죄를 피하지 못하는 것일까요? 어찌하여 우리는 이렇게도 굼뜬 것일까요? 어찌하여 우리는 죄의 종이 되었을 때조차 우리 자신을 불쌍히 여기지 못하는 것일까요? 어찌하여 우리는 우리를 창조하신 주님 앞에서 눈물 흘리지 못하는 것일까요?

112. "모든 골짜기는 메워지고 높은 산과 작은 언덕은 눕혀져 굽은 길이 곧아지며 험한 길이 고르게 되는 날, 모든 사람이 하느님의 구원을 보리라."[163] 골짜기는 겸손한 마음입니다. 산과 언덕, 즉 자신은 대단하게 여기고 작은 자들과 비천한 자들을 멸시하는 교만한 사람들은 낮아질 것입니다. 그렇게 되고야 말 것입니다. 주님의 의로우시고 자비로우신 성령께서는 우리 마음속에서 끊임없이 일하십니다. 교만한 자들

---

162) 로마서 12:21 참고.
163) 루가 3:5-6.

은 병을 주시거나 멸망케 하시거나 모욕을 당하게 하시는 등 다양한 방식으로 낮추시고, 겸손한 자들은 높이십니다.

113. 하느님과 연합한 사람은 반드시 자연스럽게 그 이웃을 사랑합니다. 이웃은 바로 하느님의 형상이기 때문입니다. 만약 그 이웃이 그리스도인이라면, 그는 똑같은 하느님의 자녀이고 신인(神人, Dieu-Homme)이신 그리스도의 지체이며 더 나아가 그 자신의 일부입니다. "우리는 서로 한 몸의 지체들"[164]이고 "우리는 그리스도의 몸의 지체들"[165]이기 때문입니다.[166] 하느님을 사랑한다면, 땅에 있는 모든 것, 먹을 것, 마실 것, 먹는 즐거움, 육체의 아름다움, 의복, 명성, 이 모든 것에 관심을 두지 않습니다. 두 주인을 섬길 수 없기 때문입니다. 그 마음은 주님과 연합되고, 주님 안에, 그를 향한 주님의 사랑 안에 모두 흡수됩니다. 주님 안에서는 이 땅에 속한 모든 것이 사라져 버리는 것 같습니다. 그렇습니다. 이 세상의 모든 매력이 다 사라져 버립니다. 그의 마음까지, 죄와 정념으로 가득 찬 옛 마음까지 말입니다. 그래서 하느님과 한 영이 됩니다. "주님과 결합하는 이는 그분과 한 영이 됩니다."[167] 그는 하느님의 빛으로 조명되어 하늘과 땅의 모든 것을 그 본래 가치대로 판단합니다. 그는 이 땅 위에 있는 모든 것의 헛됨과 무익함을 알아보고, 영적인 복의 진리와 무한한 우월성과 영원성을 알아차립니다. 그는 하느님 안에서 죄의 정화, 거룩함, 평화, 빛, 진정한 자유, 성령 안에서의 기쁨, 우리 본성에 주어졌던 것이지만 잃어버리고 만 이 모든 복들을 발견합니

---

164) 에페소 4:25.
165) 에페소 5:30.
166) 마태오 6:24.
167) I 고린토 6:17.

다. 또한 그는 자신의 참된 본성에 맞는 음식과 음료, 내적인 온유함, 눈처럼 희고 멋지고 빛나는 영적 의복, 영원한 즐거움을 줄 말할 수 없는 아름다움, 영원히 빛나는 접근할 수 없는 빛, 그리고 그 자신이 거룩한 삼위일체께서 머무시는 거처가 되듯이 또한 그 영혼에 꼭 맞는 거처를 하느님 안에서 발견합니다.

114. 하느님의 성인들은 숭고한 구속의 사역, 하늘에서 땅으로 오신 말씀의 강생, 그리스도의 가르침과 수난, 그분의 죽으심과 묻히심, 그분의 부활과 승천을 우리 누구보다도 더 잘 알아차린 분들입니다. 그분들은 평생을 진실함과 굳은 의지와 인내를 가지고 마음을 다하여 그들 자신은 물론이고 다른 이들의 구원을 위해서 일하셨기 때문입니다. 그들 자신의 구원과 다른 이들의 구원을 위해 그들은 자기 자신을 포기하고, 금식하고, 기도하고, 철야하고, 투쟁하고, 행위와 말로, 지성으로, 붓으로 일하셨습니다. 하지만 우리는 위대한 것의 진정한 가치를 알아볼 줄도 모릅니다. 우리는 냉담하고 게으르며 주의 깊지 않으며, 눈에 보이는 세상과 연기에 지나지 않는 세상의 행복에 온통 몰두해 있습니다.

115. 영적인 차원에서 그 누구보다도 그대야말로 가장 보잘 것 없으며 가장 나약한 사람이라고 평가하십시오. 그대의 죄를 생각하며 그대 자신을 멸시하고, 그대 자신을 증오하십시오. 이것은 바르고 거룩한 일입니다. 그리고 다른 이들을 향해서는 한없이 관대하십시오. 그들이 죄를 짓는다 해도 모든 사람을 사랑하라고 명령하신 하느님에 대한 사랑으로 그들을 존중하고 사랑하십시오. 비록 죄의 낙인이 찍혔지만 그들

모두는 하느님의 형상에 따라 창조되었고, 또 예수 그리스도의 지체들이기 때문입니다.

116. 모든 것에 앞서 그리스도인의 온유와 친절을 존중하고 끊임없이 간직하십시오. 가능한 모든 방법을 써서라도 자기애와 악의와 성냄과 흥분의 충동을 제압하십시오. 누군가가 그대에게 태연하게 거짓말을 하고, 부당한 요구를 하고, 공격적으로 말을 하거나 뻔뻔하게 그대의 약점이나 그대가 자기애에 빠져 품고 있는 악의의 감정들을 들추어낸다 해도, 동요하거나 성내지 마십시오. 침착하게 그가 그대에 대해 한 말을 곰곰이 생각해 보십시오. 조용히 그대의 행동과 말에 대해 검토해 보십시오. 만약 아무런 문제가 없는 선한 것들이었다고 판단된다면, 또한 그대의 양심이 평화롭다면, 그대의 적대자가 무슨 말을 하건 관심을 두지 마십시오. 침묵을 지키거나 조용히 신사답게 친절한 마음으로 그에게 잘못을 지적해 주십시오. 하지만 그대의 적대자가 그대에게서 발견한 것들에 대해 그대의 책임과 잘못이 있다고 판단된다면, 시급히 자기애와 교만을 내쫓아 버리고, 그대의 잘못에 대해 용서를 구하며, 앞으로는 그런 잘못을 하지 않도록 노력하십시오. 우리는 자주 우리 자신의 잘못들에 대해서 에둘러 말하지 않고 단도직입적으로 지적하는 솔직하고 직선적인 사람들에게 화를 내곤합니다. 우리는 이런 사람들을 존중해야 합니다. 거친 말로 우리의 자기애를 짓밟아버린 것에 대해 그들을 용서해 주어야만 합니다. 도덕적으로 그들은 송곳 같은 말로 썩은 마음을 도려내는 외과의사들입니다. 우리의 자기애에 채찍을 가함으로써 그들은 굳어버린 영혼 안에 있는 죄의식을 일깨우고 생명의 반응들을 불러일으킵니다.

117. "사랑은 오래 참습니다."[168] 사랑은 죄인을 당장 벌하지 않고, 깨우쳐주고 고쳐주려 노력하면서 그의 잘못된 걸음을 인내를 가지고 참습니다. 반면 악감정의 특징은 당장에 적대자를 후려치고 해롭게 하며 가혹하게 벌합니다. 정말 우리가 얼마나 악독하고 참을성 없는지 믿지 못할 따름입니다! 우리 형제가 죄를 지어도, 그가 지은 죄 때문에 가슴 아파하지도 않고 그의 고의적인 어리석음과 그의 욕정에 대해 형제 사랑의 마음으로 울지도 않습니다. 오히려 우리는 그를 비난하고 멸시하기만 합니다. 우리도, 우리 자신도 똑같은 죄를 범했으면서 말입니다. 사람들은 우리를 자비롭게 용서해주었고, 그들의 관용 덕분에 우리는 어느 정도 이러한 결함을, 이러한 욕정들을, 이러한 악덕들을 고칠 수 있었으며, 조금은 선한 사람이 될 수 있었습니다. 잘못된 길에 들어선 형제들과 똑같은 잘못에 빠진다면, 비록 그것이 중대한 것은 아닐지라도, 우리는 그에 대한 책임을 져야합니다. 그럴진대 어떻게 우리가 잘못을 저지른 형제에 대해 관대함을 갖지 않을 수 있겠습니까?

이렇게 잘못과 오류를 이유로 다른 사람들을 벌할 때 우리는 지나간 것이든 현재의 것이든 우리 자신의 약함, 우리의 악행, 우리의 정념들을 기억해야 합니다. 그리고 우리에게 맡겨진 이들을 사랑과 자비와 인내로, 성내지 않고, 냉혹하지 않고, 참지 못함이 없고, 또 지나친 서두름이 없이 견책해야 합니다. "반대자들을 부드러운 마음으로 바로잡아 주어야 합니다. 그렇게 하면 하느님께서는 그들에게 회개할 기회를 주셔서 진리를 깨닫게 해주실 것입니다. 그리고 악마에게 사로잡혀 악마의 종노릇을 하던 그들이 제 정신으로 돌아가 악마의 올가미에서 벗어

---

168) I 고린토 13:4.

나게 될 것입니다."[169] 성 바울로 사도께서 인내와 자비를 이웃 사랑의 바탕에 놓은 것은 다 이유가 있는 것입니다. "사랑은 오래 참습니다. 사랑은 친절합니다."[170] 모든 사람은 다 연약하고 경솔하고 죄에 빠지기 쉽지만 동시에 좋은 조건 속에 있다면 쉽게 고치고 일어서고 참회할 수도 있기 때문입니다. 그래서 다른 사람들의 약함과 잘못에 대해 인내심을 가져야 하는 것입니다. 우리 자신도 다른 이들이 우리에게 관대하고 우리 자신의 잘못에 대해 눈을 감아주길 바라듯이 말입니다. 그럼에도 불구하고 죄가 다른 이에게 중대한 해를 끼칠 경우, 우리가 받은 소명 과업에 중대한 해악을 가져올 경우, 그때는 즉각적으로 확고함을 가지고 행동에 나서서, 그를 질책하여 잘못에 종지부를 찍거나 아니면 그 사람을 선한 의지를 가진 다른 사람들로부터 따로 분리시켜야 합니다. "여러분은 여러분 가운데 있는 그 악한 자를 쫓아내십시오."[171]

118. 성인들의 위대함은 그 영혼의 고귀함, 그들의 믿음, 하느님에 대한 확고한 신뢰, 하느님에 대한 불타는 사랑에 있습니다. 그분들은 하느님을 위해서 이 땅에 있는 모든 것을 무시해 버렸습니다. 그런데, 우리는 어떻습니까? 얼마나 우리는 그분들과 판이하게 다릅니까! 그분들과 비슷한 것은 정말 눈을 씻고 찾아도 잘 보이지 않습니다. 그분들을 위대하게 만든 것은 숭고한 참회의 행위들, 철야와 금식들, 끊임없는 기도, 하느님 말씀을 읽고 묵상하는 성실함과 열정들입니다. 그런데 우리는 어떻습니까? 우리는 정말로 깊이 그분들을 존경해야 합니다. 크나

---

169) Ⅱ디모테오 2:25-26.
170) Ⅰ고린토 13:4.
171) Ⅰ고린토 5:13.

큰 존경심을 가지고 우리를 위해 중보해달라고 기도드려야 합니다. 어떤 경우라도 그분들을 함부로 버릇없이 대해서는 안 됩니다. 그분들은 신화되셨고 신성과 연합되셨다는 것을 기억해야 합니다.

119. 주님의 나의 생명입니다. 주님은 영원한 죽음에서 나를 구원하신 분이십니다. 주님은 나의 영원한 생명이십니다. 주님은 나를 정화하시는 분이시고, 헤아릴 수 없이 많은 나의 불의함으로부터 나를 해방시키신 분이시며, 나를 거룩하게 하시는 분이십니다. 주님은 나약함 속에서 나의 힘이 되어 주시고, 굴종의 삶에서 나를 자유롭게 해주시고, 두려움과 절망 속에서 내가 신뢰할 분이십니다. 주님은 내가 냉담할 때 나를 살리는 불이시고, 어둠 속에 있는 내게 빛이시며, 격동 속에서도 나의 평화가 되어 주십니다. 주님은 내가 유혹받을 때 나를 지켜주시는 방어자이십니다. 그분은 나의 생각이고, 나의 바람이고, 나의 활동이십니다. 그분은 내 몸과 영혼의 빛이시고, 내 음식과 음료이시며 나의 의복이고 무기이며 방패이십니다. 주님은 내게 모든 것입니다. 내 영혼아, 끊임없이 주님을 사랑하고 그분께 감사하여라! "내 영혼아, 주님을 찬미하여라. 속으로부터 그 거룩한 이름을 찬미하여라. 내 영혼아, 주님을 찬미하여라. 베푸신 모든 은덕 잊지 마라. 네 모든 죄를 용서하시고 네 모든 병을 고쳐주신다. 네 목숨을 구렁에서 건져주시고 사랑과 자비의 관을 씌워주신다. 네 인생에 복을 가득 채워주시어 독수리 같은 젊음을 되찾아주신다."[172]

---

172) 시편 103:1-5.

120. "정의와 불의가 어떻게 짝이 될 수 있으며 빛이 어떻게 어둠과 사귈 수 있습니까?"[173] "주님께서는 악한 사람의 음모를 미워하시고"[174] 그런 마음을 품고 있는 자들에게서 떠나가십니다. 우리는 그것을 우리 자신 안에서도 느낍니다. 또한 주님께서 그 누구와 연합하실 수 있으려면, 그는 모든 불결함으로부터 완벽하게 벗어나야 하고 덕으로 치장해야 합니다. 세상의 모든 죄를 다 짊어지신 주 예수님을 믿고, 자신의 죄들을 인정하고, 진정으로 그것을 정죄하고, 그것이 얼마나 어리석은 것인지를 생각하며, 다시는 그런 죄를 범하지 않겠다는 굳건한 의지를 가지고 마음을 다해 용서를 구해야 합니다. 바로 이런 과정을 통해서 모든 성인들이 주님과 연합되었고 성인이 되셨습니다.

우리의 여왕이신 성모님께서는 거룩하십니다. 그래서 영원한 빛, 이 세상에 와서 모든 사람을 비추신 참 빛이신[175] 말씀이신 하느님께서 성모님과 친밀한 연합을 이루셨고, 성령께서 성모님께 임하셨으며, 지극히 높으신 분의 권능이 그분을 감싸주셨습니다.[176] 우리의 여왕이신 주님의 어머니께서는 거룩하시고 무한히 거룩하십니다. 그래서 그분은 사람의 손으로 짓지 않은[177] 하느님의 성전이 되셨고, 성령께서는 그분의 생각과 감정과 말과 행동 모두에 깊이 침투해 들어가셨습니다. 그래서 말씀께서는 그분 안에서 육화되셨습니다! 그렇습니다. 성모님은 거룩하십니다. 신적인 거룩함 안에서 영원히 확고하고 흔들리지 않고 변함없으십니다. 인성에 따라서는 성모님의 아드님이 되신 모든 완전의

---

173) II고린토 6:14.
174) 잠언 15:26.
175) 요한 1:9.
176) 루가 1:35.
177) 히브리 9:11,24. 참고

하느님께서 그분의 겸손함을 보시고, 순결함과 그 순결함의 원천에 대한 그분의 사랑을 보시고, 세상에 대한 완전한 포기와 하느님 나라에 완전하게 속함을 보시고 그녀를 완전케 하셨습니다. 특별히 그분이 하느님의 어머니가 되셨고, 하느님을 그 태에 품으셨고, 그 팔에 안으셨고, 만물을 양육하시는 하느님을 그 순결한 젖으로 먹이셨고, 돌보셨고, 귀여워하셨고, 그분을 위해 고통 받으셨고, 눈물 흘리셨으며, 성령에 완전히 젖어 그분과 한 마음, 한 영혼, 하나의 거룩함이 되심으로써 평생을 그분만을 위해 사셨기 때문입니다. 오, 지극히 순결하신 동정녀 마리아와 그 거룩하신 하느님, 우리 주 예수 그리스도 사이에 이루어진 헤아릴 수 없는 사랑의 연합이여, 거룩함의 연합이여!

성인들 또한 주님에 대한 배타적인 사랑으로 인해, 주님을 위해 바친 땀과 피로 인해 존경받기에 합당한 분들이십니다.

121. 주님께, 성모님께, 천사들에게, 성인들께 기도하는 사람은 무엇보다도 먼저 그 마음과 생활을 개선하고 그분들을 본받으려고 노력해야 합니다. "너희의 아버지께서 자비로우신 것같이 너희도 자비로운 사람이 되어라."[178] "내가 거룩하니 너희들도 거룩하게 되어라."[179]라고 주님께서도 말씀하셨습니다. 성모님께 기도하는 사람은 그분의 겸손, 그분의 지극한 순결, 하느님의 뜻에 대한 그분의 순종, 그분의 인내를 본받아야 합니다. 천사들에게 기도하는 사람은 천상의 삶에 대해 생각하고 모든 육체적 욕망들을 조금씩 물리침으로써 영적으로 되려고 노력하고, 하느님과 이웃을 향한 뜨거운 사랑을 가지려고 노력해야 합니다.

---

178) 루가 6:36.
179) I 베드로 1:16, 레위기 19:2.

성인들께 기도하는 사람은 하느님에 대한 그분들의 사랑, 세상과 세상의 기만적 특성들에 대한 그들의 멸시, 그들의 기도, 그들의 금식, 그들의 가난, 병상에서의 그들의 인내, 수고와 비참, 그들의 이웃 사랑을 본받아야 합니다. 그렇지 않으면 모든 기도가 그저 공중에 울리는 소음으로 그칠 것입니다.

122. 하늘 궁창을 별들로 장식하신 분께서 그분의 하늘이시요, 어머니이신 지극히 순결하신 동정녀를 더욱 찬란하게 장식할 수 없으실까요? 땅을 형형색색의 이토록 아름답고 온갖 향기를 내는 다양한 꽃들로 만발하게 하신 이가 지상의 어머니를 온갖 덕의 꽃들로 장식할 수 없으셨으며, 온갖 영적 향기가 피어나게 할 수 없으셨을까요? 아니지요, 그분은 분명 그렇게 하실 수 있으십니다. 그래서 우리의 여왕께서는 신성의 하늘, 신성의 성전이 되셨습니다. 최고의 아름다움으로 장식되고, 지상의 모든 향기보다 더욱 고귀한 향기를 내는 성전이 되셨습니다. 아, 하느님께서는 지극한 자비로우심으로, 지극히 순결하신 성모님의 기도를 통하여 죄로 일그러진 나도 아름답게 꾸며주시는 은총을 주셨습니다! 더러운 나에게도 향기가 나게 은총을 주셨습니다! 하느님께는 불가능한 것이 없기 때문입니다. "너희 죄가 진홍같이 붉어도 눈과 같이 희어지며 너희 죄가 다홍같이 붉어도 양털같이 되리라."[180]

123. 악마들은 생명을 주시는 십자가를 보거나 십자성호만 그어도 두려워 벌벌 떱니다. 하느님의 아들이 십자가 나무에 못 박히셨고, 그

---

180) 이사야 1:18.

분의 수난을 통해서 십자가를 거룩하게 하셨기 때문입니다. 그렇다면 우리의 여왕이신 성모님 앞에서는, 아니 그 이름만 들어도 악마들은 얼마나 더 두려워하겠습니까! 우리의 여왕께서는 빛나는 별과 같으십니다. 그분은 빛으로 빛납니다. 하느님 안에서 그분은 화로 속의 빛나고 이글거리는 불씨와 같으십니다. 하느님께서 거룩하시고 빛이시라면 성모님 또한 영원한 빛이시고 영원히 거룩한 분이시라는 것을 이해하는 것은 어렵지 않습니다. 아멘.

124. 주님, 내게 형제 하나하나를 나 자신처럼 사랑할 수 있게 해주소서. 그들을 향해 절대로 화를 내지 않게 하시어 악마를 위해 일하는 일이 없도록 해주소서. 내 안에 있는 자기애와 교만과 탐욕과 불신앙과 그 밖의 모든 정념들을 십자가에 못 박게 하소서. '서로 사랑'이 우리의 이름이 되게 하소서. 굳건한 신뢰로 주님께서 우리의 전부이심을 믿게 하시고, 세상의 그 어떤 일로도 근심하거나 걱정하지 않게 하소서. 우리 하느님 당신만이 참으로 우리 마음의 유일한 하느님이게 하소서. 당신께서 원하셨던 것처럼 사랑의 일치가 우리를 지배하게 하시고,[181] 우리를 갈라놓고 우리가 서로 사랑하지 못하게 하는 모든 것을 발바닥의 먼지처럼 여기게 하소서. 그렇게 될 줄 믿나이다!

하느님께서 그 자신을 우리에게 주시어, 말씀하신대로[182] 그분이 우리 안에 우리가 그분 안에 머물진대, 하물며 그 무엇인들 우리에게 주시지 않으시겠으며, 그 무엇엔들 관심이 없으시겠으며, 그 무엇인들 부족하게 내버려 두시겠으며, 어떻게 우리를 내버리시겠습니까? "주님은

---

181) 요한 13:34, 17:21.
182) 요한 14:23.

나의 목자, 아쉬울 것 없어라."[183] "우리 모든 사람을 위하여 당신의 아들까지 아낌없이 내어주신 하느님께서 그 아들과 함께 무엇이든지 다 주시지 않겠습니까?"[184] 오 내 영혼아, 온전히 평화 안에 거할지어다. 사랑 말고는 그 무엇도 알지 말지어다. "서로 사랑하여라. 이것이 너희에게 주는 나의 계명이다."[185]

---

183) 시편 23:1.
184) 로마서 8:32.
185) 요한 15:17.

2부

성령의 생수여 내 마음을 채우소서.
생수의 강이 내 마음으로부터 흘러나오게 하소서.[186]
하느님의 영광을 위하여, 사람들의 구원을 위하여.
거룩하신 삼위일체께 영광 돌리나이다. 아멘.

---

186) 요한 7:38-39 참고.

125. 주님, 나는 당신의 선하심과 지혜와 전능하심이 이루어내신 기적입니다. 당신은 나를 비존재에서 존재로 불러내셨고 지금까지 존재하게 지켜주셨기 때문입니다. 당신의 자비로우심과 넓으심으로 인해, 당신의 독생자께서 우리를 사랑해주신 그 사랑으로 인해, 내가 당신께 충실한 사람으로 남아있는 한 영원한 생명을 상속받을 것이기 때문입니다. 당신 외아들을 통해, 그분 자신을 희생 제물로 내어주신 그 신비로운 행위로 인해 나는 끔찍한 타락으로부터 회복되었고, 영원한 멸망으로부터 되살아났나이다. 나는 당신의 선하심과 무한한 권능과 지혜에 영광 돌리나이다! 하지만 비참한 죄인인 내 안에서 당신 선하심과 권능과 지혜의 기적을 완성하소서. 당신께서 다 알고 계시는 길을 통해서 자격 없는 당신의 종인 나를 구원하소서. 영원한 당신의 나라에 이르기까지 나를 인도하소서. 내가 결코 삭지 않는 생명을, 결코 지지 않는 날을 누리기에 합당한 자가 되게 하소서.

126. 내 마음이 묶여있어야 할 분은 오직 하느님 당신뿐입니다. "하느님 곁에 있는 것이 나는 좋사오니, 이 몸 둘 곳 주님뿐입니다."[187] 하지만, 나는 눈멀고 방탕한 자입니다! 내 마음은 이 땅의 기쁨에, 음식

---

187) 시편 73:28.

에, 음료에, 육체의 쾌락에, 썩은 냄새 나는 돈에, 타락의 의복에, 색깔에, 모델들에, 눈을 매혹하는 유행에, 화려하게 장식된 거실에 붙잡혀 있나이다. … 정말 괴이한 일이 아닐 수 없습니다! 그리스도인이요 하늘의 사람이었지만, 나는 땅에 속한 일에만 신경을 썼지 하늘에 속한 일에는 너무도 관심이 없었습니다! 그리스도와 함께 하늘로 옮겨졌지만, 나는 온 마음이 땅에 붙잡혀 있습니다. 정말, 나는 하늘에 있기를 조금도 열망하지 않고 오히려 이 땅에 오래 머물기를 더 좋아했습니다. 땅에 속한 것들이 비록 매혹적이지만 나를 지치게 하고 고통스럽게 하는 것임에도 말입니다. 하지만 나는 분명히 알고 있습니다. 땅에 있는 것이란 모두가 불확실하고 부패할 것이고, 곧 사라질 것이라는 사실을 말입니다. 또한 나는 잘 알고 느낍니다. 땅에 속한 것들은 이 세상의 헛됨에 의해 끊임없이 동요하고 상처받는 내 영혼을 만족시킬 수 없고 내 마음을 진정시키고 기쁘게 할 수 없다는 사실을 말입니다. 하늘의 사람인 내가 과연 언제까지 이 땅에 속한 존재로 머무를까요? 하느님의 자녀인 내가 과연 언제까지 육적인 사람으로 머무르게 될까요? 거룩한 세례의 물로 육이나 인간의 뜻이 아닌 하느님의 뜻에 따라 새로 태어난 내가 말입니다. 언제 나는 하느님을 향해 나의 존재 전체를 향하게 할 수 있을까요? 주님, 당신의 성령을 통해 내 마음을 당신께로 끌어당겨 주소서. 주님, 내 마음을 이 땅의 헛됨으로부터 되돌아서게 하소서. 주님! 당신이 없다면 나는 아무 것도 아닙니다!

127. 우리는 이 땅에서 빛나는 모든 것을 좋아합니다. 금, 돈, 보석, 크리스털, 번쩍이는 의복 등을 말입니다. 그런데 왜 우리는 하느님께서 우리를 부르신 그 영광의 미래는 사랑하지 않는 것일까요? 왜 우리는

태양처럼 빛나기를 열망하지 않는 것일까요? "그 때에 의인들은 그들의 아버지의 나라에서 해와 같이 빛날 것이다."[188] 우리 영혼의 본성이 죄로 인해 타락해버렸기 때문입니다. 하늘이 아니라 땅에, 썩지 않을 것이 아니라 썩을 것에 매여 있기 때문입니다. 매혹적이지만 찰나적이고 삭아 없어지고 말 이 땅의 찬란함을 사랑하기 때문입니다. 하지만 빛나는 모든 것에 대한 이런 사랑이 우리 안에 있는 것은 왜일까요? 우리 영혼이 하늘의 빛을 위해 창조되었기 때문입니다. 본래 그것은 빛이었고 찬란한 것이었기 때문입니다. 그러므로 빛은 우리에게 타고난 무엇입니다. 빛의 의미와 필요가 우리 안에 태생적으로 존재하기 때문입니다. 그러니 이 열망을 하늘의 빛으로 이끌어 가십시오!

128. 어떤 일에, 특별히 다른 이들을 위한 우리의 사목적 과제에서 성공하지 못했을 때 우리에게 밀려오는 절망스러움과 부끄러움은, 으르렁대는 사자처럼 끊임없이 우리를 집어삼켜 우리를 실패와 죄악으로 몰아넣으려고 하는 무형의 적으로부터 옵니다. 이것이 바로, 확신을 가지고 행동하기 위해서는 먼저 절제와 기도가 결합된 지성적인 공부로 우리 자신을 준비시켜야 하는 이유입니다. 모든 면에서 완전을 추구하고 악마에게는 어떤 여지도 주어서는 안 됩니다. 만약 실패를 하더라도 절망에 빠지도록 내버려두지 마십시오. 오히려 하느님 앞에서 우리의 죄와 연약함을 인정하고 겸손하게 그분의 현존 안에서 그것을 고백하십시오. 자기애는 제쳐놓고 부끄러워하지 말고 우리의 죄와 경솔함과 게으름과 연약함을 고백하십시오. 우리의 죄를 그분의 거룩하신 자비

---

188) 마태오 13:43.

의 무한한 바다에 던지십시오. 그리고 이제부터는 모든 일을 좋은 방향으로 이끌어가기 위해 그분께 은총과 도움을 요청하십시오.

129. 거룩한 신비 성사에 참여하는 그대는 이제 무엇을 해야 할까요? 그대는 땅에 속한 것들이 아니라 "이제 그리스도와 함께 다시 살아났으니 천상의 것들을 추구하십시오. 거기에서 그리스도는 하느님의 오른편에 앉아 계십니다."[189] "그리스도께서는 우리를 하늘로 들어 올리시기 위해 이 땅에 오셨습니다."[190] 주님께서 "내 아버지 집에는 있을 곳이 많다. 그리고 나는 너희가 있을 곳을 마련하러 간다."[191]라고 말씀하셨습니다. "우리는 하늘의 시민입니다." 주님께서선 "마음이 가난한 사람은 행복하다. 하늘나라가 그들의 것이다."[192] "잘 들어라. 너희가 율법학자들이나 바리사이파 사람들보다 더 옳게 살지 못한다면 결코 하늘나라에 들어가지 못할 것이다."[193] "어린이들이 나에게 오는 것을 막지 말고 그대로 두어라. 하느님 나라는 이 어린이들과 같은 사람들의 것이다."[194]라고 말씀하셨습니다. 그리스도께서 어떤 목적을 가지고 이 땅에 오셨는지, 또 왜 우리에게 이 거룩한 신비, 그 성체와 성혈을 주시는지 아시겠습니까? 그 목적은 바로 우리에게 하늘나라를 주시는 것입니다. 그러니 거기에 이를 수 있기를 열망하십시오.

---

189) 골로사이 3:1.
190) 『주 예수 그리스도께 드리는 기립 찬양사』 중에서
191) 요한 14:2.
192) 마태오 5:2.
193) 마태오 5:20.
194) 루가 18:16.

130. 하루는 이 땅에서의 우리 삶의 덧없음을 상징적으로 보여줍니다. 먼저 아침이 오고, 낮이 오고, 마침내 저녁이 오고, 밤이 되면 우리의 하루는 지나갑니다. 이렇게 우리의 인생도 지나갑니다. 먼저 새벽처럼 유년기가 오고, 한낮의 정오와 같은 청춘이 옵니다. 그리고 하느님께서 허락하신다면 마침내 기울어가는 저녁처럼 노년의 시기가 옵니다. 그 다음에는 아무도 피할 수 없는 죽음이 찾아옵니다.

131. 사람은 어디를 가든 결국 또다시 자기 집으로 돌아옵니다. 그리스도인도 마찬가지입니다. 귀족이든 평민이든, 부자든 빈자든, 학식이 있든 없든 말입니다. 어디에 있든, 어떤 사회적 위치를 가지고 있든, 무엇을 하든, 그리스도인은 반드시 기억해야 합니다. 결코 자기 집에 있는 것이 아니라 여행 중에 있다는 것을, 길을 가는 사람이라는 것을, 그래서 아버지 어머니 형제자매들이 살고 있는 집으로 돌아가야 할 사람이라는 것을 말입니다. 그 집은 바로 하늘입니다. 아버지는 하느님이시고, 어머니는 지극히 거룩하신 주님의 어머니시며, 형제자매는 천사들과 성인들입니다. 그리스도인은 또한 지상의 모든 의무와 책임이 사실은 헛된 것들이며, 그의 참된 의무는 바로 영혼의 구원이요, 하느님 계명의 준수요, 그 마음의 정화라는 사실을 반드시 기억해야 합니다.

132. 영혼의 의사인 사제는 다른 이들을 고쳐주기 위해 영적인 병들로부터, 다시 말해 정념들로부터 벗어나 있어야 합니다. 목자로서 그는 복음과 거룩한 교부들의 글이라는 녹음방초에서 꼴을 먹어야 합니다. 그래야만 그 양들을 어디서 먹여야 할지 알게 될 것입니다. 또 그는 영적인 늑대들과의 싸움에 능숙해야 합니다. 그래야 그 늑대들이 그리스

도의 양들에게 다가오지 못하게 할 수 있습니다. 그는 기도와 절제 속에서 단련하고 강해져야 합니다. 지상의 욕망과 쾌락에, 특별히 탐욕, 자기애, 교만, 야심에 얽매이지 않도록 해야 합니다. 간단히 말해 그는 빛이 되어야 합니다. 그래야 다른 이들을 비출 수 있습니다. 그는 영적인 소금이 되어야 합니다. 그래야 다른 이들을 영적인 부패에서 지켜낼 수 있습니다. 또한 그는 스스로 정념의 부패에서 벗어나 있어야 합니다. 만약 그렇지 않다면, 영적인 병자들은 그에게 이렇게 말할 것입니다. "'의사여, 네 병이나 고쳐라.'[195] 그러면 나를 고쳐 달라 하겠노라. '이 위선자야! 먼저 네 눈에서 들보를 빼내어라. 그래야 눈이 잘 보여 형제의 눈에서 티를 빼낼 수 있지 않겠느냐?'"[196]

133. 나는 하느님의 성전에서, 특별히 지성소의 거룩한 제단이나 예비 제단 곁에서 기도하길 좋아합니다. 성전에서는 하느님의 은총으로 내가 놀랍게 변화되기 때문입니다. 참회의 기도 혹은 예배 기도를 드리다 보면, 정념의 가시들, 굴레들이 내 영혼에서 떨어져 나가고, 나는 너무나도 가벼운 느낌을 받습니다! 정념의 모든 마법과 유혹은 사라져 버리고, 나는 세상에 대해 죽고, 세상은 그 모든 매력과 함께 나에 대해 죽은 것처럼 느껴집니다. 나는 하느님 안에서 하느님을 위해, 오직 하느님만을 위해 삽니다. 나는 온통 그분으로 충만하여, 그분과 단 하나의 영이 됩니다. 나는 엄마 품에 곤히 안겨있는 아이와 같이 됩니다. 내 마음은 하늘의 그윽한 평화로 가득 찹니다. 내 영혼은 하늘의 빛으로 빛납니다. 이런 순간이 오면 우리는 모든 것을 분명하게 또 바르게 보

---

195) 루가 4:23.
196) 마태오 7:5.

고 생각하게 되며, 모든 사람에 대해 심지어 원수에게도 사랑과 우정을 느끼게 되어, 무엇이든 양해하고 용서할 수 있게 됩니다. 오, 하느님과 함께 있는 영혼은 얼마나 복됩니까! 참으로, 교회는 이 지상의 천국입니다.

134. 사람에게 가장 끔찍한 것이 있다면 그것은 과연 무엇일까요? 죽음? 그렇습니다. 죽음입니다. 자신의 죽음, 자신의 마지막 숨을 상상한다면 그 누구라도 전율하지 않을 수 없을 것입니다. 사랑하는 자녀가 죽는 것을 볼 때, 그들이 생명이 끊어진 채 눈앞에 누워있는 것을 볼 때, 그 부모의 슬픔은 얼마나 크겠습니까! 하지만 형제들이여, 너무 두려워하거나 고통스러워하지 마십시오. 우리 구세주 예수 그리스도께서 죽음으로 죽음을 이기셨습니다. 그분의 부활로 우리들의 부활의 초석을 놓으셨습니다. 매주, 일요일마다, 우리는 부활하신 그리스도 안에서 우리의 미래의 부활을 경축하고 영원한 생명을 선취합니다. 현재의 이 삶은 영원한 생명으로 가는 짧고도 좁으며 고통스러운 길입니다. 참된 그리스도인에게 죽음은 단지 부활의 날까지의, 혹은 새 생명으로의 탄생이 있기까지의 일종의 잠입니다. 이렇게 매주 그리스도의 부활과 우리 자신의 부활을 경축함으로써, 끊임없이 죄에 대해 죽고, 죽음의 일로부터 영적으로 부활하며, 덕으로 더욱 부유해지고, 죽은 이들에 대해 너무 슬퍼하지 않는 법을 배우십시오. 죽은 자들 가운데서 부활하신 그리스도로 인해 그 끔찍함을 다 상실해버린 죽음을, 두려움 없이, 하늘에 계신 아버지의 결정으로 받아들이고 만나는 법을 배우십시오.

135. 악한 영이 우리 마음을 사로잡아서, 우리에게 해를 끼치거나 비호의적이었던 사람에게 다정스럽게 말하지 못하도록 하는 일이 종종 일어납니다. 이럴 때 우리는 주님께 간절하게 구해야 합니다. 이 악의 안개를 흩으시고, 우리 마음을 자비와 사랑으로 가득 채워주시도록 말입니다. 심지어 원수에게도 말입니다. 왜냐하면 그들은 교만, 질투, 탐욕, 악의 등과 같은 정념에 눈이 멀어 무슨 짓을 하는지 알지 못하기 때문입니다. 주님을 박해하고 급기야 가장 수치스런 죽음에 넘겼던 주 예수 그리스도의 적대자들이 정작 자신들이 무슨 일을 하고 있는지 몰랐듯이 말입니다.[197] 그리스도교는 원수에 대한 사랑을 강조하고 있다는 점을 기억하십시오. "너희가 자기를 사랑하는 사람들만 사랑한다면 무슨 상을 받겠느냐? 세리들도 그만큼은 하지 않느냐?"라고 주님께서 말씀하셨습니다.

136. "너희는 먼저 하느님의 나라와 하느님께서 의롭게 여기시는 것을 구하여라. 그러면 이 모든 것도 곁들여 받게 될 것이다."[198] 그러면 먼저 하느님의 나라를 구하는 것은 무엇일까요? 보십시오. 어떤 일을 위해서 걸어서, 혹은 자동차로, 혹은 배로 어딘가를 간다고 가정해 보십시오. 떠나기 전에 먼저 그대 마음의 길을, 그리고 그대가 가야할 길을 깨끗하게 해주시길 주님께 간구하십시오. 혹은 그대 삶의 길이 주님의 계명에 따라 가도록 해달라고 간구하십시오. 이것을 마음을 다해 열망하십시오. 그대의 기도를 자주 새롭게 드리십시오. 주님께서 그대의 열망의 진실함과 주님의 계명을 따라 걷겠다는 그대의 열의를 보시고

---

197) 루가 23:34 참고.
198) 마태오 6:33.

그대의 모든 길을 조금씩 바로잡아 주실 것입니다.

예를 들어 그대가 방을 환기시키고 싶다면, 혹은 바람을 쐬고 싶다면, 그대 마음의 청결함 혹은 불결함을 생각하십시오. 많은 사람들이 방을 환기시키거나 시원한 공기를 마시며 산책하는 것을 좋아하지만 정작 정신과 마음을 정화시켜야 할 필요성에 대해서는 생각조차 하지 않습니다. 그들은 깨끗한 공기 속에서 살지만, 불순한 생각들, 불결한 마음, 불결한 말, 가장 불결한 육체의 행위들은 그냥 내버려 둡니다.

또, 그대가 자연의 빛을 찾을 때라면, 그대 영혼에 꼭 필요한 영적인 빛 또한 기억하십시오. 그것이 없다면 영혼은 정념의 어둠 속에, 영적 죽음의 어둠 속에 머물게 될 것입니다. 주님께서 말씀하십니다. "나는 빛으로서 이 세상에 왔다. 그러므로 누구든지 나를 믿는 사람은 어둠 속에서 살지 않을 것이다."[199]

폭풍이 맹위를 떨치고 노호하는 것을 보거든, 혹은 난파당한 이야기를 듣거든, 정념의 폭풍우가 영혼이라는 영적인 배에 난파 혹은 사회에 난파를 초래함으로써 매일 매일 사람들의 마음속에 일으키는 혼란과 탄식을 생각하십시오. 그 옛날, 말씀 한마디로 바다의 폭풍우를 잠잠케 했던 것처럼,[200] 죄악의 풍랑을 잠잠케 해달라고, 우리 마음에서 정념들을 뿌리 뽑아달라고, 그 마음에 지속적인 평화를 심어달라고 간절히 요청하십시오.

그대가 배고픔과 목마름을 느낀다면, 그래서 뭔가 먹고 싶고 마시고 싶다면, 그대 영혼의 배고픔과 목마름을 생각하십시오. 그대의 영혼은 정의와 진리와 구원에 목마르고, 그리스도와 거룩함에 목마릅니다. 그

---

199) 요한 12:46.
200) 마태오 8:26 참고.

대가 그대의 영혼의 주린 배를 채워주지 않는다면, 곧 배고파 죽고 말 것입니다. 쇠약해지고 탈진하여 정념들에 의해 짓밟히고 말 것입니다. 그대의 육체적 배고픔을 만족시킬 때, 특별히 먼저 하느님을 자주 찾음으로써, 또 진지하게 참회함으로써, 복음서와 주님의 가르침들을 읽음으로써, 주 예수 그리스도의 성체성혈의 신비에 참여함으로써 그대의 영적 배고픔을 해결해야 함을 잊지 마십시오.

그대가 고급스러운 옷을 좋아한다면, 아니 그저 옷을 입을 때마다, 우리 영혼이 입어야 할 정의의 의복을, "세례를 받아서 그리스도 안으로 들어간 여러분은 모두 그리스도를 옷 입듯이 입었습니다."라는 말씀처럼[201] 우리의 영적 의복이신 예수 그리스도를 생각하십시오. 아름다운 옷에 대한 열정은 종종 영혼의 썩지 않을 의복에 대한 생각조차 마음에서 쫓아버려, 삶 전체를 우아함이나 추구하는 끝없는 변덕으로 만들어 버립니다.

그대가 학생이든, 명문 대학의 대학생이든, 정부의 고위 관료이든, 군대의 장교든, 혹은 기술자, 화가, 조각가, 공장 노동자든 상관없이 최고의 학문은 바로 참된 그리스도인이 되는 것, 마음을 다해 성 삼위일체를 믿는 것, 매일 기도 안에서 하느님과 대화하는 것, 전례 예식에 참여하는 것, 교회의 법과 계명들을 지키는 것임을 잊지 마십시오. 특별히 일하기 전, 일하는 동안, 일이 끝난 후에 마음속에 예수라는 이름을 간직하는 것임을 기억하십시오. 그분은 우리의 빛이요 힘이요 거룩함이요, 우리의 도움이시기 때문입니다.

우리가 얼마나 우리 건강에 신경 쓰고 있는지, 우리가 얼마나 우리

---

201) 갈라디아 3:27.

자신에, 건강하고 품위 있는 음식을 먹는 것에, 깨끗한 음료를 마시는 것에, 신선한 공기를 호흡하는 것에 지대한 관심을 쏟아 붓고 있는지를 확인한다면 놀라지 않을 수 없습니다. 이 모든 관심과 수고에도 불구하고 우리는 결국 병에 걸리고 부패할 운명에 종속되어 있습니다. 반면 자신들의 육체를 멸시하고 쉬지 않고 금욕과 절제, 거친 바다에서의 잠, 철야, 고된 노동, 끊임없는 기도로 육체를 고단하게 했던 성인들은 그들의 영혼과 몸을 불멸의 것으로 만들었습니다.

잘 먹인 우리의 육체는 결국 죽음 이후에 고약한 냄새를 피우다 부패하여 먼지가 되고 맙니다. 반면 성인들의 육체는 향기가 나고, 저승에서와 같이 이승에서도 꽃을 피웁니다. 얼마나 놀라운 일입니까! 우리의 건강을 더욱 다지고자 온갖 노력을 다해도, 우리는 결국 그것을 망쳐버리고 맙니다. 하지만 성인들은 건강을 망침으로써 오히려 건강을 더욱 확실하게 지킵니다. 성인들은 하느님 앞에 있는 그들의 영혼의 좋은 향기에만 관심을 가지지만 이로써 그들 육체 또한 좋은 향기를 얻습니다. 나의 형제들이여, 이 역설을 잘 이해하십시오. 이 역설이야말로 우리 인생의 목적입니다. 우리는 절제, 노동, 기도를 통해 모든 정념과 더불어 우리의 육체를 밀어내야 합니다. 화려한 옷차림, 배부름, 나태함 등으로 육체와 그 정념들을 자극해서는 안 됩니다.

고의는 아닐지라도 그대가 다른 이의 마음에 꽂은 고통의 비수는 주는 대로 되돌아온다는 법칙에 따라 다시 그대에게 날아올 것입니다. 주님께서 말씀하셨습니다. "남을 판단하는 대로 너희도 하느님의 심판을 받을 것이고 남을 저울질하는 대로 너희도 저울질을 당할 것이다."[202]

---

202) 마태오 7:2.

만약 그대가 고통 받기를 원치 않는다면, 그대 또한 다른 이에게 고통을 주지 마십시오.

137. 형제들이여, 하느님의 피조물들 중에는 생명이 있건 없건, 조직적이건 비조직적이건 모든 비이성적인 피조물들과, "우리가 보는 이 세상은 사라져갑니다."라고 사도께서 말씀하신 것처럼 지나가고 말 세상 그 자체처럼 유한하고 찰나적인 것들이 있습니다. 반면에 천사들, 인간의 영혼, 악마와 사탄처럼 지나가지 않는 불멸의 존재도 있습니다. 사람에게 지상의 삶, 육체 안에서의 삶은 육체의 죽음과 함께 시작될 영원한 삶을 위한 준비에 지나지 않습니다. 이런 이유로 우리는 또 다른 삶을 준비하기 위해 지체 없이 이승에서의 삶을 사용해야 합니다. 주중의 평일에는 대부분의 날들을 이 지상에서의 삶을 위해 사용하지만 주일과 축일들은 온전히 주 하느님께 바쳐야 합니다. 거룩한 예배에 참석하고 하느님 말씀을 읽으며 묵상과 영적 대화와 선행으로 특별히 자비로운 행동으로 그날들을 성화시켜야 합니다. 다른 세상에서의 영원한 삶을 위한 영적 훈련을 게을리하는 사람들은 중대한 죄를 짓는 것입니다. 어떻게 우리의 최종적인 소명을 잊을 수가 있습니까? 우리를 자신의 형상과 모양에 따라 썩지 않을 것으로, 자신의 생명을 함께 나누어 가지도록 창조하시고, 자신의 십자가를 통해 우리를 되살리셨으며, 우리에게 하늘나라의 문을 열어주신 창조주 하느님께 어떻게 그토록 배은망덕할 수 있겠습니까? 어떻게 우리가 "잠깐 살다 죽고 마는 짐승"[203]과 같은 존재가 될 수 있단 말입니까? 우리 마음을 드높입시다.

---

203) 시편 49:20.

138. 오, 거룩한 교회여, 교회의 울타리 안에서 기도하는 것은 너무나도 좋고 달콤합니다. 그 울타리 안이 아니라면, 하느님의 어좌 앞이 아니라면, 이 어좌에 앉으신 분의 면전에서가 아니라면 그 어디서 뜨거운 기도를 할 수 있겠습니까? 그렇습니다. 영혼은 거룩한 감정 안에 녹아들고, 눈물은 시냇물처럼 뺨을 타고 흐릅니다. 모든 이들을 위해 기도하는 것은 또 얼마나 좋습니까!

139. 나는 거룩한 성사의 위대성과 생명을 주는 속성들에 놀랄 따름입니다. 먹을 힘조차 없이 피를 토하던 한 노파는 내가 거룩한 성체성혈을 영해준 그날부터 바로 건강해지기 시작했습니다. 다 죽어가던 한 처녀는 거룩한 성사에 참여한 후 그날로부터 좋아지기 시작했습니다. 그녀는 먹고 마시고 말하기 시작했습니다. 전에는 거의 의식도 없이 미쳐서 먹을 수도 마실 수도 없었지만 말입니다. 주님이시여, 두렵고도 생명을 주는 당신의 신비 성사에 영광 돌리나이다.

140. 항상 모든 것에 있어서 하느님 앞에 참되십시오. "하늘에 계신 우리 아버지 …"라고 주기도문을 암송할 때는 단어 하나하나를 존귀하게 여기면서 진실하게 발음하십시오. 하느님께만 그대의 정신과 마음을 고정시키고, 그 밖에 어떤 것에도 그대 주변에 있는 사람들에게도 관심을 두지 말고 말입니다. 그대가 다른 기도를 드린다면, 그것 또한 그대의 영혼을 다해, 나뉘지 않은 마음으로, 아무것에도 아무에게도 관심을 두지 말고 기도하십시오. 우리 구원의 적은 특별히 우리가 기도하려 할 때 우리의 정신과 마음을 하느님으로부터 떼어놓으려고, 또 그것들을 엉뚱한 것들에 팔아버리려고 갖은 애를 다 씁니다. 언제나 하느님

과 함께 하십시오. 특별히 하느님께 충성을 다하고 지조를 지키십시오. 만약 그대가 변덕이 심하면, 그대는 삶을 배반하고, 결국 슬픔과 근심의 팔에 안기게 될 것입니다.

141. 마음이 깨끗할 때 사람 전체가 깨끗합니다. 마음이 깨끗하지 못하면 사람 전체가 깨끗하지 못합니다. "마음에서 나오는 것은 살인, 간음, 음란, 도둑질, 거짓 증언, 모독과 같은 여러 가지 악한 생각들입니다."[204] 하지만 모든 성인들은 금식, 경성, 기도, 묵상, 하느님 말씀 독서, 순교, 노동, 땀으로 마음의 청결을 얻었습니다. 성령은 그들 안에 머무셨고, 그들을 모든 불결로부터 깨끗하게 하셨고, 영원한 성화로 거룩하게 하셨습니다. 그러니 무엇보다도 먼저 그대 마음을 깨끗하게 하기 위해 노력하십시오. "하느님, 깨끗한 마음을 새로 지어주시고 꿋꿋한 뜻을 새로 세워주소서!"[205]

142. 신앙에 있어서 그대는 무엇이라 불립니까? 사람들은 나를 '그리스도인'이라 부릅니다. 이것은 무슨 뜻일까요? 그것은 내가 그리스도의 교회, 즉 그리스도의 몸의 지체라는 뜻이고, 또한 내가 그리스도의 종이라는 뜻입니다. 그리스도인이라는 이름이 그대에게 요구하는 것은 무엇입니까? 그것은 내 생각과 마음속에 그리스도를 항상 현존하시는 분으로 모시고 사는 것입니다. 또한 그분의 삶을 본받고 그분의 거룩한 계명들을 준수하면서 일생을 그분의 성령으로 사는 것이며, "천상의 것을 추구하는 것입니다. 왜냐하면 그곳에서 그리스도는 하느님

---
204) 마태오 15:19.
205) 시편 51:10.

의 오른편에 앉아계시기 때문입니다."[206]

143. 영원하신 아드님을 안고 계시는 성모님의 성화를 볼 때, 신성이 참으로 인간 본성과 연합되었음에 경탄하고, 하느님의 선하심과 전능하심에 영광을 돌리며, 그대의 인간적 존엄에 감사하십시오. 그대가 그리스도 안에서 부름 받은 소명, 즉 하느님의 자녀이며 영원한 지복의 상속자로서의 소명에 합당한 자가 되도록 하십시오.

144. 인간의 영혼은 무엇입니까? 그것은 하느님께서 아담 안에 불어 넣어주셨고[207] 아담 이래 오늘날까지의 모든 인류에게 전해진 하느님의 영 혹은 숨결 그 자체입니다. 모든 사람은 한 사람을, 인류라는 하나의 줄기를 형성합니다. 이로부터 본성의 통일성에 기초한 다음과 같은 본성적 계명이 나옵니다. "네 마음을 다하고 네 목숨을 다하고 네 힘을 다하고 네 생각을 다하여 주님이신 네 하느님 －그대의 원형이며, 그대의 아버지이신－ 을 사랑하여라. 그리고 네 이웃을 네 몸같이 － 나와 동일한 피를 지닌, 나와 똑같은 존재인 '사람'보다 내게 더 가까운 존재가 어디 있겠습니까? － 사랑하여라." 이 두 계명을 지키는 것은 무엇보다도 먼저 우리의 본성이 요구하는 것입니다.

145. 누구든지 그대에게 오는 사람을, 특별히 종교적인 문제로 그대를 찾아오는 이를 다정하고 웃음 띤 얼굴로 맞이하십시오. 그가 거지일지라도 말입니다. 그대를 모든 사람보다 아래에 놓음으로써 모든 사람

---

206) 골로사이 3:1 참조.
207) 창세기 2:7.

앞에서 그대를 낮추십시오. 그리스도께서 그대를 모든 이의 종으로 세우셨기 때문입니다. 모든 사람은 그분의 지체입니다. 비록 그들이 그대와 마찬가지로 죄의 낙인을 지녔지만 말입니다.

146. 우리가 사람들을 위해서, 그 아이들을 위해서 기도하는 것은 가장 자애로우신 아버지이신 주님께서 기뻐하시는 일입니다. 부모는 지혜롭고 바르게 자란 자녀가 간청하면, 못되고 변덕스럽고 다루기 힘든 자녀들의 어리석은 행동들도 용서합니다. 마찬가지로 하늘에 계신 아버지께서도 그분께 속한 이들의 기도대로 하십니다. 더욱이 그분의 은총을 소유한 사제들이 기도하면, 하늘 아버지께서는 합당치 못한 자들일지라도 자비를 베푸십니다. 마치 광야에서 모세의 기도를 들으시고 반역한 이스라엘 백성에게 자비를 베푸셨고 그들의 불평을 용서하셨듯이 말입니다.[208] 그의 기도는 참으로 뜨겁고 간절했습니다!

147. 우리의 삶은 사랑입니다. 그렇습니다. 사랑입니다. 사랑이 있는 곳에 하느님께서 계십니다. 하느님께서 계신 곳에 모든 선한 것이 있습니다. "너희는 먼저 하느님의 나라와 하느님께서 의롭게 여기시는 것을 구하여라. 그러면 이 모든 것도 곁들여 받게 될 것이다."[209] 그러니, 모든 이를 기쁨으로 먹이고 격려하며, 모든 이를 즐겁게 해주고, 모든 일에 있어서 자비가 충만하신 아버지, 위로의 하느님을 염두에 두십시오. 그대의 이웃을 위해 그대가 가장 소중하게 생각하는 것을 사랑의 희생으로 주십시오. 그대의 이삭(Isaac), 그대의 마음을, 그 마음의 모든 정념

---

[208] 민수기 14:1-20.
[209] 마태오 6:33.

과 함께 하느님께 희생 제물로 바치십시오.[210] 그대 자신의 의지를 하느님께 번제로 드리십시오. 그대의 육체를 그 모든 정념, 욕정과 함께 십자가에 못 박으십시오.[211] 그대의 모든 것을 하느님께 받았으니, 언제든지 그 모든 것을 하느님께 다시 돌려드릴 수 있도록 하십시오. 그렇게 하면 적은 일에도 충성한 그대를 더 많은 것 위에 세워주실 것입니다.[212] 그대의 모든 정념을 망상으로 여기십시오. 나는 이것을 수도 없이 확인했습니다. 아멘.

148. 그리스도인인 그대여, 그대의 생각과 마음속에 주님께서 가르쳐주신 기도의 숭고한 단어들을 늘 기억하고 간직하십시오. "하늘에 계신 우리 아버지." 누가 우리의 아버지신지 기억하십시오. 하느님께서 바로 우리의 아버지시고, 우리의 사랑이십니다. 우리는 누구입니까? 우리는 하느님의 자녀들이고, 모두가 형제입니다. 그러면 사랑이신 하느님 아버지의 자녀들은 어떻게, 또 서로 간에 어떤 사랑으로 살아야 합니까? "만일 너희가 아브라함의 자손이라면 아브라함이 한 대로 할 것이다."[213] 그럼 어떤 일을 해야 할까요? "아버지의 이름이 거룩하게 하시며, 아버지의 나라가 오게 하시며, 아버지의 뜻이 이루어지게 하소서. 오늘 우리에게 필요한 양식을 주소서." 우리의 양식입니다. 우리 모두에게 공통된 양식이지, 각각의 사람에게 해당한 양식이 아닙니다. 이기주의는 하느님 자녀들의 마음에서 제거되어야 합니다. 우리는 하나이기 때문입니다. "우리의 잘못을 용서하소서." 하느님께서 그대의 죄

---

210) 창세기 22:2.
211) 갈라디아 5:24.
212) 마태오 25:23.
213) 요한 8:39.

를 용서하시길 바란다면, 그대에게 잘못을 행한 이들도 늘 용서해야 합니다. 사랑은 참고 자비를 베풀기 때문입니다. "우리를 유혹에 빠지지 않게 하소서." 그대 스스로도 유혹에 빠져들지 않도록 하십시오. "네 발이 헛디딜까 주님, 너를 지키시며 졸지 아니하시리라. 이스라엘을 지키시는 이, 졸지 않고 잠들지도 아니하신다. 주님은 너의 그늘, 너를 지키시는 이, 주께서 네 오른편에 서 계신다."[214]라고 성서는 말하고 있기 때문입니다. "우리를 악에서 구하소서." 악 속에 그대 자신을 방치하지 마십시오. 그러면 주님께서도 그대를 버리지 않으실 것입니다. "권세와 권능과 영광이 영원히 당신의 것이나이다." 하느님만이 유일한 우리의 왕이심을 알고 오직 그분만을 섬기십시오. 그리고 이 지고의 권능을 염두에 두십시오. 전력을 다해, 일생을 바쳐서 오직 그분의 영광만을 위해서 충성하십시오. 도둑이자 거짓말쟁이인 사탄의 지배는 곧 지나갈 것이지만 그분은 영원한 왕이십니다. "아멘." 이것이 바로 진리입니다. 이 기도를 늘 기억하십시오. 마음속으로 이 기도를 끊임없이 반복하십시오. 각각의 단어, 각각의 표현, 각각의 간구 하나하나의 의미를 깊이 되새기면서 말입니다.

149. 왜 나는 소유의 권리를 가지고 있을까요? 그것은 나의 필요, 내 가족의 필요, 내 이웃의 필요를 채우기 위한 것이고 가난한 이들을 돕기 위한 것이지, 쌓아놓기 위한 것은 분명 아닙니다. 많이 베푸십시오. 그러면 하느님께서도 당신이 베푼 것에 따라 많은 것을 주실 것입니다. 더 나아가 우리의 모든 재산, 모든 생존의 수단들은 하느님께 속한 것

---

214) 시편 121:3-5.

이지 우리 자신의 것이 아닙니다. 하느님은 우리 생명의 주인이십니다. 그분은 우리의 간구에 따라, 또 다른 이들의 중보에 따라, 아니면 직접 알아서 우리의 필요를 채우십니다. "각각 자기 자신과 서로를 그리고 우리의 온 생명을 하느님이신 그리스도께 맡깁시다."[215] 우리는 살아가야 합니다. 우리의 생명은 하느님이십니다. 그래서 하느님은 우리에게 삶의 수단들을 주시고 또 앞으로도 주실 것입니다.

150. 세상의 신문들과 잡지들의 수가 너무 넘쳐나서, 사람들은 세상의 무신론적인 정신을 호흡하게 됩니다. 하지만 그리스도인은 지상의 시민일 뿐만 아니라 소망 안에서 하늘나라의 시민이기도 합니다. 그래서 하늘의 것에 대해 생각해야 합니다. 고대의 이교도적 저작들은 어쩌면 우리의 그리스도교 문명의 많은 저작들보다 더 훌륭하고 더 순결하고(예를 들면 키케로의 저작들) 주제와 관심사에 있어서 더 높은 경지에 올라 서 있는 것처럼 보입니다. 말씀이신 그리스도께 은혜를 입었기에 말이나 글에 있어서 하느님의 형상이 되어야 할 그리스도인들은 성부 하느님의 말씀이신 우리 주 예수 그리스도를 끊임없이 모욕합니다. 사실, 그리스도인들의 말은 자주 헛되게 낭비되고, 그들의 세속적인 글들은 사람들을 하느님 말씀과 교부들의 글에서 등 돌리게 합니다. 잡지와 신문의 집필자들과 편집자들은 아첨하는 말을 쏟아냄으로써 그리스도의 양들을 유혹하고 시험합니다. 오, 하느님의 말씀이시여, 우리가 당신의 심판대 앞에서 무슨 대답을 할 수 있겠나이까!

---

[215] 정교회 성만찬 감사의 예배 마지막 연도의 마지막 간구.

151. 영감어린 시편들을 열심히 읽어서, 영혼에 하느님에 대한 확고한 믿음을, 불행과 병고와 근심 속에서도 확고한 희망을, 하느님에 대한 불타는 사랑을 심어주는 가정들이 어디 있습니까? 평민뿐만 아니라 귀족과 왕족까지, 우리의 많은 조상들이 그토록 좋아했던 영감으로 충만한 시편 읽기는 어떻게 되었습니까? 더 이상 찾아볼 수 없게 되었습니다. 그 결과 많은 사람들에게 하느님에 대한 믿음이, 소망이, 하느님과 이웃에 대한 사랑이 없습니다. 그들에겐 불신과 절망과 미움이 남았습니다. 간절한 기도도, 행동의 순결함도, 참회와 헌신의 정신도, "성령 안에서의 의로움과 평화와 기쁨"[216]도 없습니다. 대부분의 그리스도인들도 세상의 정신에, 신문, 잡지, 세속적인 저술가들의 정신에 흠뻑 젖어들었습니다. 보통 그들의 정신은 그리스도교가 아니라 이교도적인 정신에 젖어있고, 성경의 신적인 영감을 부정합니다. 자기 자랑의 정신, 인간 지성의 교만하고 으스대는 찬양의 정신, 세상의 헛된 정신에 젖어있습니다.

152. 교회가 우리로 하여금 말하게 하고 듣게 하는 모든 것은 진리이며, 성령의 숨결이고 가르침입니다. 교회가 전해주는 생각 하나 하나, 말 한 마디 한 마디를 지극한 마음으로 존중하십시오. 보이는 것과 보이지 않는 온 우주가 다 하느님께 속한 것이듯이 생각과 말의 영역 또한 하느님께 속한 것임을 기억하십시오. 생각 하나, 말 한 마디도 그대 자신만의 것으로 가질 수 없습니다. 모든 것이 하느님으로부터 오며, 모든 것이 하느님의 것입니다. 그대 자신을 이 삼위일체의 구원 사역

---

[216] 로마서 14:17.

안에 녹이십시오. 금이 녹아 여러 모양으로 주조되듯이 말입니다. 그대 자신을 위해 살지 마십시오. 그대 자신 안으로 웅크리지 마십시오.

153. 바다와 강의 해빙은 영혼과 몸의 분리의 좋은 이미지입니다. 물이 얼음에서 벗어나면 공기와 만나게 되고, 공기는 물을 어루만집니다. 물은 또한 햇빛을 만나 빛에 흠뻑 젖어듭니다. 마찬가지로 몸으로부터 자유롭게 된 영혼은 그리스도와 만나게 되고, 그리스도께서는 그 영혼을 새롭게 하고 빛을 비추어줍니다. 물이 얼음에 덮여 있는 한, 마치 감옥에 갇혀 있는 것처럼 존재하는 한, 공기와 햇빛을 직접 접할 수 없습니다. 마찬가지로 우리의 영혼도 육체의 껍질 속에서 살아가는 한, 하느님과 성인들과의 어떤 직접적인 소통도 할 수 없습니다. 다만 이 껍질을 통과해서, 조금, 그것도 간접적으로만 소통할 수 있습니다. 이 껍질이 사라질 때 비로소 우리는 주님을 얼굴과 얼굴을 맞대고 보게 될 것입니다. 물이 자유롭게 되었을 때 직접적으로 태양에 노출되고 공기와 접촉하듯이 말입니다.

154. 주님께서 육화하시고, 고통 받으시고, 십자가에 달리시고, 죽으시고, 죽은 자들 가운데서 부활하신 것은 바로 우리를 위해서입니다. 그분께서 자신의 어머니이신 지극히 순결하신 동정녀 마리아를 모든 덕으로 장식하시고, 그녀를 거룩한 능력으로 덧입히시어 지극히 자애로우시고 완전하신 동정녀께서 그분 다음으로 우리에게 모든 것이 되시게 하신 것도 바로 우리를 위해서입니다. 동정녀 마리아를 가득 채운 하느님의 은총을 무익한 것으로 방치하지 마십시오. 열심과 신뢰로 동정녀 마리아의 놀랍고도 능력 있고 순결한 보호에 호소합시다. 죄가 우

리를 흔들면, 동정녀 마리아의 중보의 정화수로 우리를 육체와 정신의 모든 불결함으로부터 정화시켜달라고 기도합시다.

155. 하느님께서는 아무리 작은 불결함이라도, 그것이 그저 지나가는 것일지라도 그대 안에 있는 것을 참지 않으십니다. 그대가 마음속에 불결한 생각이 들어오도록 내버려두는 순간, 평화와 하느님 자신이 그대를 떠난다는 것을 그대는 끊임없이 확인합니다. 그래서 그대가 죄를 즉각 물리치지 않으면 그대는 악마의 거처가 되고 맙니다. 그러므로 우리는 각각의 죄의 생각들과 말들과 행동들에 대해 "이것은 악마다"라고 말해야 합니다. 선하고 거룩한 생각들과 말들과 행동들에 대해서는 "이것은 하느님이시다" 혹은 "이것은 하느님으로부터 온 것이다"라고 말해야 합니다. 하느님의 말씀이 그의 품 안에 거하기 위해 오실 때, 성모님의 지극히 거룩하신 영혼과 지극히 순결한 몸은 전능하신 하느님께 얼마나 찬란하고 정결하고 순결한 궁전이었을지 생각해 보십시오! 그녀가 얼마나 영원하고 무한하며 변함없는 거룩함으로 빛나는지, 또한 어떤 공경과 영광이 그녀에게 합당할 것인지! 그런데 우리는 어떤지 보십시오. 악마의 "바람에 흔들리는 갈대" 아닙니까? 악마는 우리 마음속에 신성모독을 불어넣습니다. 그러면 우리는 이런 생각을 무시하고 조금도 관심을 주지 않고 마치 망상처럼 대해야 함에도 불구하고, 오히려 금방 동요하고 흔들리고 낙담하고 맙니다.

156. 모든 피조물이 창조주의 무한한 자비와 정의를 증언합니다. 사탄과 그의 졸개 천사들조차도 그들의 부조리한 실존과 사람들을 노리는 부패의 함정을 통해서 창조주의 이루 헤아릴 수 없는 자비와 정의를

나타냅니다. 사탄과 그의 천사들이 본래 무엇이었습니까? 얼마나 위대한 빛이었고, 축복의 보물들이었습니까! 지극히 고의적인 배은망덕과 교만과 사악함과 주님에 대한 질투심으로 인해 그들이 어떤 것을 잃어버렸는지 아십니까! 그들은 주님과 말의 능력을 갖춘 모든 이성적인 피조물에 대해 영원한 전쟁을 감행하겠다는 뜻을 품고 정말 고의적으로 확고한 결심으로 추락한 것 아닙니까?

세상에서의 그 극악무도한 행위들과 그 빈번함과 파괴력을 보면 우리는 타락한 천사인 사탄이 얼마나 탁월한 존재였는지를 가늠해 볼 수 있습니다. 그 깊은 어둠과 온 세상 사람들을 겨냥한 다양한 유혹을 보면 우리는 본래 사탄이 얼마나 빛나고 참된 존재였었는지를 상상할 수 있습니다. "너는 하느님의 동산 에덴에 있었다. 너는 온갖 보석들로 단장했었다."[217] 그가 우리에게 불어넣는 악하고 육적이며 불결한 생각들을 보면, 창조주로부터 받은 그 순결함을 유지하고 있었을 때의 사탄은 얼마나 사랑스럽고 완벽한 존재였을지 상상할 수 있습니다. 그의 간교함과 사악한 속임수를 보면, 우리는 사탄이 얼마나 총명한 존재였을지 짐작할 수 있습니다. 또한 그가 행했을 수도 있는 모든 선함과 그보다 못한 사람에게 봉사함으로써 창조주께 바쳤을 수도 있는 모든 섬김을 짐작할 수 있습니다. 그가 거대한 악의 괴물이 되고야 말았다는 사실로부터 우리는 사탄이 그 옛날 얼마나 찬란하고 선하고 훌륭하며 빛과 지혜와 능력으로 충만한 존재였을지를 가늠할 수 있습니다.

창조주의 선하심은 사탄에게 이토록 많은 선물을 모아 주셨지만 그는 자신의 어리석고도 고의적인 타락으로 인해 이 모든 것을 빼앗겨 버

---

217) 에제키엘 28:13.

렸습니다! 그가 악한 만큼 예전에는 선했습니다. 그가 시기하는 만큼 예전에는 너그러웠습니다. 그가 사람들에게 충동질하는 끝없는 탐욕과 인색함으로부터 그가 최초에 누렸던 그 선량함이 측정됩니다. 그의 교만에 따라 그가 하느님으로부터 받았던 위대함이 측정됩니다. 그가 사람들 안에 낳는 절망과 낙담과 견딜 수 없는 근심으로부터 그가 태초에 누렸던 지복을 평가할 수 있습니다. 옛날 그가 선했던 그만큼, 오늘 그는 악한 존재가 되었기 때문입니다.

사탄은 하늘의 모든 천사들과 선한 의지를 가진 모든 사람들에게 겸손과 순종에 대한 영원한 교훈입니다. 천사들이 아무리 완전하다 해도, 사람이 어떤 영역에서건 지극히 지혜롭고 완전하다 해도, 그들은 이 모든 것을 하느님의 선하심으로부터 받은 것이지, 그들 자신 덕택으로 갖춘 것이 아니기 때문입니다. 우리는 모든 것에 대해 하느님께 감사해야 합니다. 그의 선하심을 철저히 신뢰하며 모든 것을 그분으로부터 받으려는 희망을 가지고 모든 상황에서 기도해야 합니다. 악한 영들은 교만과 사악함으로 인해 추락했습니다. 여기에는 사람들에게 주는 큰 교훈이 있습니다. 창조주 앞에서 자신을 겸손히 낮추어야 한다는 것입니다. 자신을 아무것도 아니라고 생각하고 모든 것을 창조주에게 돌려야 한다는 것입니다. 그분의 계명을 지킴으로써 오직 창조주만을 위해 살아야 한다는 것입니다. 오, 주님이시여, 당신의 업적은 참으로 놀랍습니다! 사탄이 그의 모든 지혜에도 불구하고 도달할 수 없었고, 또 도달하길 원치도 않았던 그 곳에, 사멸할 인류에게서 나온 하지만 영적으로는 불멸하시는 동정녀 마리아께서 도달하셨습니다. 지극히 거룩하신 동정녀 마리아께서는 전무후무한 겸손으로 그곳에 도달하셨습니다. 가장 높은 거룩성에 도달하셨습니다. "은총을 가득히 받은 이시여, 기뻐하소서. 주께서 당신과 함께 하시나이다."[218] "주께서 여종의 비천한 신세를 돌보셨습니다."[219] 마찬가지로 지극히 보잘 것 없는 존재들인 우리 모두는 어떤 상황에서건 그분의 자비에 호소함으로써 창조주 앞에서 끊임없이 우리 자신을 깊이 낮추어야 합니다.

157. 주님이 주신 은사들을 이기주의자처럼 자기 자신만을 위해서가 아니라 무엇이든 함께 나누는 주님의 자녀들로서 서로를 위해 사용하십시오. 주님께서 일하시어 얻은 열매들을 싫은 기색 없이 선한 마음으로 다른 이들에게 주십시오. 주님께서 아버지 같은 선하심으로, 사람들에 대한 사랑으로, 할 수 있는 모든 것을 다해서 그대들에게 무상으로 주었던 것을 기억하십시오. 한 가정 안에서 그러하듯 말입니다. 아버지나 어머니가, 혹은 한 형제가 선물을 줄 때, 모든 아이들과 형제들에게 줍니다. 형제자매들이 서로 사랑하며 산다면, 아버지나 형제가 그들 중 하나를 제쳐놓고 나머지에게만 선물을 주는 것에 대해 아마 행복해하지도 만족해하지도 않을 것입니다. 왜 그럴까요? 그들은 서로 깊은 사랑으로 한 몸처럼 느끼고 하나가 되고, 마치 한 사람처럼 되기 때문입니다. 그대들 모두 각자가 이와 같아야 합니다. 주님은 너무나도 달콤한 이 사랑으로 그대들에게 보상할 것입니다. 주님께서는 주님의 계명을 지키지 않는 이들에게도 관대하신데, - "어떤 부자가 밭에서 많은 소출을 얻게 되었다."[220] - 하물며 주님의 모든 것을 약속해 놓으신 주님의 참된 자녀들에게는 관대하시지 않겠습니까? 분명히 그러실 것입니다! "나는 자비를 베풀고 싶은 사람에게 자비를 베풀고 동정하고 싶

---

218) 루가 1:28.
219) 루가 1:48.
220) 루가 12:16.

은 사람을 동정한다."[221]

158. "만약 그대가 넘어진다면 다시 일어나십시오. 그러면 구원받을 것입니다." 그대는 죄인입니다. 그대는 끊임없이 넘어집니다. 다시 일어나는 법을 배우십시오. 이 지혜를 배우는 데 열심을 내십시오. 이 지혜는 무엇일까요? 시편 51편을 외우십시오. "하느님, 선한 이여, 나를 불쌍히 여기소서. 어지신 분이여, 내 죄를 없애주소서. …"[222] 성령께서 임금이요, 예언자인 다윗에게 영감을 불어넣어 주시어 탄생한 시편입니다. 이 시편을 진정한 믿음과 신뢰와 겸손하고 참회하는 마음으로 반복해서 외우십시오. 다윗 임금의 말로 그대의 깊은 참회를 표현할 때, 주님께서는 그대 위에 용서의 빛을 비추실 것이며, 그대의 모든 영적 영역들은 평화를 누릴 것입니다. 삶에 있어서 가장 중요한 것은 사랑에 불타는 것이고 남을 판단하지 않는 것입니다. 각자가 하느님께 자기 자신의 모습으로 대답할 것입니다. 그러니 각자 자신을 잘 돌보십시오. 악한 마음을 경계하십시오.

159. 세상은 하나의 집입니다. 집의 건축가와 주인은 창조주, 이곳에 사는 모든 그리스도인의 아버지이신 하느님이십니다. 이 집의 어머니는 주님의 지극히 거룩하신 어머니십니다. 사랑과 순종의 마음으로 항상 그대의 아버지와 동행하십시오. 하나의 거룩한 사랑으로 또 공경과 순종으로 우리의 어머니이신 주님의 어머니와 동행하십시오. 물질적으로 혹은 영적으로 필요한 것이 있거든, 또 불행이나 어려움이나 병고를

---

221) 로마서 9:15.
222) 시편 51:1-2.

겪게 되거든, 믿음과 신뢰와 사랑으로 성모님께 돌아서십시오. 주 하느님, 그대의 창조주, 우리의 아버지께서 거룩하시니 거룩해지십시오. 또한 우리의 여왕, 하느님의 어머니시며, 구세주께서 "어머니, 이 사람이 어머니의 아들입니다.", "이분이 네 어머니시다."라고 말씀하신대로 우리의 어머니가 되신 분처럼 거룩해지십시오. 지극히 높으신 하느님의 지극히 찬양되실 어머니, 지극히 거룩하시고 순결하시고 복되신 여왕을, 우리의 어머니라고 부를 권리를 의심하지 않도록 하기 위해서, 그분의 영원하시고 거룩하신 아드님 우리 주 예수 그리스도께서는, 거룩함을 열망하는 모든 이들에게 "이분이 네 어머니시다."라시며 그분을 우리 어머니라 부를 수 있도록 분명히 허락해주셨습니다. 이 말씀은 신학자 성 사도 요한에게 하신 것일 뿐만 아니라 우리 모든 그리스도인들에게도 주어진 것이기 때문입니다. 그렇습니다. 성모님은 참으로 모든 어머니들 중에서도 가장 자애로우시고 정성이 지극하신 어머니십니다. 그래서 그분의 자녀인 우리 모두를 거룩함으로 안내해 주십니다.

160. 모든 사람은 하느님의 숨결인 자신의 영혼이 단순한 것임을 알고 기억해야 합니다. 하느님은 단순하십니다. 영혼 또한 단순합니다. 영혼은 단순하기 때문에 서로 상반된 두 가지를, 하느님과 세상의 그 어떤 것, 사람과 물질적인 어떤 것을 동시에 사랑할 수 없습니다. 하느님을 사랑하기 위해서는 세상적인 모든 것을 쓰레기처럼 생각해서 그 어떤 것에도 집착하지 말아야 합니다. 이웃을 자신처럼 사랑하기 위해서는 돈을 멸시하고 멋진 요리, 우아한 옷, 사람들이 주는 훈장과 명예와 찬사에 기뻐해선 안 됩니다. 우리는 공동체의 예식이나 개인적인 기도를 드릴 때, 하느님 말씀이나 성 교부들의 저작들을 읽을 때, 일반적

으로 말해서 모든 중요한 일에 있어서 영혼의 단순성을 잘 지켜야 합니다. "아무도 두 주인을 섬길 수는 없"[223]기 때문입니다.

161. 그리스도인은 하느님과 그 하느님의 형상인 자신의 이웃을 사랑해야 합니다. 다음과 같이 말할 수 있을 정도로 뜨겁고 깊이 사랑해야 합니다. "'누가 감히 우리를 그리스도의 사랑에서 떼어놓을 수 있겠습니까? 환난입니까? 역경입니까? 박해입니까? 굶주림입니까? 헐벗음입니까? 혹 위험이나 칼입니까?',[224] 돈입니까? 먹고 마시는 즐거움입니까? 호화스런 집입니까? 우아함에 대한 관심입니까? 이 세상의 다양한 즐거움입니까? 나는 세상의 모든 것을 쓰레기처럼, 세상 즐거움을 헛된 망상처럼 바라봅니다. 내 이웃의 결점을 나는 타락한 본성 때문이라고, 악한 영들의 행동과 간계 때문이라고, 좋지 않은 교육 때문이라고, 혹은 교육을 받지 못했기 때문이라고, 삶의 불우한 환경 때문이라고, 부모와 교사들의 성격 때문이라고 생각합니다. 죄로 기우는 내 자신의 경향, 내 자신의 사악함, 나의 탐욕, 나의 불결함, 나 자신의 약함을 알기에 나는 나와 똑같이 허약하고 악덕에 빠진 사람들을 미워할 수 없습니다. 내 이웃을 내 자신처럼 사랑하라고 하셨기 때문입니다. 내가 아무리 수많은 죄를 지었다 해도 나는 나 자신을 사랑할 수밖에 없기 때문입니다. 한마디로 말해서 우리는 한 몸이기 때문에 나는 내 이웃을 사랑해야 합니다."

---

223) 마태오 6:24.
224) 로마서 8:35.

162. 그대가 마음을 정화한다면, 무한한 보상을 받을 것임을 기억하십시오. 그대는 하느님을 볼 것입니다. 마음의 정화는 매우 어려운 일입니다. 그것은 크나큰 자기 포기와 고통 없이는 이루어지지 않습니다. 그렇기 때문에 그 보상 또한 엄청납니다. "마음이 깨끗한 사람은 행복하다. 그들은 하느님을 뵙게 될 것이다."[225]

163. 그리스도인이여, 그대의 믿음의 주인이신 그리스도께서는 십자가에 못 박히셨고, 그 십자가를 그대에게 남겨주셨음을 기억하십시오. 그런데 어찌하여 그대는 호화롭고 안락하고 편안하게 살며, 또 그런 상황을 지속시키려 애쓰십니까? 그분은 모욕의 고통을 당하시면서 그대에게 그분의 이름 때문에 모욕당하는 것을 두려워 말라 명하셨습니다. 하지만 그대는 영예만을 추구합니다. 십자가에 달리신 분을 더욱 자주 보십시오. 그리고 그대의 의무가 무엇인지 배우십시오. "그리스도 예수에게 속한 사람들은 육체를 그 정욕과 욕망과 함께 십자가에 못 박은 사람들입니다."[226]

164. 의로움으로 집을 세운 사람은 그 집에 살 권리가 있습니다. 우리는 우리의 창조주의 거처들입니다. 그분은 그분 자신을 위해 우리를 만드셨습니다. 모든 것을 그분의 영광을 위해서 창조하셨기 때문입니다. 그러므로 우리 안에 살아야 할 분은 살인자, 도둑, 거짓말쟁이인 악마가 아니라 그분 우리 하느님이십니다. "오시어 우리 안에 머무르사 …."[227]

---

225) 마태오 5:8.
226) 갈라디아 5:24.
227) 정교회에서 성령께 드리는 기도문 중에서.

… "그분이 너희와 함께 하시며 너희 안에 계시기 때문이다."[228] … "여러분은 자신이 하느님의 성전이며 하느님의 성령께서 자기 안에 살아 계시다는 것을 모르십니까?"[229]

165. 하느님의 말씀, 성 교부들의 저작 한 마디, 한 표현, 특별히 교회에서 혹은 각자의 집에서 드리는 기도와 성가들의 구절구절을 진심으로 공경하십시오. 이 모든 것이 성령의 숨결이며 말씀이기 때문입니다. 말하자면 "어떻게 기도해야 할지도 모르는 우리를 대신해서" 우리 안에서 "말로 다 할 수 없을 만큼 깊이 탄식하시며 하느님께 간구해 주시는 분"[230]은 바로 성령이시기 때문입니다. 정교회 성당에서 우리가 매일 듣는 대연도는 지혜와 사랑으로 가득한 연도입니다. 지상의 모든 그리스도인들과 하늘의 성인들이 모두 예수 그리스도의 몸의 지체들로서 함께 이 연도에 참여합니다. 이 기도는 다음과 같은 간구를 통해서 경이롭게 끝맺습니다. "지극히 거룩하고 정결하고 복되시고 영화로우신 평생 동정녀 성모 마리아와 모든 성인들을 생각하면서 우리도 그분들처럼 우리의 온 생명을 하느님이신 그리스도께 맡깁시다."[231] 하느님의 가호를 비는 이 반복되는 기도는 매우 아름답습니다. 우리는 이 기도에 익숙해져있지만 항상 처음 듣는다고 상상합시다. 우리 자신을 이방인처럼 생각합시다.

---

228) 요한 14:17.
229) I 고린토 3:16.
230) 로마서 8:26.
231) 정교회의 대연도 중 마지막 간구.

166. "권세와 권능과 영광이 당신의 것이나이다." 우리의 것이 아닙니다. 하지만 우리는 우리의 정념이 지배하는 것, 모든 것이 우리의 뜻에 따라 해결되는 것을 보고 싶어 하고, 당신의 권능이 아니라 우리 자신의 권능만 추구하고, 당신의 영광이 아니라 우리 자신의 영광만을 추구합니다. 이 모든 것은 우리 안에 있는 악마가 바라는 것입니다. 우리가 해야 할 것, 그것은 바로 모든 것을 당신의 의지에 복종시키는 것이고, 어떤 경우라도 당신의 권능에 호소하는 것이고, 모든 것을 당신의 영광을 위해 행하는 것입니다. "모든 일을 오직 하느님의 영광을 위해서 하십시오."[232]

167. 십자성호를 할 때 그대의 죄가 십자가에 못 박힌다고 믿고 기억하십시오. 죄에 빠질 때면 진정으로 자신을 욕하십시오. 그리고 "주님, 우리 죄를 십자가에 못 박으신 주님이시여, 당신의 십자가에 이 죄를 못 박아주시고 당신의 크신 자비로 나를 불쌍히 여기소서."라고 기도하면서 자신에게 십자성호를 해주십시오. 그러면 그대는 그대의 죄로부터 정화될 것입니다. 아멘.

168. 그대가 기도할 때 하느님께서는 그대가 느낄 수 있는 것보다 더욱 가까이 계시다는 것, 그리고 그대는 생각과 마음뿐만 아니라 그대의 입술과 혀를 통해서도 그분을 만질 수 있다는 것을 확신하십시오. "말씀은 네 바로 곁에 있고 네 입에 있고 네 마음에 있다."[233] 말씀은 바로 하느님이십니다.

---

232) I 고린토 10:31.
233) 로마서 10:8.

169. 하느님의 형상인 사람을 사람 안에 있는 악과 혼동하지 마십시오. 악은 우연적인 것이며 하나의 불행이자 병이며, 악마의 속임수입니다. 하지만 사람의 참된 본성인 '하느님의 형상'은 사람 안에 영원히 머뭅니다.

170. 성령은 공기처럼 모든 것을 채우고 모든 것을 통과합니다. "어디에나 현존하시며, 모든 것을 채우시는"[234] 분이십니다. 간절함으로 기도하는 사람은 성령을 끌어당기고 성령 안에서 기도합니다.

171. "단 두세 사람이라도 내 이름으로 모인 곳에는 나도 함께 있기 때문이다."[235] 왜 주님의 이 현존이 단 두세 사람에게라도 약속된 것일까요? 두세 사람이 그리스도의 이름으로 모인 곳에 바로 신앙과 사랑의 일치인 교회가 있기 때문입니다. 서로 간의 사랑이 있기 때문입니다. "너희가 서로 사랑하면 세상 사람들이 그것을 보고 너희가 내 제자라는 것을 알게 될 것이다."[236]

172. 그대에게 살아가기 위해 호흡하고 먹고 마시는 것이 쉬운 것이라면 또한 주님에게서 모든 영적 은사를 받는 것 또한 쉽고, 심지어 더욱 쉬운 것이라는 점을 믿고 확신하십시오. 기도는 영혼의 호흡입니다. 기도는 우리의 영적 양식이며 음료입니다.

---

234) 성령께 드리는 기도문 중에서
235) 마태오 18:20.
236) 요한 13:35.

173. 우리 모두는 각자 깨끗하게 입는 데 관심을 쏟습니다. 모든 사람은 취향대로 우아하게 정성스레 옷을 입으려 노력합니다. 하지만 과연 누가 죄로 인해 얼룩진 불멸의 옷에 관심을 두고 있습니까? 이 옷을 입고 우리 모두가 심판자이신 하느님 앞에 서야할 것인데도 말입니다. 과연 누가 이 옷을 참회의 눈물과 자비로운 행동으로 깨끗하게 하고, 금식과 기도와 철야와 거룩한 묵상으로 장식하는 데 정성을 드립니까?

174. 시금(試金)해 보지 않으면, 보통 철도 강철로, 주석은 은으로, 합성금속도 순금속으로, 구리는 금으로, 합금도 순금으로, 유리도 다이아몬드로 통할 수 있습니다. 시금을 해보아야만 이 물질들의 진정한 가치가 드러납니다. 사람도 마찬가지입니다. 겉보기엔 많은 사람들이 부드럽고 겸손하고 자비롭고 선하고 단순하고 정결하고 신실해 보입니다. 하지만 시련은 그들이 악의적이고 교만하고 마음이 딱딱하며 불결하고 인색하고 원망에 차있고 게으르다는 것을 보여줍니다. 사람들은 박탈, 물질적 상실, 고통, 질병, 모욕 등을 통해서 시련 당합니다. 이런 시련을 이겨내는 사람은 하느님 나라에 합당한 사람입니다. 그렇지 못한 사람은 합당하지 않습니다. 아직 많은 악이 그들 안에 뒤섞여 있기 때문입니다.

175. 참으로 교회는 지상의 하늘입니다. 그곳은 하느님의 어좌가 있는 곳이고, 두려운 신비들이 거행되는 곳이고, 천사들이 사람과 함께 하느님을 섬기는 곳이고, 전능하신 분이 끝없이 영광 받으시는 곳이기 때문입니다. 그곳은 참으로 하늘이요, 하늘 중의 하늘입니다. 그러므로 하느님에 대한 두려움과 마음의 순결함을 가지고 모든 정념과 세상적

관심은 다 버린 채 하느님의 성전에, 특별히 지성소에 들어서야 합니다. 그곳에 믿음과 공경, 깨어있는 집중, 마음의 사랑과 평화로 섭시다. 그리하여 우리가 새로워지고 하늘에 속한 사람이 되어 나오도록 합시다. 이 세상의 모든 욕망과 즐거움이 제거된 하늘나라의 거룩함 안에서 살아갈 수 있도록 합시다.

176. 금식은 탁월한 교육입니다. 첫째로 그것은 사람은 누구나 아주 적은 음식과 음료만 있으면 되는데, 실상 우리들은 필요 이상의 것을 우리의 본성이 요구하는 이상의 것을 먹고 마시는 탐식가들임을 깨닫게 해줍니다. 이어서 금식은 연약함, 나약함, 결함, 죄, 정념으로 가득 찬 영혼의 모습을 드러내고 발견하게 해줍니다. 그것은 마치 진흙 수렁과 같아서 깨끗하게 치우려고 나서면 그 속의 파충류들과 온갖 부유물들이 한꺼번에 떠올라 더욱 혼탁해지고 맙니다. 이어서 금식은 온 마음을 다해서 하느님께 돌아가서 그분의 자비와 도움과 구원을 구해야 할 필요성을 우리에게 보여줍니다. 마지막으로 금식은 우리도 모르는 사이에 우리를 사로잡아 옥죄고 있는 형체 없는 영들의 간계와 속임수와 사악함을 폭로해줍니다. 우리가 하느님의 은총의 빛으로 조명되면, 그들의 계략은 명명백백하게 드러납니다. 우리가 가야 할 길을 가지 못하도록 온갖 탄압과 박해를 자행하는 그들의 모습이 분명하게 드러납니다.

177. 그대의 영혼은 참된 생명과 그에 맞는 음식을 찾습니다. 영의 음식은 진리입니다. 마음의 음식은 평화와 행복입니다. 의지의 음식은 바르고 권위 있는 영적 지도입니다. 교회로 가십시오. 교회는 이 모든

것을 풍부하게 제공해 줄 것입니다. 교회는 이 모든 것을 넘치게 가지고 있습니다. 교회는 진리의 기둥이며 지주(支柱)입니다. 그 안에 만물의 기원, 인류의 기원, 하느님의 형상과 모양대로 창조된 인간, 인간의 타락, 구세주의 인간 구속, 구원의 방법인 믿음과 소망과 사랑을 계시해 주는 하느님의 말씀이 들어 있기 때문입니다. 교회는 그 전례를 통해, 특별히 성사들을 통해 우리에게 평화를 주고 행복을 줍니다. 교회는 우리에게 말합니다. "고생하며 무거운 짐을 지고 허덕이는 사람은 다 나에게로 오너라. 내가 편히 쉬게 하리라."[237] 교회는 우리의 의지가 반드시 따라가야만 하는 길, 우리를 영원한 생명으로 인도할 진리의 길, 다시 말해 하느님 계명의 길을 우리에게 가르쳐줍니다.

178. 주님은 나에게 무한하고 불변하는 부를 주셨습니다. 그것은 바로 그분의 형상과 모양입니다. 그분은 자기 자신을 내게 내어 주셨습니다. 또한 주님에 대해 다윗은 이렇게 고백합니다. "하느님, 당신은 당신 이름을 존경하는 자들에게 땅을 허락하십니다."[238] 그러니 어떤 지상의 부를 내가 또 바랄 수 있겠습니까? 그리스도인이라는 것, 그리스도의 몸의 지체라는 것, 그리스도 안에서 하느님의 자녀라는 것 이상 위대한 영예는 있을 수 없습니다. 마음속에 그리스도와 그분의 은총을 지닌 사람보다 더 부유한 사람은 없습니다. "이 몸과 이 마음이 사그라져도 내 마음의 반석, 나의 몫은 언제나 하느님"[239]입니다. 아직도 탐욕스럽고 인색하고 질투심 많고 교만합니까? 그 무슨 망상이요, 어리석은 모습입니까!

---

237) 마태오 11:28.
238) 시편 61:6.
239) 시편 73:26.

179. 교회의 봉독, 성가, 기도, 간구들은 감사와 우리의 영적 가난의 감정, 우리의 필요들을 표현하는 우리 영혼의 음성입니다. 그것은 영혼의 가난함과 비참과 죄악을 인정하고 느끼며, 구세주의 필요성, 그분의 은총, 하느님의 수많은 호의와 무한한 완전하심에 대해 찬양하는 온전한 겸손의 음성입니다. 교회의 기도와 성가들은 참으로 아름답습니다. 그것은 성령의 숨결입니다.[240]

180. 사제나 주교가 축복과 함께 행하는 십자성호는 그리스도 안에서 그리스도를 통해서 사람을 향해 하느님께서 베푸시는 온정의 표징입니다. 얼마나 기쁨으로 가득하고 의미와 가치가 풍부한 예식행위입니까! 믿음으로 이 축복을 받아들이는 사람은 복됩니다! 사제들 또한 이 축복을 신자들에게 행할 때마다 이것을 분명히 의식해야 할 것입니다! "그들이 이렇게 이스라엘 백성에게 내 이름으로 복을 빌어주면 내가 이 백성에게 복을 내리리라."

181. 오, 거룩한 신앙이여! 그대가 내게 가득 부어준 수많은 영적 육적 유익을, 그대가 내 안에서 이루었고 또 이루고 있는 놀라운 일들을 과연 어떤 말로, 어떤 찬양으로 영광 돌릴 수 있으리까? 그대는 내게 평화를 주었고 혼란으로부터 나를 건졌으며, 자유를 주었고 쓰디쓴 절망에서 해방시켰으며, 영적인 빛을 주었고 정념의 어둠에서 건졌으며, 영적인 힘과 고귀함을 주었고 영적 노예의 삶과 비참으로부터 건졌으며, 거룩함을 주었고 죄의 불결함에서 구해냈고, 사악함과 질투와 자기의

---
[240] 민수기 6:27.

지와 교만과 탐욕과 음란과 모든 영적 부패함으로부터 나를 건져냈습니다. 나의 주님이신 하느님, 나의 든든한 후원자시여, 당신께 영원히 영광 돌립니다! 모든 사람과 이 땅의 모든 족속들이 신앙의 지식으로 돌아오게 하소서. 그리하여 동쪽 끝에서 서쪽 끝까지 모든 인류가 한 마음 한 목소리로 당신께 영광 돌릴 수 있게 하소서. 아멘! 그리될 줄 믿습니다!

182. 나는 이 지상의 삶에서 선하게 나를 인도하시고 내게 하늘 시민의 삶을 준비해주신 나의 지극히 거룩한 어머니이며, 지극히 자비롭고 지혜로운 하느님의 교회에 감사드립니다. 나는 교회의 기도와 신성한 예배와 성사와 예식들에 대해 교회에 감사드립니다. 나는 영적으로나 육적으로나 내게 크나큰 유익을 가져다 준 금식에 대해 교회에 감사드립니다. 그로 인해 나는 영적으로 또 육적으로 건강하고, 늘 가볍고 깨어있을 수 있었기 때문입니다. 금식이 없었다면, 나는 늘 영적으로나 육적으로 무거움을 느끼며 살았을 것입니다. 실제로 나는 금식을 하지 않았을 때 이를 절실하게 경험했습니다. 나는 나를 사로잡았고 나를 하늘로 옮겨다 주었으며 내게 영생으로 가는 길을 보여준 교회의 신령한 천상의 예배에 대해, 또한 정념들의 격랑과 수치스러움으로부터 나를 해방시키신 것에 대해, 또한 나의 삶을 온통 기쁨으로 만들어준 모든 것들에 대해 나의 흠 없는 어머니이신 하느님의 교회에 감사드립니다.

183. 온 세상이, 하늘과 땅과 바다와 그 안에 있는 모든 것들이 하느님의 무한한 자비와 지혜와 권능의 표현이고, 그분께서 기쁨과 행복을 위해 창조하신 모든 피조물을 향한, 특별히 인간을 향한 선하심의 표현

입니다. 세상은 하느님의 선하심과 지성과 지혜와 권능의 거울입니다. 그렇기 때문에 세상이 아니라 세상이 보여주는 하느님께 집중해야 합니다. "하늘에 가도 나에게는 당신밖에 없사옵고 땅에서도 당신만 계셔 주시면 그에서 무엇을 더 바라리까? 이 몸과 이 마음이 사그라져도 내 마음의 반석, 나의 몫은 언제나 하느님이시옵니다."[241]

184. 금식은 그리스도인이 영을 밝게 하고 그 감각을 일깨우고 발전시키며 영의 의지를 자극하는 데 없어서는 안 될 것입니다. 우리는 특별히 지나치게 먹고 마심을 통해서, 이 목숨에 대한 온갖 근심으로 우리의 영적 기관들을 어둡게 하고 질식시킵니다. 우리는 우리 안에 있는 하느님의 형상을 왜곡하고 더럽힘으로써 생명의 원천이신 하느님에게서 떨어져 나가고 부패와 허무에 굴러 떨어집니다. 방탕하고 감각적인 삶은 우리를 지상에 못 박아두고 우리 영혼의 날개들을 잘라버립니다. 금식과 금욕의 경주자들이 얼마나 높이 비상하는지 보십시오! 그들은 독수리처럼 높은 하늘을 활공합니다. 그들은 땅에서 태어났지만 영과 마음으로는 하늘에서 삽니다. 그들은 말로 표현할 수 없는 말씀들을 듣고 거룩한 지혜를 배웁니다.

인간은 정말이지 탐식과 술 취함으로 비루해집니다! 인간은 하느님의 형상대로 창조된 자신의 본성을 타락시키고 짐승과 같은, 아니 그보다 더 못한 존재가 됩니다. 오, 정념과 악습으로 가득한 우리의 불행이여! 정념과 악습은 우리가 하느님과 우리 이웃을 사랑할 수 없게, 하느님의 계명을 지킬 수 없게 만듭니다. 그것들은 종국에는 영원한 형벌로

---

241) 시편 73:25-26.

끝나고야 말 범죄적인 이기주의를 우리 안에 뿌리내리게 합니다. 그래서 주정뱅이는 육체의 쾌락과 이성의 마비를 위해서라면 조금도 돈에 상관하지 않지만 가난한 이에게는 동전 한 닢 주는 것을 아까워합니다. 도박에 빠진 사람은 수십 수백만 원을 바람에 날려 보내지만, 자신의 영혼을 살릴 수도 있는 단 몇 푼의 돈을 주는 것에는 인색해 합니다. 화려한 옷차림을 좋아하고, 값비싼 가구와 귀중한 자기 그릇을 모으는 사람들은 옷이나 가구 혹은 장식품들을 위해 어마어마한 액수를 지출하지만 가난한 거지들은 차갑게 대하고 멸시하며 지나칩니다. 미식가들은 화려한 파티를 위해서 수많은 돈을 허비하지만 가난한 이들에게는 매몰차기만 합니다.

금식이 그리스도인에게 필요한 또 한 가지의 이유는 하느님 아들의 성육화 이래로 인간의 본성이 영화되고 신화되었기 때문입니다. 우리는 "먹고 마시는 일이 아니라 성령을 통해서 누리는 정의와 평화와 기쁨"[242]인 하느님 나라를 향해 줄기차게 전진합니다. "'음식은 배를 위하여 있고 배는 음식을 위하여 있다.'고 말할 수 있습니다. 그러나 하느님께서는 이것도 저것도 다 없애버리실 것입니다."[243] 먹고 마시는 것, 다시 말해 육체의 쾌락을 추구하는 것은 천상의 영적인 기쁨을 알지 못해서 육체의 쾌락에서 삶의 의미를 찾는 불신자들에게나 좋은 것입니다. 그래서 주님께서는 복음경에서 이 파괴적 정념을 그렇게도 자주 정죄하신 것입니다.

185. 학교에서는 학생들에게 많은 것을 가르칩니다. 하지만 그들은

---

242) 로마서 14:17.
243) I 고린토 6:13.

유일하게 필요한 한 가지를 알지 못합니다. 하느님을 알지 못하고 자기 자신도 알지 못합니다. 자신들의 죄를 알지 못하고, 영적인 나약함도 알지 못하며, 하느님 없이 또 하느님 앞에서 그들의 존재가 아무 것도 아님을 알지 못합니다. 시리아의 에프렘 성인의 기도를 상기해 보십시오. "주님, 나로 하여금 내 자신의 잘못을 알게 하소서." 수없이 많고 추악한 자신의 죄를 아는 것, 그것은 진실로 우리의 간절하고도 뜨거운 기도를 통해서 얻게 되는 하느님의 선물입니다. 이것은 수많은 부자들, 학식 있는 자들, 높은 지위에 있는 자들에게도 마찬가지입니다. 그들은 많은 것을 알고 있고, 또 많은 것을 소유하고 있지만, 정작 본질적인 것은 알지도 소유하고 있지도 못합니다. "하늘과 땅의 주인이신 아버지, 안다는 사람들과 똑똑하다는 사람들에게는 이 모든 것을 감추시고 오히려 철부지 어린아이들에게 나타내 보이시니 감사합니다. 그렇습니다. 아버지! 이것이 아버지께서 원하신 뜻이었습니다."[244] 하느님 당신께서 하신 일은 참으로 놀랍습니다! 하느님의 은총은 이 세상의 재물과 명예와 동일한 차원에 있지 않으며, 세상적 풍요에 대한 집착은 하느님을 추구하는 것과 양립할 수 없는 것임은 너무나도 명백합니다.

오, 주님이시여, 당신의 사랑은 위대합니다. 당신께서는 나를 사랑하셨기에 당신 자신을 내어주셨습니다. 나는 십자가를 바라보고, 나와 온 세상을 향한 당신의 사랑에 경탄합니다. 십자가는 우리를 위한 당신의 사랑의 결정적인 표상이기 때문입니다. 당신께서는 "벗을 위하여 제 목숨을 바치는 것보다 더 큰 사랑은 없다."[245]고 말씀하셨습니다.

오, 주님이시여, 생명을 주시는 당신의 신비들(성체성혈 성사를 가리키는

---

244) 마태오 11:26.
245) 요한 15:13.

또 다른 표현)은 죄인인 우리를 향한 당신의 사랑의 지속적이고도 경이로운 표시입니다. 당신의 거룩한 몸은 우리 모두를 위해 찢겨지고, 당신의 거룩한 피는 우리 모두를 위해 부어집니다. 주님이시여, 내가 돌보고 있는 신자들에게 당신의 거룩한 신비들이 일으킨 놀라운 기적들에 대해 당신께 영광 돌립니다. 내가 목격한 수많은 치유의 기적들에 대해 당신께 영광 돌립니다. 또한 그 신비들이 내게 가져다준 구원의 결과에 대해 영광 돌립니다. 그 신비들 안에서 또 그 신비들을 통해서 드러난 나에 대한 당신의 자비와 그 신비들 안에서 활동하는 당신의 권능에 영광 돌립니다. 주님이시여, 그와 같은 사랑에 보답하기 위해 내 마음을 다해 당신을 사랑할 수 있도록, 내 이웃을 내 몸과 같이 사랑할 수 있도록 해주소서. 나를 사랑하는 사람들뿐만 아니라 내 원수까지도 사랑할 수 있도록 해주소서.

186. "내가 이 세상에 속하지 않은 것처럼 이 사람들도 이 세상에 속한 사람들이 아닙니다."[246] 보십시오. 예수님께서 그의 사도들에 대해 하신 말씀입니다. 그것은 참으로 크나큰 찬사입니다. 어떤 점에서 그럴까요? 사도들은 세상에 살지만 세상과 세상의 유혹에 낯선 사람들이기 때문에 이 세상의 영광, 재물, 행복, 평온함을 추구하지 않는다는 사실에 있어서 그렇습니다. 그들은 마치 다른 세상, 하늘 세상에 속한 사람들과 같았습니다. 그들은 하늘의 것에만 관심을 갖고 몰두했습니다. 썩지 않을 하늘의 영광과 하느님 안에서의 휴식, 하느님과의 연합만을 추구했습니다. 우리 죄인들은 이 세상에 속한 사람들입니다. 이 세상의

---

246) 요한 17:16.

영광, 재물, 건강, 장수, 이 세상 복락, 이 땅에서의 평온함, 이 땅의 기쁨만을 추구하기 때문입니다. 우리의 모든 불행, 우리의 정념들, 우리의 시련들, 그리스도교적 삶의 실패는 모두 세상과 세상의 복락에 대한 이 집착에서 옵니다.

187. 왜 기도하고, 성당에 가야하고, 예배에 참석해야 하는 것일까요? 왜 매일같이 먹고 마시고 호흡하고 일해야 하는 것일까요? 그것은 우리 몸의 생명을 유지하고 강하게 하기 위해서입니다. 마찬가지로 영혼의 생명을 유지하고 발전시키기 위해서는, 병든 영혼을 고치고 정화하고 강하게 만들기 위해서는 반드시 기도를 해야 합니다. 그것은 몸을 악취와 불결함으로부터 정화하기 위해 어떤 음식이나 음료를 섭취하는 것과 같습니다. 그러므로 그대가 기도하지 않는다면 신중치 못하고 몰상식한 방법으로 행동하게 될 것입니다. 모든 방법을 다 동원해서 그대의 몸을 양육하고 유지하고 강하게 만들지만 그대의 영혼은 아예 방치해 놓는 것이기 때문입니다. 사람은 이중의 존재입니다. 몸과 함께 영혼을 가지고 있습니다.

188. 어떤 것이든 우리가 들은 비방과 욕설은 전하지 않는 것이 좋습니다. 그저 침묵을 지키고 사랑과 친절의 말만 전하는 것이 좋습니다. 그러면 우리의 영은 평화를 누리게 될 것입니다. 원망과 질투의 말을 옮기는 것은 많은 해악을 끼칠 수 있습니다. 이런 말들은 종종 그 말들을 전하는 사람의 인내심 없고 오만한 마음속에 영적 폭풍을 일으키고, 공격적인 본능과 불화의 불씨를 다시 타오르게 합니다. 그러므로 우리는 그리스도교적인 인내와 뱀과 같은 신중함을 가져야 합니다.

단 한 마디의 악한 말이나 비방도 아주 불쾌한 인상을 심어주고 영혼 깊숙한 곳까지 우리를 흔들어 놓는 데 반하여, 하느님과 세상에서 행하신 하느님의 놀라운 일들에 대한 수천 마디의 선한 말들이 우리에게 아무런 감흥도 일으키지 못하고 공중으로 날아가 버리고 마는데, 도대체 어떻게 이런 일들이 벌어지는 것일까요? 그것은 "악마가 와서 그 말씀을 마음에서 빼앗아 가기 때문"[247]입니다. 반대로 우리 마음속에 공격성의 씨앗을 심어 놓고 자라게 하는 것도 바로 악마입니다. 악마는 우리 마음에 이웃에 대한 적의와 질투를 심어놓을 기회를 결코 놓치지 않습니다. 실제로는 결백하지만 우리를 뭔가 수상쩍게 보는 우리 이웃의 단 한 번의 시선만으로도 우리 안에 적대 감정을 일으키기에 충분합니다. 그러므로 이웃이 고의건 고의가 아니건 우리에게 일으킬지도 모르는 악을 마음에 담아두지 마십시오. 우리는 그 악의 진정한 행위자가 누군지 알고 있으며, 또 태초로부터 "온 세상은 악마의 지배를 받고 있다."[248]는 사실을 잘 알고 있기 때문입니다. 우리에게 선을 베푸는 사람들을 위해서 기도하듯이 잘못한 사람들을 위해서도 기도하면서 평정심을 가지고 그 잘못을 견뎌내십시오. 비록 그것이 선한 마음에서 나온 것은 아닐지라도 모욕의 말들 중에서도 우리에게 선이 될 수 있는 말들을 들을 수 있기 때문입니다. 주님께서 그 말들을 명백하게 밝혀주시기를 또한 그들에게 죄를 묻지 않으시기를 기원하십시오. 그래서 어떤 경우라도 악마에게 기회를 주지 않도록 주의하십시오.

---

247) 루가 8:12.
248) I 요한 5:19.

189. 이생에서 우리는 끊임없이 죄를 짓습니다. 그렇지만 우리는 너무나 자기애로 가득차서 우리의 잘못과 죄를, 특별히 공개적으로 드러내는 것을 견디지 못합니다. 하지만 다가올 생에서 우리는 온 세상 앞에서 셈하게 될 것입니다. 이 두려운 심판대를 기억합시다. 그리고 질책을 겸손과 인내로 받아들이고 우리의 잘못과 죄를 고칩시다. 특별히 우리의 지도자들이 주는 충고와 질책들을 받아들입시다. 주님께서 그들을 가르치시어 악감정이 아니라 사랑과 온유의 정신으로 우리를 지도해 줄 수 있도록 기원합시다.

190. 육일 동안 일하고 하루를 쉬는 것은 무슨 이유일까요? 그것은 현재 이 땅에서의 삶 이후에는 영원한 안식의 날이 올 것이라는 사실을 우리가 항상 기억하게 하기 위함입니다. 바울로 사도도 "하느님의 백성에게는 아직도 참 안식이 그대로 남아 있는 것입니다."[249]라고 말했습니다. 일요일(주님의 날)은 보편적 부활의 날을 예고합니다. 그리고 부활의 날 이후 이 세상에서 선을 행한 모든 사람들이 예수 그리스도 안에서 안식을 누릴 날이 올 것입니다.

191. 우리는 하늘 왕국을 향해 가는 이방인, 순례자, 여행자이기 때문에, 이 세상에 대한 근심 걱정에 뒤덮이도록, 또 이 세상과 그 재물과 쾌락과 영예를 더 중시하도록 내버려 두어서는 안 됩니다. 이 근심과 집착이 죽음의 시간에 우리 앞에 놓인 장애물과 수치가 되지 않도록 해야 합니다. 그리스도인은 지금 여기 이 땅에서부터 금식, 자기 포기, 기

---

[249] 히브리 4:9.

도, 사랑, 겸손, 온유, 인내, 용기와 자비 안에서 하늘의 삶을 사는 데 익숙해져야 합니다. 일생 동안 돈과 먹고 마시는 것과 세상의 영예를 우상으로 삼았던 사람들에게는 죽음이 참으로 견디기 어려운 것이 될 것입니다! 그때 이 모든 것은 아무런 쓸모도 없게 될 것이고 그들의 마음은 생명과 덕을 주는 참된 보물을 아무것도 소유하지 못한 상태가 될 것입니다. 누구에게나 예외 없이 찾아올 죽음을 평화롭게 맞이하기 위해서 이 세상의 것을 사랑하지 맙시다. 그러므로 "먹을 것과 입을 것이 있으면 그것으로 만족하십시오."[250]

192. "네 마음을 다하여"[251] 하느님을 사랑하라는 말씀은 이 세상 그 어느 것에도 마음을 두지 말고 모든 일에 있어서 우리의 뜻이 아니라 하느님의 뜻을 실천함으로써 그 마음을 온전히 주 하느님께 드리라는 말씀입니다. "네 목숨을 다하여" 하느님을 사랑하라는 말씀은 그 영을 하느님 안에 두고 그 마음을 하느님 안에 세워, 행복하거나 고통스럽거나 모든 상황에서 자신의 의지를 하느님의 뜻에 복종시키라는 말씀입니다. "네 힘을 다하여" 하느님을 사랑하라는 말씀은 그 어떤 적대적 권세도 그 어떤 삶의 상황도, 동요도, 근심도, 박해도, 위험도, 칼도, 높음도, 깊음도 우리를 하느님에 대한 사랑에서 떼어놓을 수 없도록[252] 하느님을 사랑하라는 말씀입니다. "네 생각을 다하여" 하느님을 사랑하라는 말씀은 하느님에 대해, 그분의 자비에 대해, 그분의 오래 참으심과 거룩하심과 지혜와 권능에 대해, 그분의 업적에 대해 항상 묵상하고 모든

---

250) I 디모테오 6:8.
251) 루가 10:27 참고.
252) 로마서 8:35-39 참고.

방법을 다해 헛된 생각과 악한 기억으로부터 돌아서라는 말씀입니다.

하느님을 사랑하는 것, 그것은 영혼을 다해 정의를 사랑하고 불의를 미워하는 것입니다. 시편이 "당신은 정의를 사랑하고, 악을 미워하십니다."[253]라고 고백하듯이 말입니다. 하느님을 사랑하는 것, 그것은 자기 자신, 즉 우리의 육적인 옛사람을 미워하는 것입니다. "누구든지 나에게 올 때 자기 부모나 처자나 형제자매나 심지어 자기 자신마저 미워하지 않으면 내 제자가 될 수 없다."[254]고 주님께서 말씀하신 것처럼 말입니다. 우리 안에는, 우리의 생각 속에는 끊임없이 매일 매 순간 우리를 하느님으로부터 멀어지게 하려고 애를 쓰고, 잡념, 욕망, 관심, 의도, 계획, 헛된 말과 행위들을 슬그머니 집어넣으며, 정념들을 불러일으키고, 우리가 원치 않음에도 불구하고 우리를 악으로, 질투로, 탐욕으로, 교만으로, 야심으로, 허무로, 게으름으로, 무분별함으로, 집착으로, 속임수와 무절제로 밀어 넣는 참으로 살아있고 활동적인 악한 권세가 있습니다.

하느님을 사랑하는 것은 그분의 계명을 실천하는 것입니다. 주님께서 말씀하셨습니다. "나를 사랑하는 사람은 내 말을 잘 지킬 것이다. … 그러나 나를 사랑하지 않는 사람은 내 말을 지키지 않는다."[255]

193. 믿음을 가지고 주의 깊게 성당에 있는 거룩한 성화(이콘)들과 그 밖의 다른 성물들을 바라볼 때, 나는 놀라운 관상의 경지에 빠져 들고 맙니다. 성당 전체는 내게 살아 움직이는 거룩한 역사로, 인류 안에서

---

253) 시편 45:7.
254) 루가 14:26.
255) 요한 14:23-24.

이루신 하느님의 놀라우신 업적에 대한 찬탄할 만한 가르침으로 나타납니다. 거기서 나는 우리의 넘어짐과 하느님의 경이로운 섭리에 의해 다시 일어섬을 보고, 주님의 성육화를 통한 우리의 회복을 보고, 우리의 신화와 하늘로의 상승을 봅니다. 거기서 나는 하느님의 아들이 동정녀에게서 태어날 것이라고 전해주는 대천사장 가브리엘 앞에 섭니다. 거기서 나는 아기이신 하느님의 탄생을 보고, 동정녀이신 어머니를 보고, 베들레헴의 구유를 봅니다. 저기서는 주님의 할례 받으심을 보고, 여기서는 주님의 세례 받으심을 봅니다. 조금 더 가면, 성전에서 시메온에 의해 영접 받으시는 아기이신 하느님을 볼 수 있습니다. 성당에서 우리는 우리 주님의 거룩하신 변모를 보고, 다볼 산의 광채를 봅니다. 또 우리는 겸손한 임금이신 정의의 주님께서 예루살렘에 입성하시는 것을 보고, 주님의 마지막 만찬과 구원의 성만찬 성사의 제정을 봅니다. 또한 영광의 주님께서 겪으신 구원하시는 고난을 봅니다. 나는 마치 골고다에 있는 것처럼 세상의 죄를 짊어지시고 십자가에 못 박히신 주님을 봅니다. 나는 또한 지옥에 내려가 지옥을 정복하신 분의 모습을 보고, 갇힌 자들의 해방을 보며, 주님의 부활과 승천을 봅니다. 이 모든 것은 인류의 구원과 나 자신의 구원을 위한 것입니다.

성당에서 신성한 관상에 빠지게 되면, 그토록 나를 사랑해주시고 그토록 내게 큰 영예와 복을 주신 주님께 감사드리지 않을 수가 없습니다. 하지만 내 안을, 마음속을 들여다보면, 오 나의 하느님, 나는 과연 무엇을 보게 될까요? 나는 고의적이거나 비고의적인 범죄의 심연을 봅니다. 나약함과 유혹과 두려움의 심연을 보고, 적의 함정을 보고, 도저히 통과할 수 없는 짙은 어둠을 보고, 수많은 죽음과 파괴를 봅니다. 그리고 가끔 지옥 그 자체를 보기도 합니다.

194. 정교회의 예식에 참여하는 모든 사람, 전례를 공부하는 모든 사람은 이 땅에서 하느님을 섬기는 것은 하늘에서 기쁨으로 하느님을 섬기는 것에 대한 하나의 준비라는 사실을 꼭 기억해야 합니다. 우리의 몸으로 하느님을 섬긴다면, 우리의 영혼과 순결한 마음으로 하느님을 섬기는 것은 더욱 필요한 일임을 기억해야 합니다. 거룩한 예배의식에 참여할 때, 그 생애와 믿음과 소망과 사랑의 업적들이 선포되는 성인들이 하느님을 섬긴 것처럼 우리도 하느님을 섬기는 법을 배워야 한다는 것을 기억해야 합니다. 무엇보다도 먼저 하느님을 말과 입이 아니라 행동으로 진실로 섬겨야 한다는 것을 기억해야 합니다. 우리는 우리의 존재 자체로 하느님을 섬기도록 부름 받았습니다. 우리가 기립자세로 서 있는 것은 우리의 눈을 끊임없이 하느님께 맞추고, 하느님께 감사드리며 영광을 돌리기 위함입니다. 우리의 지성과 마음과 뜻과 모든 감각들은 동일한 목표를 위해 우리에게 주어졌습니다.

195. 어떤 일이든지 결코 심려하거나 격노해서는 안 됩니다. 자주 기분 상해하고 화를 내면 결국 습관적으로 화를 내는 성격으로 굳어져 버릴 것이기 때문입니다. 반대로 인내심을 가지고 반대를 견뎌내면 우리는 모든 것을 침착하고 참을성 있게 이겨내는 아주 훌륭하고 유익한 습관을 얻게 됩니다. 이승에서는 많은 경우의 갈등이 우리 각자의 불완전함에서 비롯될 수 있습니다. 만약 이 모든 경우에 매번 화를 내게 된다면 우리는 더 이상 앞으로 나아갈 수 없을 것입니다. 게다가 대립과 성냄으로는 아무것도 해결되지 않습니다. 그러므로 항상 침착해야 하고, 도덕적으로 병든 인간 본성에 대한 사랑과 존중의 마음으로 가득 차 있어야 합니다. 특별히 우리의 친구, 교분이 있는 사람, 아랫사람들에게

말입니다. 사람은 천사가 아닙니다. 게다가 우리의 인생은 우리가 원치 않음에도 불구하고 날마다 거의 우리 자신도 모르게 죄를 짓게 마련이기 때문입니다. "나는 내가 해야 하겠다고 생각하는 선은 행하지 않고 해서는 안 되겠다고 생각하는 악을 행하고 있습니다."[256]라고 사도 바울로도 고백합니다. "우리가 우리에게 잘못한 이를 용서하듯이 우리의 잘못을 용서하소서."[257] "너희는 남에게서 바라는 대로 남에게 해주어라."[258]라고 말씀하심으로써 주님께서는 사람들의 나태함과 잘못을 관대함을 가지고 판단하라고 가르쳐 주십니다. 여러분 중에 과연 누가 다른 사람이 여러분 자신의 요구, 탈선, 타락, 나태함, 태만에 대해 인내하고 관대하길 바라지 않겠습니까? 그래서 사도 바울로도 우리에게 인내와 관용을 가르쳐 주시는 것입니다. "사랑은 오래 참습니다. 사랑은 친절합니다. … 사랑은 성을 내지 않습니다. 사랑은 앙심을 품지 않습니다. 사랑은 불의를 보고 기뻐하지 아니하고 진리를 보고 기뻐합니다. 사랑은 모든 것을 덮어주고 모든 것을 믿고 모든 것을 바라고 모든 것을 견디어냅니다. 사랑은 가실 줄을 모릅니다."[259]

196. 사제는 용기와 결단과 담대함을 유지하기 위해 노력해야 합니다. 비록 무형의 원수 악마가 끊임없이 사제의 마음속에 헛된 두려움과 어리석은 공포를 심어주려 하겠지만 말입니다. 그렇지 않으면 악덕을 고칠 수도 없고 성사들을 참되게 집전할 수도 없습니다. 담대함은 하느님의 위대한 선물이고 영혼의 위대한 보물입니다! 용기와 끈기는 이 세

---

256) 로마서 7:19.
257) 마태오 6:12.
258) 마태오 7:12.
259) Ⅰ고린토 13:4-8.

상의 싸움에서 큰 역할을 합니다. 그것들이 바로 기적을 이루어내기 때문입니다. 하지만 영적 싸움에서는 더욱 더 큰 역할을 합니다.

197. 사람은 완벽한 예술가이신 하느님의 경이롭고 찬란하고 기막힌 피조물입니다. 태초에 사람은 더럽혀지지 않았고 썩지 않는 순결한 존재였습니다. 하지만 죄가, 어둠의 영이 낳은 이 괴물이, 추악하고 부조리하며 악한 권세가 사람을 그 이중적 본성의 두 영역인 몸과 영 모두를 더럽혀서, 추악하고, 불결하고, 부패할 수밖에 없는 존재가 되게 만들었습니다. 하지만 지혜가 충만하고 전능하시고 자비로우신 예술가 하느님께서는 우리의 적이 그분 자신의 경이롭고 찬란한 피조물을 완전히 파괴하도록 허용하지 않으셨습니다. 그분은 지극히 순결하신 동정녀 마리아로부터 우리와 같은 몸과 영혼을 취하셨습니다. 성육화를 통해서, 가르침과 기적과 수난과 죽음과 부활을 통해서, 그리고 지혜로 가득 찬 놀라운 섭리를 통해서 하느님은 그 손으로 빚으신 작품을 본래의 영광과 아름다움으로, 아니 그보다 더욱 빛나는 작품으로 회복시키셨습니다. 하느님은 사람에게 썩지 않을 불멸성, 거룩함, 경이로운 신적 아름다움을 주셨고, 인간 본성을 신화시키시고, 신성의 보좌에 좌정하신 자신 곁에 두심으로써 지극한 지복의 경지에 올려놓으셨습니다. 오, 전능하시고, 자비와 지혜가 충만하신 예술가, 하느님이시여, 당신께 영광을 돌리나이다!

198. 내게 필요한 것은 무엇일까요? 이 땅에서 나는 필수적인 것 외에는 아무것도 필요치 않습니다. 내게 정말 필요한 것은 무엇일까요? 내게 필요한 것은 오직 주님이시고, 주님의 은총이며, 내 안에서 그분

이 통치하시는 것입니다. 이 땅에서, 잠정적이고 지나가고야 말 이 배움터에서, 내 것이라고는 아무것도 없습니다. 모든 것이 하느님의 것이고, 모든 것이 내가 임시적으로 사용하도록 허용된 과도적인 것입니다. 나의 풍요로움은 보다 가난한 내 형제들의 결핍입니다. 내게 필요한 것은 무엇일까요? 내게는 참되고 살아있으며 능동적인 그리스도교적 사랑이 필요합니다. 내 형제들을 향한 자애로움으로 가득 찬 사랑하는 마음이 필요합니다. 그들의 복된 삶과 번영을 즐거워하고, 그들의 고통과 질병과 죄와 약함과 실패와 불행과 가난을 함께 하는 것이 필요합니다. 그들의 삶의 모든 상황에서 그들에 대한 따뜻하고 진정어린 공감이 필요합니다. 웃는 이들과는 함께 즐거워하고, 우는 사람과는 함께 우는 것이 필요합니다.[260] 이제 우리 안에 자기애와 이기주의에는 더 이상 여지를 내어주지 않아야 하고, 우리 자신을 위해서 이 세상의 부와 즐거움과 영예를 독차지하겠다는 생각을 버려야 할 때입니다. 우리는 살려하지 않고 죽으려 해야 합니다. 내면에 자기애라는 독을 지니고 있는 우리는 즐거움을 누리기보다는 오히려 고통당해야 합니다. 자기애는 악마가 우리 마음속에 끊임없이 부어넣는 독이기 때문입니다. 오, 나는 과연 시편기자처럼 부르짖을 수 있을까요? "하늘에 가도 나에게는 당신밖에 없사옵고 땅에서도 당신만 계셔주시면 그에서 무엇을 더 바라리까? 이 몸과 이 마음이 사그라져도 내 마음의 반석, 나의 몫은 언제나 하느님이십니다!"[261] 주님, 당신은 내 마음과 그 모든 움직임을 아십니다. 당신께 간청하는 내 모든 필요를 내게 허락하소서! 내게는 이 모든 것이 불가능하지만, 당신께는 모든 것이 가능합니다. 내게 참된 생명을

---

260) 로마서 12:15 참고.
261) 시편 73:25-26.

주소서. 정념의 어둠을 흩어주옵소서. 당신의 권능으로 이 정념의 권세를 무력하게 만드소서!

199. 십자가는 그리스도 안에 있고 그리스도는 십자가 위에 있습니다. 십자가는 십자가에 못 박히신 그리스도의 형상입니다. 그렇기 때문에 십자성호는 그 그림자조차도 악마에게 끔찍한 두려움을 낳습니다. 그리스도 자신의 행위와 십자가에 달리신 분의 그림자가 그렇듯이 말입니다.

200. 우리의 혐오스러운 적들은 사랑 그 자체로 사랑을 파괴하려고 합니다. 하느님과 이웃에 대한 사랑을 세상과 세상의 찰나적인 복과 타락하고 불경스런 방법들에 대한 사랑으로, 육적인 사랑으로, 부와 영예와 쾌락과 오락에 대한 사랑으로 파괴하려 합니다. 그래서 우리는 우리 안에서 세상에 대한 이 모든 사랑을 꺼버려야 합니다. 그 대신, 우리 안에 하느님과 이웃에 대한 사랑을 밝혀야 합니다. 세상의 모든 아름다움은 창조되지 않은 아름다움, 하느님 얼굴의 형언할 수 없는 선하심에 대한 희미하게 스쳐가는 그림자일 뿐입니다. 지상의 모든 기쁨은 다가올 행복에 비하면 아무것도 아닙니다. 주님, 간구하오니, 그리스도에 대한 믿음이 내 영혼의 가장 깊은 곳까지 꿰뚫게 하소서. 그리스도의 복음이 내 모든 생각과 감정과 말과 행위와 몸과 영혼을 관통하게 하소서. 나의 온 존재뿐만 아니라 모든 사람을 관통하게 하소서. 그것은 보편적인 진리이고 숭고한 지혜이며 영원한 생명이기 때문이옵니다. "영원한 생명은 곧 참되시고 오직 한 분이신 하느님 아버지를 알고 또 아버지께서 보내신 예수 그리스도를 아는 것입니다."[262]

201. 거룩한 성만찬 예배를 거행하기 위해서는 숭고한 영혼, 어떤 정념에도 어떤 세상 욕망에도, 지상의 어떤 즐거움에도 묶여있지 않는 그런 숭고한 영혼을 가진 사람이 필요합니다. 그 마음이 성령의 불로, 하느님과 이웃에 대한, 모든 영혼에 대한, 특별히 모든 그리스도인에 대한 사랑으로 불타는 그런 사람 말입니다. 그래서 항상 진정한 마음으로 기도 안에서 하느님께로 자신을 들어 올릴 수 있는 사람 말입니다. "나는 이 세상에 불을 지르러 왔다. 이 불이 이미 타올랐다면 얼마나 좋았겠느냐?"[263] 이 불은 하늘에서 혀 모양의 불꽃으로 사도들에게 내려와 임했습니다. 이 불은 우리에게도 역시 필요합니다. 얼어붙은 우리의 마음을 따뜻하게 하여, 부드럽게 만들고, 녹이고, 끊임없이 정화하기 위해 필요합니다. 또 그 마음을 밝게 조명하고 새롭게 하기 위해 필요합니다. 세라핌 성인과 같이, 우리에게 우리 안에 계시된 주님의 자비와 지혜의 경이로움에 찬양과 감사로 불타고, 주님 앞에서 사랑으로 불타오르는 그런 사제를 어디서 발견할 수 있을까요? 나는 죄인 중에서도 가장 큰 죄인입니다. 나는 지극히 거룩한 이 성사를 집전할 자격이 없습니다. 내 마음은 결코 순결하지 않으며, 욕망에, 지상의 기쁨에 대한 애착에 매여 있기 때문입니다. 주님, 당신은 우리 마음의 심연을 헤아리십니다. "정화수를 나에게 뿌리소서, 이 몸이 깨끗해 지리이다. 나를 씻어주소서, 눈보다 더 희게 되리이다."[264] "당신께서 순결한 자에게 자비를 베푸는 것은 놀랍지 않습니다. 당신이 의인들을 구원하는 것도 위대한 일이 아닙니다. 하지만 죄인인 나에게 자비를 베푸시는 놀라움을

---

262) 요한 17:3.
263) 루가 12:49.
264) 시편 51:7.
265) 다마스커스의 성 요한의 기도.

보여주소서!"[265]

202. 거룩한 성만찬 예배를 통해서, 정교회는 우리에게 하늘 시민이 되도록 준비시킵니다. 거룩한 성모님과 성인들의 삶이 보여주는 덕들을 우리에게 가르쳐 줄 뿐만 아니라 성사들을 통해 우리를 정화시키고 성화시키고 신화시킵니다. "우리에게 생명과 경건에 필요한 모든 것"[266]을 줍니다. 그렇기 때문에 우리는 반드시 강요에 의해서가 아니라 지성과 존경심을 가지고 거룩한 예배 의식들에 참여해야 하고 고백성사와 거룩한 성만찬 성사를 가까이 해야 합니다. 특별히 대축일 때는 더욱 그렇습니다. 반대로 교회와 예배로부터 멀어진 사람들은 모든 정념들의 희생물이 되고, 결국에는 멸망하고 맙니다.

203. 교회는 매일같이 어머니와 같은 신성한 사랑으로 우리를 품에 안아 줍니다. 우리 모두를 위해 주님께 끊임없이 기도를 올려드립니다. 저녁과 자정과 아침과 정오에 매일 기도합니다. 교회는 우리를 가르치고 정화시키고 성화시키고, 성사들을 통해 우리를 치유하고 강하게 만듭니다. 또한 모든 방법을 다해서 지극한 온유함과 자애로움으로 우리를 구원과 영원한 생명으로 인도합니다. 사제들과 교역자들이, 교회가 그 자녀들의 구원을 위해 보여주는 이 애틋한 사랑과 염려를 이해하고, 그 정신을 자기 것으로 만들려고 노력하며, 이 정신을 따라 살고, 교회에서나 교회 밖에서나 이 정신을 호흡하며, 기도와 감사의 찬양을 드리고, 신중하고도 주의 깊은 마음으로 정신을 바짝 차리고 교회의 거룩한

---

266) Ⅱ베드로 1:3.

예배들을 집전한다면, 그들은 참으로 복됩니다. 이 모든 일을 통해서 그들은 그 양떼들과 함께 자기 자신들도 구원합니다.

204. 사람만큼 경이로운 피조물이 또 있을까요! 하느님의 형상대로 창조된 피조물의 경이로움을 어떻게 형언할 수 있을까요! 역사 속에서 또 우리 시대에서 끊임없이 확인할 수 있듯이, 타락한 조건에서도 사람이, 수없이 많은 경이로운 업적들을 이루었고 또 이루는 능력을 가지고 있다면, 거룩함과 완전에 이르렀을 때 하지 못할 일이 과연 무엇일까요! 하지만 사람 안에서 특별히 관심을 끌고 경이롭고 존경심을 자아내며 진심어린 감사를 드려 마땅한 것이 있다면 그것은 바로 사람이 창조주 하느님과 같은 신적인 존재가 될 수 있다는 것, 사람이 불멸의 존재가 되도록, 또 하느님 안에서 하느님과 함께 영원한 지복에 이르도록 예정되었다는 것, 때가 되면 사람은 하늘 아버지의 나라에서 태양처럼 빛나는 존재가 될 것이라는 사실입니다. 선택받은 자들의 영광을 예고하면서 주님께서 말씀하십니다. "그 때에 의인들은 그들의 아버지의 나라에서 해와 같이 빛날 것이다."[267]

205. 참된 그리스도인은 이 땅에서의 삶이 미래의 삶을 위한 준비가 되는 방식으로 행동합니다. 그가 행하는 모든 일에 있어서 그는 이 땅에서 사람들이 그에 대해 뭐라고 말하는가가 아니라 하늘에서 그에 대해 뭐라고 말할까에 대해 생각합니다. 그는 자신이 언제나 하느님의 현존 앞에 있는 것처럼, 천사들과 모든 성인들 앞에 있는 것처럼 살아가며, 언젠가 그들이 그의 말과 생각과 행동에 대해 증언할 것임을 잊지

---

[267] 마태오 13:43.

않습니다.

206. 왜 우리에게 끈기 있는 기도가 필요할까요? 이 끈기 있는 뜨거운 기도를 통해서, 헛된 것들 안에서 너무나도 차가워지고 굳어진 우리의 마음을 따뜻하게 녹이기 위해서입니다. 이 세상의 헛됨 안에서 굳어진 마음이 기도하자마자 금방 하느님에 대한 사랑과 믿음의 온기로 젖게 될 것이라고 생각하거나 기대하는 것은 정말 이상한 일이 아닐 수 없기 때문입니다. 결코 그렇게 되지 않습니다. 수고와 시간이 필요합니다. "지금까지 하늘나라는 줄기차게 다가오고 있다. 그리고 애써 힘쓰는 사람들이 하늘나라를 차지한다."[268] 사람들 자신이 끈기를 가지고 기도할 때 하느님 나라는 서서히 마음속에 찾아옵니다. 주님께서 직접 선언하십니다. 재판관을 끊임없이 찾아와서 귀찮게 굴어 요구를 관철시켰던 과부의 예[269]를 보여주시면서 우리도 끈기를 가지고 오래도록 기도하길 원하신다고 선언하십니다. 우리 주님이신 하늘 아버지께선 우리가 구하기 전에 이미 우리에게 필요한 것, 우리가 바라는 것을 다 아십니다. 하지만 우리는 그것을 알지 못합니다. 하늘에 계신 우리 아버지 손에 모든 것을 다 맡기기보다는 이 세상의 온갖 헛된 욕망에 사로잡혀 있기 때문입니다. 그래서 하느님께서는 그 크신 지혜로 우리의 바람들을 그분을 향해 돌아서는 기회로 만드십니다. "내게로 돌아오라. 방황하는 내 자녀들아, 이제 다시 한번 너희 마음을 다하여 너희 아버지인 내게로 돌아오라. 예전에는 내게서 멀리 떠나있었을지라도 이제는 그토록 차가웠던 너희 마음을 믿음과 사랑으로 따뜻하게 하라."고

---

268) 마태오 11:12.
269) 루가 18:2-6 참고.

호소하십시오.

207. 주님께 기도할 때, 영적인 것이건, 초자연적인 것이건, 혹은 물질적이거나 세상적인 것이건 간에 어떤 은총을 구할 때, 그대가 간구하는 것 혹은 더욱 일반적으로 말해서 그대에게 필요한 은총을, 하느님의 지혜와 자비에 따라서 얻을 수 있으려면, 마음속에 주님의 이 말씀을 담아두십시오. "구하라, 받을 것이다. 찾아라, 얻을 것이다. 문을 두드려라, 열릴 것이다. 누구든지 구하면 받고, 찾으면 얻고, 문을 두드리면 열릴 것이다. 너희 중에 아들이 빵을 달라는데 돌을 줄 사람이 어디 있으며 생선을 달라는데 뱀을 줄 사람이 어디 있겠느냐? 너희는 악하면서도 자기 자녀에게 좋은 것을 줄 줄 알거든 하물며 하늘에 계신 너희의 아버지께서야 구하는 사람에게 더 좋은 것을 주시지 않겠느냐?"[270]

208. 예배와 성사를 합당하게 거행한 후에 항상 간단한 기도로 주님께 마음 깊이 감사드리십시오. 주님을 섬길 수 있도록, 온 마음을 다해 믿음과 사랑과 뜻과 자애로운 몸짓으로 주님을 섬길 수 있도록 허락해 주신 것에 대해 감사드리십시오. 우리 주님, 창조주, 구세주를 섬기는 것은 우리 죄인들에게 가장 큰 은총이며, 가장 큰 호의이며, 우리를 통해 하느님으로부터 구원과 성화를 얻는 이들뿐만 아니라 우리 자신 안에서도 아주 훌륭한 열매를 맺는 은총입니다. 그것은 우리에게 평화와 생명과 기쁨을 가져다주기 때문입니다.

무익하고 악한 종인 우리들을 협력자로 선택해주신 하느님께 우리는

---

270) 마태오 7:7-11.

끊임없이 감사드려야 합니다. 사도 바울로의 말씀처럼 "우리는 하느님을 위해서 함께 일하는 일꾼들",[271] 그 거룩한 신비들의 봉사자들이고 관리자들입니다. "여러분은 우리를 그리스도의 일꾼으로 여기며 하느님의 심오한 진리를 맡은 관리인으로 생각해야 합니다."[272] 하지만 우리들 중 많은 사람들이 어떻게 합니까? 우리는 예배와 성사와 기도를 정성 없이 나태하고 경솔하고 급하게 거행합니다. 이 거룩한 일을 이 세상의 헛된 일들에 쫓겨 그저 빨리 끝내려는 마음으로 서둘러서 진행하곤 합니다. 이 얼마나 끔찍한 유혹이고 이 얼마나 큰 죄입니까! 하느님의 일을 소홀하게 대하는 이들에게 주시는 하느님의 두려운 경고를 기억합시다. "주님께서 시키신 일, 건성으로 하다가는 천벌을 받으리라."[273]

끔찍한 유혹이라고 말했습니다. 그렇습니다. 그것은 끔찍한 유혹입니다. 이 무지로 인해 우리는 성사와 예배의 기도문들에 들어있는 성령의 말씀을 소홀히 취급하기 때문입니다. 정성을 다해 주의를 집중하여 이 예식들을 거행한다면 우리에게 가장 그윽한 평화와 성령 안에서의 기쁨의 원천이 될, 심지어 육체의 건강의 원천이 될 것을 소홀히 취급하는 것이기 때문입니다. 믿음과 경외감과 하느님에 대한 두려움을 가지고 평화롭게 뜨거운 마음으로 읽는다면, 예식들과 성사들에 포함된 기도문들은 우리 영혼뿐만 아니라 우리의 몸을 살리고 강건하게 하고 치유하는 의심할 수 없는 놀라운 속성을 가지게 되기 때문입니다. 나는 이것을 경험해 보아 압니다.

크나큰 죄라고도 말했습니다. 성사들을 아무렇게나 거행함으로써 우

---

271) Ⅰ고린토 3:9.
272) Ⅱ고린토 4:1.
273) 예레미야 48:10.

리는 주님의 거룩한 신비들을 모욕하기 때문입니다. 예배와 성사들을 합당하게 주의 깊게 뜨거운 마음으로 거행하려면 어떻게 해야 할까요? 아버지와 아들과 성령 삼위일체로 경배 받으시는 우리 하느님께서 항상 우리와 함께 계시다는 것을 굳게 믿어야 합니다. 하느님께서는 항상 우리를 바라보고 계시며, 진정한 마음으로 간구하기만 한다면 언제나 이 거룩한 일에서 우리를 도울 준비가 되어 있으시다는 것을 확신해야 합니다. 믿음의 기도는 우리에게 절대적으로 필요합니다. 그것은 우리가 이 땅에서 사는 동안 호흡이 우리 몸에 필수적인 것과 똑같습니다. 믿음의 기도와 영혼의 관계는 호흡과 몸의 관계와 같습니다. 전능하신 하느님께서 우리와 함께 하신다는 것을 기억함으로써, 또 그 기억을 항상 우리의 생각 속에 실제적으로 간직함으로써, 또한 모든 세상적인 생각과 주저함과 근심과 집착들을 우리 마음에서 제거함으로써, 우리는 하느님의 이 거룩한 일을 합당하게 완수할 수 있습니다.

209. 세상의 모든 것을 지속될 수 없는 그림자처럼 여기십시오. 그대의 마음을 그 어느 것에도 매어 놓지 마십시오. 그 어떤 것도 중요하게 생각지 말 것이며 그 어떤 것에도 그대의 희망을 두지 마십시오. 불멸하시고 보이지 않으시며 지혜로 충만하시고 유일자이신 하느님께만 그대를 묶어 놓으십시오. "우리는 보이는 것에 눈길을 돌리지 않고 보이지 않는 것에 눈길을 돌립니다. 보이는 것은 잠시뿐이지만 보이지 않는 것은 영원하기 때문입니다."[274]

---

274) Ⅱ고린토 4:18.

210. 그대는 병들었습니다. 그대의 병은 고통스럽습니다. 그대는 낙담하고 절망합니다. 어두운 생각들로 가슴 뛰고 불안합니다. 그대의 마음과 입술은 하느님을 원망하고 모독하기 직전입니다. 내 형제여, 진실한 충고를 들어보십시오. 용기를 가지고 그대의 병을 지니십시오. 절망하지 말고, 할 수만 있다면 그것을 기뻐하십시오. 온 몸이 고문을 받듯 고통스러운데 무엇을 기뻐하겠냐고 물으시겠지요? 주님께서 그대의 영혼을 모든 죄로부터 정화하시기 위해 잠깐 동안의 형벌을 그대에게 보내신 것에 기뻐하십시오. "주님께서는 사랑하시는 자를 견책하시고 아들로 여기시는 자에게 매를 드십니다."[275] 건강할 때와는 달리 이제는 정념들을 만족시킬 수 없게 되었음에 기뻐하십시오. 그대가 질병의 십자가를 지게 되었음을 기뻐하고, 하늘나라로 인도하는 좁고 고통스러운 길을 걷게 되었음에 기뻐하십시오. 우리 눈에는, 질병들이 그저 고통스럽고 추하고 두려운 것으로만 보입니다. 질병을 얻었을 때 그로부터 영혼이 얻을 유익을 생각하는 사람은 정말 흔하지 않습니다. 하지만 하느님의 지극히 지혜롭고 자비로운 섭리 안에서는 단 하나의 질병도 우리 영혼에 무익한 것이 없습니다. 섭리의 손 안에서 질병들은 정념들과 악한 습관들과 경향들로부터 영혼을 치료하는 쓴 약과 같습니다. 우리에게 보내진 어떤 질병도 아무 효과 없이 되돌아가지는 않습니다. 그러므로 질병의 유익함을 놓치지 마십시오. 그러면 우리는 훨씬 쉽게 또 훨씬 침착하게 질병을 견디고 이겨낼 수 있을 것입니다. 성경은 우리에게 말합니다. "그리스도께서 육체의 고통을 받으셨으니 여러분도 같은 각오로 정신을 무장하십시오. 육체의 고통을 받은 사람은 이미 죄와는

---

275) 히브리 12:6.

인연이 없습니다."[276)]

211. 주님의 사랑은 어머니의 사랑보다 더욱 달콤합니다. 내 어머니는 나를 잉태했고 하느님의 결정에 따라 나를 세상에 낳으셨습니다. 그런 다음 나를 먹이고 쓰다듬고 안아주셨습니다. 내가 혼자 걷게 되자 이제 어머니는 나를 안아주지 않습니다. 더 이상 그 젖으로 나를 먹이지 않습니다. 반대로 주님은 항상 그 마음속에 나를 품어 주십니다. "내 살을 먹고 내 피를 마시는 사람은 내 안에서 살고 나도 그 안에서 산다."[277)] 주님은 항상 우리를 그 품에 안아 주십니다. "너는 나의 두 손바닥에 새겨져 있고 너 시온의 성벽은 항상 나의 눈앞에 있다."[278)] "그의 능력의 말씀으로 만물을 보존하시는 분이십니다."[279)] 주님은 나의 힘, 나의 평화, 나의 기쁨, 내 마음과 영의 빛이십니다. 주님은 어머니가 자식을 먹이듯이 땅의 온갖 산물들로 나를 먹이십니다. "그분은 나의 든든한 음식, 고갈되지 않는 나의 음료이십니다."[280)] 우리가 장성하면 부모는 우리를 떠나고 우리도 부모를 떠납니다. "그러므로 남자는 부모를 떠나 제 아내와 합하여 한 몸을 이루리라."[281)]라고 하신 말씀처럼 말입니다. 여기서 아내란 실제적인 의미에서의 아내이기도 하지만 은유적인 의미에서는 그리스도를 가리킵니다. 그리스도야말로 가장 고귀하고 거룩한 사랑이며, 여인의 부드러움보다 더욱 강한 사랑입니다. 반면 주님은 우리가 태어난 날로부터 죽을 때까지 우리를 결코 떠나지 않으십

---

276) I 베드로 4:1.
277) 요한 6:56.
278) 이사야 49:16.
279) 히브리 1:3.
280) 『지극히 온유하신 주 예수 그리스도께 바치는 기립찬양』 중에서.
281) 마태오 19:5.

니다. 우리는 어미 새가 새끼들을 보살피듯 끊임없이 우리를 보살피시는 주님의 "눈앞에"[282] 있습니다. 주님은 죽음의 순간에도 우리의 희망이십니다. 그분은 죽음 이후의 우리의 생명이십니다. 그분은 심판의 날에 우리의 위로이십니다. 그분은 우리를 당황케 하지 않으실 것이고, 하늘에 있는 그분의 왕국의 영원한 거처로 우리를 들이실 것입니다.

212. 그대의 일생동안, 모든 일이 순조로울 때나 병들었을 때나 혹은 죽음의 순간에, 세상의 헛된 일들로 인해 혹은 나약함의 무게에 짓눌려 혹은 죽음의 공포와 서늘한 그림자 앞에서 하느님에 대한 그대의 믿음이 약해지고 꺾일 때, 그대 마음의 눈을 들어 수많은 믿음의 조상들, 믿음의 족장들, 예언자들, 의인들, 주님을 팔에 안았던 시메온, 욥, 예언자 안나 같은 분들을 바라보십시오. 또 사도들과 주교들, 거룩한 교부들, 순교자들, 금욕가들, 모든 성인들을 보십시오. 그들이 지상 생애 동안 어떻게 하느님께 시선을 고정시키고 살았으며 또 죽음의 순간에 부활과 영원한 생명의 희망을 가지고 어떻게 죽음을 맞이했는지 보십시오. 그리고 그들을 본받기 위해 노력하십시오. 너무나도 많은 살아있는 이 모범들은 하느님과 영원한 생명에 대한 믿음이 흔들릴 때마다 모든 그리스도인들의 믿음을 굳세게 해줄 것입니다. 성인들을 공경하지 않고 그분들에게 중보의 기도를 요청하지 않는 이들은 그리스도교적 신심과 희망에 있어서 많은 것을 잃습니다. 그들의 믿음의 굳건한 지주들을 잃어버리게 됩니다.

---

[282] 이사야 49:16.

213. 양떼들의 아버지, 참된 목자였던 사제는 죽음 후에도 양들의 감사의 기억 속에 살아있을 것입니다. 사람들은 그를 칭송할 것입니다. 양떼들의 구원만을 생각하고 지상에서의 영광을 추구하지 않을수록 그의 영광은 죽은 다음에 더욱 찬란하게 빛날 것입니다. 죽은 다음에도 사람들은 그에 대해 말할 것입니다. 이것이 바로 공동의 선을 위해 일한 모든 사제들의 영광입니다.

214. 할 수 있는 한 생생하게 하느님 말씀의 권능과 숭고함을 상상하십시오. 하느님은 말씀하십니다. 그 말씀은 곧바로 수많은 다양한 존재들이 됩니다. 하느님은 말씀하십니다. "빛이 있으라." 그러자 곧 빛이 생겨났습니다. 또 말씀하십니다. "물 한가운데 창공이 생겨 물과 물 사이가 갈라져라!" 하느님은 이 말씀으로 창공을 창조하셨습니다. "하늘 아래 있는 물이 한 곳으로 모여, 마른 땅이 드러나라! … 하늘 창공에 빛나는 것들이 생겨 … 하늘 창공에서 땅을 환히 비추어라! … 바다에는 고기가 생겨 우글거리고 땅 위 하늘 창공 아래에는 새들이 생겨 날아다녀라!"[283] 쩌렁쩌렁 울리는 장교의 명령 소리가 군사들의 귀에 다다르고 그 의지대로 군사들을 움직여 여기저기에 배치하며, 이런 저런 활동들을 지시하여 그가 원하는 것과 계획을 실현하듯이, 모든 것이 하느님 말씀에 따라 이루어집니다. 수많은 피조물들을 생각해 보십시오. 하느님 말씀에 따라 땅에서 솟구쳐 우뚝 솟은 웅장한 산들을 상상해 보십시오. 대양으로 바다로 강으로 샘으로 물들이 모이면서 내는 거대한 물소리들을 상상해 보십시오. 공기가 어떻게 온 세상에 두루 퍼지게 되었

---

283) 창세기 1:3-20.

는지, 창조주 하느님의 단 한 말씀에 이루 헤아릴 수 없는 종류의 식물들이 어떻게 일순간에 나타나게 되었는지 상상해 보십시오. 행성들은 어떻게 나타났으며, 어떻게 쉬지 않고 그 궤도를 따라 운행하는지 생각해 보십시오. 물고기들, 새들, 파충류들이 어떻게 일순간에 나타나게 되었는지, 또 사람은 어떻게 생겨났는지 생각해 보십시오. 사람을 제외한 이 모든 것이 형체 없는 단 하나의 질료로부터 창조되었습니다. 더 정확하게 말하자면, 영혼도 형태도 없는 생명이 없는 네 가지 원소로부터 만들어졌습니다. 어찌 우리의 정신이 그것에 놀라지 않을 수 있겠습니까! "주여, 손수 만드신 것이 참으로 많사오나 어느 것 하나 오묘하지 않은 것이 없고 땅은 온통 당신 것으로 풍요합니다."[284] 이렇게 지금도 주님께서는 질료로부터 그분께서 보시기에 좋은 모든 것들을 이끌어내십니다. 하느님은 말씀하십니다. 그러면 그 말씀은 존재가 됩니다. 하느님은 빵과 포도주를 성만찬의 몸과 피로 바꾸십니다.

215. 기도하는 사람은 명심해야 합니다. 하느님께서 자기 아들도 아끼지 않으시고 우리 죄인들을 위해 내어주셨다면, 우리가 상상할 수 있는 그 무엇인들 주시지 않을 수 있겠는가 하는 사실을 말입니다.[285] 무한하게 탁월한 것을 우리에게 주셨다면, 그보다 못한 것은 말해 무엇 하겠습니까? 우리의 하느님 아버지께서는 그리스도 안에서 모든 복을 우리에게 주셨습니다. "그리스도께서는 당신이 가지신 하느님의 능력으로 우리에게 경건한 생활을 하는 데 필요한 모든 것을 주셨습니다."[286]

---

284) 시편 104:24.
285) 로마서 8:32.
286) Ⅱ베드로 1:3.

216. 하루 동안 오십 번 아니 백 번 죄를 지어 악마적인 낙담에 빠지고 하느님의 자비를 바랄 수조차 없다는 절망에 빠질 때, 그대 영혼 가장 깊은 곳에서부터 메타프라스토스(Metaphrastos)의 기도를 드리십시오.

"오, 주님이시여, 나의 불의함이 내 머리 훨씬 위에 있음을 내가 아옵니다. 하지만 당신의 선의는 끝이 없고 당신의 무한한 선하심의 자비는 표현할 수 없음을 또한 내가 아옵니다. 당신 사랑의 그 온유함을 능가할 죄는 아무것도 없사옵니다. 그러니 오 놀라우신 임금님, 오 지극히 선하신 주님이시여, 죄인인 내게 당신 자비를 보여주시고, 당신의 선하심의 권능을, 당신의 자애로움의 능력을 나타내소서. 당신께 되돌아가는 나를 받아주소서. 탕자와 강도와 죄 많은 여인을 받아주셨듯이 나를 받아주소서. 말과 행실로 고삐 풀린 정념과 내 어리석은 상상으로 당신에 대해 죄를 지었으나 나를 받아주소서. 하지만 오, 주님이시여, 당신의 의로운 분노 안에 나를 떠밀어 넣지 마소서. 당신의 준엄한 형벌로 나를 벌하지 마소서. 오, 주님이시여, 나를 불쌍히 여기소서. 나 비록 연약한 죄인이지만 언제나 당신의 피조물이나이다. 오, 주님이시여, 당신은 내 안에 당신에 대한 두려움을 두셨나이다. 하지만 나는 당신 눈에 악한 짓을 행하였나이다. 오, 주 나의 하느님이시여, 나는 당신께 내 희망을 두옵니다. 내게 아직도 조그만 구원의 희망이라도 있다면, 사랑으로 충만한 당신의 자비가 수많은 나의 범죄를 능가한다면, 당신이 내 구세주가 되어주소서. 당신의 선하심과 자비에 따라 나를 풀어주시고 구속해주시고 내 모든 죄를 용서해 주소서. 내 영혼은 불안으로 가득 차 있사옵니다. 나는 희망이 없사옵니다. 그러니 오 하느님이시여, 당신의 위대하신 선하심으로 나를 불쌍히 여기소서. 내 죄에 따라 나를 대하지 마소서. 나를 엄습하는 모든 악으로부터 그 모든 타락의 행실로부터 내 영혼을 돌이 키시고 지켜주시고 건져주소서. 죄가 많은 곳에 당신의 은총이 넘친다고 하였사오니, 당신의 자비로 나를 구원하소서. 나는 내 평생 끝없이 당신께 영광 돌리겠나이다. 당신은 참회하는 자의 하느님이시며, 죄인들의 구세주이시기 때문이나이다."[287]

217. 물질적인 문제를 가지고 누군가에게 화를 내는 것은 그 물질을 그대의 형제보다 더욱 높이 치는 것입니다. 하지만 사람보다 더 고귀한 것이 어디 있습니까? 땅 위에 그 어떤 것도 사람보다 고귀하진 않습니다.

218. 기도할 때 자기 자신보다는 남을 위해 더 많이 기도하도록 노력하십시오. 기도하는 동안 단 하나의 몸처럼 그대와 연합되어 있는 사람들을 생생하게 기억하십시오. 특별히 그 각 사람을 그리스도의 몸의 지체, 그대 자신의 지체로 생각하십시오. "우리는 서로 한 몸의 지체들"[288] 이기 때문입니다. 그대 자신을 위해서 기도하는 것처럼 동일한 진실함으로 동일한 간절함으로 모든 이들을 위해 기도하십시오. 그들의 고통과 비참을 그대 자신의 것으로 여기십시오. 그들의 시련과 고난과 수많은 고통들을 그대 자신의 것으로 받아들이십시오. 그러한 기도는 하늘에 계신 우리 아버지, 우리 모두의 아버지, 지극히 선하신 아버지로부터 큰 호의를 입을 것입니다. "하느님께서는 모든 인간을 차별 없이 대하시고",[289] "변함도 없으시고 우리를 외면하심으로써 그늘 속에 버려

---

287) 성 시메온 메타프라스토스의 영성체 준비를 위한 네 번째 기도문.
288) 에페소 4:25.
289) 로마서 2:11.

두시는 일도 없으십니다."²⁹⁰⁾ 그 무한하신 사랑으로 온 피조물을 감싸 안으시고 보호하십니다.

219. 그대의 한평생이 하느님에 대한 섬김이 되도록 노력하십시오. 그대가 집에서 거룩한 독서를 할 때는, 먼저 하느님께서 그대를 가르쳐 주시고 믿음과 신심 안에서 그대가 해야 할 일들에 대한 주의 깊은 지식으로 그대를 밝혀주시도록 간단하면서도 간절하게 기도하고 시작하십시오. 시간을 때우기 위해서 건성으로 읽지 마십시오. 무료함 달래기, 으스대기, 재밋거리로 읽는다면, 온전히 우리의 구원을 위해 주신 그 말씀을 하찮은 것으로 만들어 버릴지도 모릅니다. 이웃에게 말을 할 때는 깨우쳐주고 세워주기 위해 합리적이고 신중하게 말하십시오. 한가한 잡담은 독으로 여기고 피하십시오. "심판 날이 오면 자기가 지껄인 터무니없는 말을 낱낱이 해명해야 될 것이다."²⁹¹⁾라고 하신 말씀을 늘 기억하십시오. 그대의 자녀들이나 다른 사람의 자녀들을 가르칠 때는, 이 일을 하느님에 대한 섬김이라고 여기십시오. 그래서 아이들을 지극 정성으로 가르치고, 가르치고자 하는 것을 분명하고 이해하기 쉽고 가능한 한 완벽하고 결실을 맺을 수 있는 것이 되게 하려면 어떻게 해야 할지 늘 궁리하십시오. 그대를 불안과 어둠과 근심과 낙담으로 몰아넣으려 애쓰는 원수 악마의 함정을 주님의 이름으로 십자성호로 무력화시키고 승리하십시오. 먹거나 마시거나 무엇을 하든지, 모든 일을 하느님의 영광을 위해서 하십시오.²⁹²⁾

---

290) 야고보 1:17.
291) 마태오 12:36.
292) I 고린토 10:31 참고.

220. 모든 말 속에는 하느님이신 말씀이 지극한 단순함으로 존재합니다. 그러니 아버지와 성령과 하나로 존재하시는 하느님이신 말씀을 슬프게 하지 않으려면 우리는 정말 지극히 경계하며 또 겸손하고 신중하게 말해야 하겠습니다.

221. 나의 하느님이시여, 사랑과 따뜻한 공감은 우리 마음을 행복하게 합니다! 나에 대한 이웃들의 사랑과 또 이웃들에 대한 나의 사랑으로 관통된 내 마음의 지극한 복을 감히 누가 묘사할 수 있겠습니까? 그것은 표현 불가능합니다! 이 땅에서 서로간의 사랑이 이토록 우리를 충만케 하는데, 하늘에서 하느님과 성모님과 모든 천상의 권세들과 하느님의 성인들과 함께 살 때 우리를 충만케 할 사랑의 달콤함은 또 어떻겠습니까? 누가 과연 이 지복을 상상하고 묘사할 수 있겠습니까? 천상의 사랑이라는 형언할 수 없는 지복을 얻을 수 있다면 이 땅에서 희생하지 못할 것이 무엇이겠습니까? 하느님, 당신의 이름은 사랑이십니다! 내게 죽음보다 더욱 강한 참된 사랑을 가르쳐 주소서. 나는 당신의 놀라우신 자애를 경험했나이다. 믿음으로 당신과 연합되었나이다. 당신의 충실한 종들과 하나가 되었나이다. 나는 이 거룩한 친교 안에서 충만한 평화와 생명을 얻었나이다. 오, 하느님이시여, 당신께서 내 안에 창조하신 것을 강건하게 하소서. 오, 내 평생 이렇게만 살 수 있다면 얼마나 좋을까요! 당신의 충실한 종들과 당신의 교회와 당신의 지체들과 믿음과 사랑 안에서 더욱 자주 친교를 나눌 수 있도록 해주소서.

222. 사람들을 섬기기 위해 하늘에서 내려오신 나의 지극히 자애로우신 구세주시여, 당신은 성전에서 진리의 말씀을 선포하시는 것에 만

족하지 않으시고, 도시들과 마을들을 두루 찾아다니셨습니다. 당신은 그 누구도 피하지 않으셨고, 모든 사람의 집을 방문하셨습니다. 특별히 당신의 거룩한 눈길로 미리 뜨거운 참회를 하게 될 것을 알아보신 사람들 집에 들어가셨습니다. 당신은 집에 가만히 앉아 있지 않으셨고 모든 사람들과 사랑의 관계를 맺으셨습니다. 우리도 당신 백성과 사랑의 관계를 맺을 수 있게 해주소서. 사제인 우리들도 대부분의 날들을 양떼들을 멀리 두고 마치 구중궁궐이나 감옥에 갇혀 있는 사람처럼 집에 한가하게 머물면서, 가끔씩 그것도 순전히 의무감으로 그저 습관처럼 암기하고 있는 기도문을 가지고 예식을 집전하기 위해 교회에 가거나 신자들의 가정을 방문하는 그런 사람이 되지 않게 하소서. 신자들과 대화하기 위해 우리의 입술이 믿음과 사랑 안에서 기꺼이 움직이게 하소서. 우리의 영적 자녀들에 대한 그리스도교적 사랑이 생기 있고 자유롭고 아버지의 사랑으로 가득 찬 대화를 통해 더욱 확장되고 강력해지게 하소서. 오, 주님이시여, 무한한 사랑이시여, 영적 아버지가 사랑으로 충만하여 영적 자녀들과 영적인 대화를 나눌 때 당신께서는 지극한 달콤함과 지극한 지복을 결코 숨겨놓지 않으십니다! 과연 어떻게 이 땅에서 온 힘을 다해 이 지복을 염원하지 않을 수 있겠습니까? 하지만 그것은 영원한 사랑으로 충만할 천상의 지복을 향한 희미한 시작이요, 희미한 반영일 뿐입니다. 물질적인 혹은 영적인 복 안에서 특별히 서로 친교하기를 즐겨하십시오. "좋은 일을 하고 서로 사귀고 돕는 일을 게을리하지 마십시오."[293]

---

293) 히브리 13:16.

223. 지성은 우리의 생명인 마음에 봉사하기 위한 것임을 기억하십시오. 지성이 마음을 진리와 평화와 기쁨과 생명으로 인도한다면, 지성은 그 역할을 다하게 되고 진리가 됩니다. 하지만 그것이 마음을 의심과 불안과 슬픔과 절망과 어둠으로 인도한다면 지성은 자기 역할을 다하지 못한 것이 되고 온통 거짓이 되고 학문이라는 이름에 합당하지 못한 것이 됩니다. 어떤 진리에 대한 믿음이 마음을 평화롭고 기쁘고 만족스럽게 만들어준다면, 그것으로 충분합니다. 이성에게 이 진리를 증명해보라고 요구할 필요가 없습니다. 그것은 분명 참되고, 마음이 그것을 실존적으로 확증해줍니다. 모든 탐구의 궁극적 목표는 진리이며 생명이기 때문입니다.

224. 사랑의 감정으로 자기 온 마음을 주는 사람이야말로 사랑을 실천하는 자입니다. 모든 사람에게 머리나 책의 지식으로만이 아니라 마음으로 말하는 사람, 모든 사람에게 진실하고 따뜻한 공경을 표하는 사람, 하느님의 말씀을 선포하고 위선 없는 순결한 마음으로 하느님을 섬기는 사람, 이웃과의 관계에서 장애가 될 수 있는 것은 그 무엇이든 멸시하고 오직 사랑으로 모든 사람을 마음에 품고 껴안아 주는 사람. 이런 사람이야말로 진정 자비로운 사람입니다.

225. 사제에게 고백성사는 자기희생의 학교입니다. 종종 신자들은 고백성사에서 참을성 없음, 화냄, 게으름, 나태함, 부주의함을 보입니다! 그것은 참으로 신자들에 대한 사제의 사랑을 가늠하는 시금석입니다. 사제는 어떤 경우에도 게으름과 안락함 속에서 살아서는 안 됩니다. 특별히 사제는 수면과 음식과 음료 문제에 있어서 만족을 추구해서

는 안 됩니다. 그렇지 않으면 악마가 이런 저런 정념으로 그의 마음을 공격할 것이고 그를 근심과 낙담 속에 처박아 버릴 것입니다. 절대적으로 육체를 십자가에 못 박아야 합니다. 그렇습니다. 십자가에 못 박아야 합니다.

사제에게 고백성사는 영적 자녀들을 향한 사랑의 수고입니다. 그 누구도 예외를 두어서는 안 됩니다.[294] 인내하고 같이 아파하는 연민의 마음이 있어야 합니다. "사랑은 자랑하지 않습니다. 사랑은 교만하지 않습니다. 사랑은 무례하지 않습니다. 사랑은 사욕을 품지 않습니다. 사랑은 성을 내지 않습니다. 사랑은 앙심을 품지 않습니다. 사랑은 불의를 보고 기뻐하지 아니하고 진리를 보고 기뻐합니다. 사랑은 모든 것을 덮어주고 모든 것을 믿고 모든 것을 바라고 모든 것을 견디어냅니다. 사랑은 가실 줄을 모릅니다."[295] 이렇게 우리는 그가 참된 목자인지 삯꾼인지,[296] 아버지인지 낯선 사람인지, 그가 사욕을 추구하는지 아니면 예수 그리스도를 추구하는지 알 수 있습니다. 사제 자신뿐만 아니라 영적 자녀들도 이를 판단할 수 있습니다. 나의 하느님이시여, 사람들의 고백성사를 들어주는 것이 얼마나 힘든 일입니까! 합당하게 고백성사를 베풀지 않을 때 하느님 앞에 얼마나 큰 죄를 범하는 것입니까! 말은 연약할 뿐입니다! 원수 악마는 우리의 길에 장애를 놓습니다! 말씀의 원천이 내 마음에서 고갈됩니다! 내 혀와 지성은 우리를 너무도 쉽게 배반합니다!

오, 고백성사는 정말로 많은 준비를 요구합니다! 이 엄청난 과업을

---

294) 로마서 2:11.
295) I 고린토 13:4-8.
296) 요한 10:12-13.

성공적으로 완수하기 위해서는 정말 철저하게 기도해야 합니다! 우리는 영적 자녀들에게서 너무도 많은 무지를 발견합니다! 평화롭고 부드럽게 밤낮으로 그들과 함께 해야 하고 인내심으로 한 사람 한 사람을 가르쳐야 합니다. 고백하는 신자의 무지, 그들의 냉담함, 그들의 수많은 죄들을 생각해야 할 뿐만 아니라 동시에 자기 자신의 죄와 나약함도 의식하고 있어야 하며, 자비심도, 하느님의 영광과 이웃과 자기 자신의 구원에 대한 열정도, 충만하지 못한 자기 자신의 마음도 느끼고 있어야 합니다. 이것은 사제에게 너무나도 큰 십자가입니다! 고백성사 중에 악마가 우리에게 지우는 십자가는 또 얼마나 많습니까! 악마는 사랑의 일을, 아버지와 자녀들의 대화를, 마치 노예에게 대가를 요구하듯 고약한 마음씨를 가진 삯꾼의 일로 만들어 버립니다!

226. 말 속에서 우리는 삼위일체 하느님의 형상을 가집니다. 말 속에는 생각과 말과 영이 동시에 들어있기 때문입니다. 우리가 참으로 마음을 다해 기도할 때, 우리는 성령 안에서 기도함을 느낍니다. 기도 말들은 따뜻한 온기에 젖습니다! 하지만 어떤 때는 우리가 성령이 아니라 거짓의 영 안에서 기도함을 느끼기도 합니다. 입술은 이것을 말하지만 마음은 다른 것에 가 있습니다. 때론 정반대의 것을 향하고 있기도 합니다. 예를 들어 우리는 우리 자신의 모습을 있는 그대로 인정하지 못한 채, 불신의 영, 조급함의 영, 누군가에 대한 원망, 교만과 자족의 영 안에서 기도하기도 한다는 말입니다.

227. 나는 죽음과 죽음의 권세를 지닌 악마에 대한 승리의 상징으로 손에 깃발을 들고 부활하시는 생명의 수여자 그리스도의 이콘(성화)을

즐겨 봅니다. "죽음아, 네 승리는 어디 갔느냐? 죽음아, 네 독침은 어디 있느냐?"[297] 얼마나 영광스러운 승리자이십니까! 그분은 참으로 잔인하고 사나운 원수를 짓밟으셨습니다! 수천 년 전부터 승리감에 도취해 자고하던 원수였습니다. "죽음의 정복자, 당신께 우리는 외치나이다. 하늘 높은 곳에서는 호산나! 주님의 이름으로 오시는 이여, 찬미 받으소서!"[298] "우리를 위해 지옥으로 내려가셔서 당신과 함께 모든 이들을 부활시키신 그리스도 생명의 수여자, 당신께 우리 모두 영광 돌리나이다."[299] "그리스도시여, 당신은 무덤에서 일어나실 때, 당신과 함께 아담의 모든 후손들을 일으키셨나이다."[300]

228. "심판 날이 오면 자기가 지껄인 터무니없는 말을 낱낱이 해명해야 될 것이다."[301] 남을 죄짓게 하는 말이나 비열한 말뿐만 아니라 모든 헛된 말에 대해서도 정죄와 형벌이 그대를 기다리고 있음을 볼 수 있습니다. 창조의 능력을 지니신 말씀이신 우리 주님께 헛된 말은 있지도, 있을 수도 없기 때문입니다. 주님의 말씀은 "그 뜻을 성취하지 아니하고는 그냥 되돌아오지 않습니다."[302] "하느님께서 하시는 일은 안 되는 것이 없습니다."[303] 우리는 하느님의 형상에 따라 창조되었기 때문에, 우리의 말들 또한 절대 헛되게 무익하게 내뱉어져서는 안 됩니다. 우리의 말 한 마디 한 마디는 영적이고 창조적인 능력을 가져야 합니다. "여

---

297) I 고린토 15:55.
298) 예수 그리스도의 예루살렘 입성 축일(성지주일) 찬양송.
299) 토마 주일 조과 영광송.
300) 부활주일 카논 중에서.
301) 마태오 12:36.
302) 이사야 55:11.
303) 루가 1:37.

러분은 언제나 친절하게 은혜로운 말을 해야 합니다."[304] 그러므로 기도에서나 대화에서나 헛된 말을 하지 않도록 조심하십시오.

229. 주님의 지체들을 멸시하고 그들에게 자비롭지 않다면 어떻게 그대가 믿음과 사랑으로 합당하게 그리스도의 거룩한 몸을 받을 수 있겠습니까? 모든 그리스도인들, 특별히 가장 가난한 이들은, 그리스도의 지체들입니다. 그리스도의 지체들을 사랑하십시오. 그들을 선대하십시오. 주님께서 그대에게 더욱 훌륭하게 되돌려주실 것입니다. 구세주께서 거룩한 성만찬 친교에서 우리에게 주신 지극히 순결한 성체와 성혈의 선물보다 더 큰 보상이 있을 수 있겠습니까?

230. 선한 마음으로 의심도 의문도 옹졸한 생각도 갖지 말고 가난한 이들에게 사랑을 베푸십시오. 가난한 사람에게 선을 행함으로써 그대는 그리스도에게 선을 행한 것임을 기억하십시오. "너희가 여기 있는 형제 중에 가장 보잘것없는 사람 하나에게 해준 것이 바로 나에게 해준 것이다."[305]라고 주님께서 직접 말씀하셨습니다. 사람이 하느님의 자녀임을 고려한다면, 그대의 사랑은 아무 것도 아님을 아십시오. 그대의 자선은 흙먼지 같이 미미한 것임을 아십시오. 모든 물질적 자선에는 이웃에 대한 정감, 친밀감, 형제애, 애착 등 영적인 사랑이 동반되어야 함을 아십시오. 그대가 어떤 사람에게 선행을 베풀 때는 그 사람이 그것을 느끼지 못하도록 하십시오. 선행을 베푼다고 우쭐대지 마십시오. "희사하는 사람은 순수한 마음으로 해야 하고 … 자선을 베푸는 사람은

---

304) 골로사이 4:6.
305) 마태오 25:40.

기쁜 마음으로 해야 합니다."[306] 그대의 물질적 자선이 영적인 사랑의 결여 때문에 가치 없는 것이 되지 않도록 조심하십시오. 심판의 날에 주님께서는 그대의 선한 행실도 검증하실 것임을 분명히 아십시오. 하늘과 땅을 사람에게 주셨음을 기억하십시오. "썩지 않고 더러워지지 않고, 시들지도 않는 분깃을 하늘에 마련해 두셨기"[307] 때문입니다. 하느님 아버지께서는 "우리 모든 사람을 위하여 당신의 아들까지 아낌없이 죽음에 내어주셨습니다."[308] 악마는 온갖 궤변으로 우리로 하여금 선을 행할 수 없도록 방해합니다!

231. 사랑이신 하느님은 변함이 없으십니다. 우리 또한 우리의 사랑 안에서 변함없고 지속적이어야 합니다. "사랑은 결코 가실 줄 모릅니다."[309] 적의와 증오와 무관심과 혐오의 감정은 악마에게서 오는 것입니다.

232. 그대는 하느님의 집에서 삽니다. 이 놀라운 하느님의 세상에서 말입니다. 자연이 이토록 너그럽게 공급해주는 하느님의 선하심과 넓으심의 선물들을 누리면서 말입니다. 그대는 하느님의 집에서 삽니다. 교회에서, 구원받은 이들과 동행하면서 살아갑니다. 그대의 구원을 위해 존재하는 은총의 모든 선물들을 누리면서 말입니다. 그러므로 그대는 흠 없는 신뢰로 그대의 형제들에게 할 수 있는 한 최선을 다해 관대하게 대해야 합니다. 은혜도 모르고 악의로 가득 찬 사람에게도 동일하

---

306) 로마서 12:8.
307) I 베드로 1:4.
308) 로마서 8:32.
309) I 고린토 13:8.

게 선을 행하십시오. 그러면 그대는 지극히 높으신 분의 아들이 될 것입니다.[310] 그대의 집을 찾는 모든 사람을 기꺼이 환대하십시오. 그대 또한 하느님 집인 이 우주에서, 그대에게 영원한 생명을 준비해주는 하느님의 영적인 집인 교회에서 자유롭게 살고 있기 때문입니다. 기쁘게 주십시오. 다른 이들이 그대의 식탁에 거리낌 없이 함께 자리할 수 있도록 하십시오. 그대 또한 매일같이 지극히 순결한 주님의 거룩한 몸과 피를 나누는 식탁에 참여함을 잊지 마십시오.

233. 이 세상의 신문과 잡지들을 읽을 때, 그대는 그로부터 시민으로서 그리스도인으로서 또 한 가정의 구성원으로서 살아가는 데 필요한 유익을 취합니다. 그렇다면 그대가 복음서와 성 교부들의 저작들을 읽는 것은 얼마나 더 중요하겠습니까? 그리스도인이 세속적인 글들은 읽으면서도 거룩한 영감으로 가득 찬 저술들을 읽지 않는다면 그것은 큰 죄가 될 것입니다. 바깥세상 돌아가는 모습에 관심을 가질 때, 그대의 내적인 세계에 대한 관심도 결코 놓쳐서는 안 됩니다. 그것은 그대에게 더욱 가깝고 고귀한 것이기 때문입니다. 세속적인 글들만 읽는 것은 영혼의 전부가 아니라 한 부분만으로 살아가는 것입니다. 혹은 영에 따라 사는 것이 아니라 육에 따라 사는 것입니다. 세상 모든 것은 세상 그 자체와 함께 결국 그 종말에 이르게 될 것입니다. "세상도 가고 세상의 정욕도 다 지나가지만 하느님의 뜻대로 사는 사람은 영원히 살 것입니다."[311]

---

310) 루가 6:35 참고.
311) I요한 2:17.

234. "나는 하나의, 거룩하고, 보편되고, 사도적인 교회를 믿습니다." 그대는 정말 모든 정교회 그리스도인들이 단 하나의 동일한 몸의 지체임을, 그러므로 우리 모두는 "성령께서 평화의 줄로 묶어 하나가 되게 하여주신 것을 그대로 보존"해야 함을, 그래서 서로를 보살펴주고 도와주어야 함을 믿습니까? 그대는 성인들 또한 유일하신 그리스도의 몸인 교회의 지체임을, 그분들이 하느님 곁에서 우리를 위해 중보해주시는 우리의 형제임을 믿습니까? 그대는 그리스도인 각각을 그리스도의 한 지체요, 그 본성에 있어 그대의 형제로 존중합니까? 그대는 각자를 그대 자신처럼, 내 살이요 내 피라 생각하며 사랑합니까? 그대는 그대에게 잘못한 이들을 관대하게 용서해 줍니까? 그대는 뭔가 필요를 가진 사람들에게 그대가 가진 것을 줌으로써 도와줍니까? 그대는 무지한 형제들을 깨우쳐주고 가르쳐 줍니까? 그대는 죄인을 그 악한 길에서 벗어나게 해줍니까? 그대는 슬픔에 빠진 이들을 위로해 줍니까? 거룩하고 보편적이며 사도적인 교회를 믿는 믿음은 우리에게 이 모든 것을 행하도록 촉구하고 의무로 여기게 만듭니다. 교회의 머리되시는 우리 주 예수 그리스도께서는 이 모든 선행에 대해 큰 상을 약속하셨습니다.

235. 거룩한 성만찬 예배는 참으로 지상에서 펼쳐지는 하늘의 예배입니다. 그 안에서 하느님은 봉헌하고 또 봉헌되는 보이지 않는 집전자로서 특별하고도 즉각적이며 가장 가깝게 현존하시고 우리와 함께 머무십니다. 이 땅에서 성만찬 예배보다 더 거룩하고, 더 숭고하고, 더 위대하고, 더 장엄하고, 더 생명을 주는 것은 아무 것도 없습니다. 교회는 이 순간 땅에 임한 하늘이 됩니다. 예배의 모든 공동 집전자들은 그리스도 자신과 천사들, 세라핌, 헤루빔과 사도들과 모든 성인들을 표상합

니다. 성만찬 예배는 인간에 대한 하느님의 사랑과 온 세상, 특별히 각 지체들의 구원을 위한 하느님의 사려 깊으심을 반복적으로 드러내는 장엄입니다. 그것은 어린양의 혼인잔치, 임금의 아드님의 혼인잔치이며, 여기서 각 신자의 영혼은 하느님 아들의 신부입니다.[312] 성령께서 그분께 신부를 인도합니다. 그러니, 혼인 예복이 아니라 정념으로 얼룩진 옷을 입어서 혼인 식장에 들어가지 못하고 손발이 묶인 채 어둠속에 던져지는 사람들 속에 끼지 않으려면,[313] 성만찬 예배에 참석하기 위해 우리는 참으로 우리 영혼을 준비하고 정화하고 고양시켜야 합니다.

하지만 오늘날 불행하게도 많은 사람들이 성만찬 예배에 참여해야 할 필요를 느끼지 못합니다. 또 다른 이들은 단지 습관적으로 예배에 참석하곤 합니다. 그들은 마음을 높이 들어 올리지도 정화시키지도 못하고 그저 예배에 참석하기 전과 동일한 상태로 예배를 끝마치고 나옵니다. 또 어떤 이들은 성당에서 아무렇게나 서있기도 하고, 주의를 기울이지도 않으며, 집에서 묵상과 절제를 통해 미리 예배를 준비하지도 않습니다. 주님께서 시나이 산에 내려오셨을 때, 히브리 백성에게 미리 스스로를 정화함으로써 준비하도록 명령하셨습니다.[314] 거룩한 성만찬 예배에서 우리는, 시나이 산에 하느님께서 내려오신 것보다 훨씬 더 위대한 하느님 임재를 경험합니다. 여기서 우리는 율법을 주신 하느님의 얼굴을 마주봅니다. 주님께서 모세에게 불타는 가시나무 속에 나타나셨을 때, 모세에게 신발을 벗으라고 명령하셨습니다.[315] 하지만 성만찬 예배에서는 호렙산의 그것보다 더욱 탁월하고 위대한 하느님 현현이

---

312) 묵시록 19:7 참고.
313) 마태오 22:11-13 참고.
314) 출애굽기 19:10-14 참고.
315) 출애굽기 3:5 참고.

있습니다. 호렙에서는 단지 형상만 있었지만, 성만찬에는 실재가 있습니다.

그런데 우리는 얼마나 땅에 속한 것들에 매여 있습니까! 우리는 단 한 시간도 온전히 하느님께 바치기를 원치 않습니다! 신성한 천상의 성만찬 예배에서조차 우리는 지상의 것들에 대해 생각하고 상상합니다.

때로는 황당하게도 불경한 상상들에 빠져있기도 합니다. 간절함으로 기도해야 하고, 이 신비를 집중하여 묵상하고, 우리 죄를 참회하고, 정화되고 성화되고 조명되고 그리스도교적 삶과 그리스도의 계명을 지킴에 있어서 더욱 강건해지길 열망해야 함에도 불구하고 말입니다. 또 살아있는 이들과 죽은 이들을 위해 간절히 기도해야 함에도 불구하고 말입니다. 성만찬 예배는 위로와 감사와 찬양과 중보의 희생제사이기 때문입니다. 오, 성만찬 예배의 위대함이여! 우리는 성만찬 예배에서 어떤 위인의 생애가 아니라 우리를 위해 고난당하시고 죽으시고 부활하시고 승천하시고 온 세상을 심판하기 위해 다시 오실 육신을 취하신 하느님의 생애를 기억합니다.

236. 학문 중의 학문은 바로 우리 안에 살고 있는 죄를, 혹은 우리 안에서 활동하는 정념들을 정복하는 것입니다. 그것은 누구에게라도 어떤 일에 대해서라도 화를 내지 않는, 우리에게 해를 끼친 사람이라 할지라도 악한 생각을 품지 않는, 오히려 그를 이해해 주는 위대한 지혜입니다. 이익과 부를 멸시하고, 먹고 마심에 있어서 끊임없이 절제함으로써 사심을 버리고 단순함을 사랑하는 지혜입니다. 누구에게도 아첨하지 않고, 누군가의 아름다운 미모에 현혹되지 않으며, 예쁘거나 추하거나 모든 사람 안에 있는 하느님 형상의 아름다움을 존중하는 지혜입

니다. 원수를 사랑하고 말이나 생각이나 행동으로 자기를 내세우지 않는 지혜입니다. 또한 그것은 자기 자신을 위해서 보물을 쌓아두지 않고 "축나지 않는 재물 창고를 하늘에 마련하기 위해"[316] 가난한 이들에게 나누어주는 지혜입니다.

하지만, 우리는 거의 모든 학문을 배우고 익혔지만 정작 죄를 피하는 법은 배우지 못했습니다. 종종 우리는 이 분야에서 완벽하게 무지를 드러내곤 합니다. 그런 의미에서 우리의 유일한 스승이신 그리스도의 참된 제자들인 성인들이야말로 참된 지혜자요, 참된 학자들입니다. 반대로 배웠다는 우리들은 정말로 무지하기 짝이 없습니다. 배우면 배울수록 우리의 무지는 커져만 갑니다. 정말 필요한 것은 알지 못하고 행하지 않기 때문입니다.

237. 예배나 위대하고 신성한 성사들을 집전할 때 악마의 함정에 걸려들지 않기 위해서, 하느님에 대한 사랑뿐만 아니라 죄로 인해 멸망에 이르렀지만 성령 안에서 그리스도의 은총으로 구원받은 형제들에 대한 순결한 사랑으로 항상 불타오르기 위해서, 사제는 세속적인 일에 무관심해야 합니다. 하지만 우리는 얼마나 죄에 익숙해져 있습니까! 우리를 세상에 묶어 매는 끈은 또 얼마나 강합니까! 우리는 너무 세상에 익숙해져 성사들을 집전할 때조차 세상적인 관심사와 집착들을 완전히 내려놓지 못합니다. 그래서 악마는 우리를 흔들어대고, 어둡게 하고, 우리의 영을 다른 방향으로 이끌고, 우리 마음을 옴짝달싹 못하게 묶어 놓고 마침내 우리를 포로로 만들어 버립니다. 정말 그렇게 되었습니다!

---

[316] 루가 12:33.

그러니 사제는 고귀한 생각, 영혼과 몸의 순결함, 만물의 창조주이신 하느님과 구세주와 모든 사람들에 대한 뜨거운 사랑을 통해 천사와 같이 되어야 합니다.

238. 나는 성당의 성화들을 봅니다. 나의 주님이시여, 당신의 거룩한 성화, 당신의 지극히 순결하신 어머니의 성화, 거룩한 천사와 대천사의 성화, 성인들의 성화, 금빛 은빛으로 장식되고 빛나는 성화들을 봅니다. 오, 창조주이시며 섭리자시여, 나는 당신께서 우리의 본성을 장식하고 영예롭게 하신 방법에 대해 생각합니다. 성인들은 당신의 빛으로 찬란하게 빛납니다. 그들은 당신의 은총으로 성화되었습니다. 죄를 정복했고 몸과 영의 불결함을 다 지워버렸습니다. 그들은 당신의 영광으로 영광 받습니다. 그들은 당신의 불멸함으로 불멸하게 되었습니다. 이렇게 우리의 본성을 영예롭게 하시고 조명하시고 높이신 당신께 영광 돌립니다! 아버지께서 보내신 분이시여, 우리의 대제사장이시며, 목자들의 수장되시는 그리스도시여, 당신의 사도들, 주교들, 당신의 살아있는 형상들, 하늘을 가로지른 이들을 보십시오. 그들에게서 당신의 선하심과 지혜와 권능과 영적 아름다움과 힘과 거룩함이 빛납니다. 당신의 순교자들을 보십시오. 당신의 힘으로 그들은 끔찍한 시련들을 견뎌냈고, 무시무시한 형벌들을 이겨냈습니다. 그들은 당신의 피로 그들의 영혼의 의복을 정화했습니다.[317] 금식과 철야와 기도로 당신으로부터 놀라운 은사들, 치유와 분별의 은사들을 받은 금욕 수도자들을 보십시오. 당신의 힘은 그들로 하여금 죄와 악마의 함정들을 짓밟을 힘을 주셨나이다. 당신의 모본이 그들 안에서 태양처럼 빛납니다.

---

317) 묵시록 7:14 참고.

239. 성당의 구조와 질서를 통해, 성화들을 통해, 거룩한 예배와 성경 봉독과 찬양과 각종 예식을 통해, 구약과 신약과 교회의 모든 역사를 통해, 구원에 대한 하느님의 모든 경륜과 계획이 마치 한 편의 파노라마처럼 형상들을 통해 상징적으로 표상됩니다. 우리 정교회의 거룩한 성만찬 예배의 광경은 그것을 이해하고 그 본질과 정신과 의미를 꿰뚫고 있는 이들에게는 참으로 장엄합니다!

240. 감각적인 조건과 현실 속에 있는 인간 본성에게 형상과 상징은 반드시 필요합니다. 그것들은 눈으로 봄을 통해 영적인 세계에 속하는 것들을, 형상과 상징 없이는 알 수 없는 것들을 이해하게 합니다. 그렇기 때문에 위대한 스승이시고 만물을 창조하신 창조주시며 하느님의 아들이신 우리 주 예수 그리스도께서는 자주 형상과 비유들을 통해 우리를 가르쳐 주신 것입니다. 그래서 우리는 우리 정교회 성당에서 많은 것을 형상이라는 수단을 통해 보는 데 익숙합니다. 예를 들어 주님뿐만 아니라 지극히 순결하신 성모님, 천사들과 성인들을 성화 위에 표상합니다. 주님과 성인들의 생각과 말씀과 행동을 우리의 삶과 생각과 말과 행동들이 본받을 수 있도록 말입니다. 십자성호를 자주 긋는 것, 향과 초와 등잔을 사용하는 것, 행렬, 무릎 꿇기, 고개 숙이기, 온 몸을 엎드려 절하기(죄로 인해 우리가 깊이 추락했음을 상징적으로 보여줍니다) 등이 모두 다양한 영적 실제와 상태들을 일깨워 주기 위한 것입니다.

형상은 인간 영혼에, 영혼의 창조적이고 기본적인 능력들에 깊은 영향을 줍니다. 예를 들어 사람들은 흔히, 아기를 낳기 전에 아이 어머니가 남편의 얼굴과 사진을 자주 쳐다보면 아이는 훨씬 더 그 아버지를 닮게 된다고 말합니다. 또 예쁜 아기의 사진을 자주 쳐다보면 아주 예쁜 아기를 낳을 수 있다고 말합니다. 마찬가지로 그리스도인이 사랑과 신심을 가지고 우리 주 예수 그리스도의 형상, 순결하신 성모님과 성인들의 형상들을 자주 보면 볼수록, 그 영혼은 애정 어린 시선으로 바라본 얼굴의 영적 특징들, 온유함, 겸손함, 자비심, 절제 등을 얻게 될 것입니다. 만약 주님과 성인들의 생애와 관련된 성화들을 자주 관상한다면, 우리는 분명 변하게 될 것이고, 오르고 또 올라 하느님을 뵙게 될 것입니다.[318]

또한 성당이나 집에서 사용하는 향은 은유적으로 덕의 향내를 기억하게 해줍니다. 그것은 죄의 고약하고 역겨운 냄새와 대조되고, 내적인 감각에 주의 깊은 사람으로 하여금 정념의 악취를 피하고 그리스도교적인 덕으로 장식하도록 만들어줍니다. 향은 또한 사도 바울로의 말씀을 기억나게 합니다. "우리는 하느님께 바치는 그리스도의 향기입니다. 이 향기는 구원받을 사람에게나 멸망당할 사람에게나 다 같이 풍겨 나가지만 멸망당할 사람에게는 역겨운 죽음의 악취가 되고 구원받을 사람에게는 감미로운 생명의 향기가 되는 것입니다. 그러니 이런 향기의 구실을 아무나 할 수 있겠습니까?"[319] 마찬가지로 성당에서 밝히는 초나 등잔도 주님께서 말씀하신 영적인 빛과 불을 기억하게 해줍니다. "나는 빛으로서 이 세상에 왔다. 그러므로 누구든지 나를 믿는 사람은 어둠 속에서 살지 않을 것이다."[320] "나는 이 세상에 불을 지르러 왔다. 이 불이 이미 타올랐다면 얼마나 좋았겠느냐?"[321] "너희는 허리에 띠를 띠고 등불을 켜놓고 준비하고 있어라. 마치 혼인 잔치에서 돌아오는

---

318) 시편 84,7.
319) Ⅱ고린토 2:15-16.
320) 요한 12:46.
321) 루가 12:49.

주인이 문을 두드리면 곧 열어주려고 기다리고 있는 사람들처럼 되어라."[322] "너희도 이와 같이 너희의 빛을 사람들 앞에 비추어 그들이 너희의 착한 행실을 보고 하늘에 계신 아버지를 찬양하게 하여라."[323] 이 모든 것들은 그 본성 자체를 통해서도 우리에게 불과 빛에 조응하는 영적인 현실들을 가르쳐줍니다. 예를 들어 우리의 마음이 항상 하느님과 이웃에 대한 사랑으로 타올라야 한다는 것, 정념의 불꽃들이 우리 안에서 활활 타오르도록 내버려 두어서는 안 된다는 것, 등잔이 세상일에 있어서 우리를 밝혀주듯 우리도 덕행의 삶의 모범을 통해서 다른 이들을 비춰 주어야 한다는 것을 말입니다.

241. 그리스도의 탄생. 태초에 진흙을 주물러 우리를 만드시고 우리에게 신성의 숨결을 불어넣어 주신 분께서 이 땅에 오셨습니다. "사람들에게 생명과 호흡과 모든 것을 주시는"[324] 분께서 오셨습니다. 말씀 한 마디로 보이는 것과 보이지 않는 만물을 무로부터 창조해내신 분께서, 새들과 물고기들과 네 발 짐승들과 곤충들과 전능하신 그 섭리와 보호 아래 살아가는 모든 생물들을 만드신 분께서 오셨습니다. 수천수만의 천군천사들이 경외감과 환희로 끊임없이 찬양하고 섬기는 분께서 오셨습니다. 얼마나 비천한 모습으로 오셨습니까! 그분은 동굴에서 한 처녀로부터 태어나셨고 값싼 천에 감싸여 구유에 누이셨습니다.

이 세상의 부와 명예와 영광을 누리는 그대들이여, 겸손함으로, 눈물어린 신심으로, 크나큰 감사로 사람들의 구세주를 향해 절하십시오.

---

322) 루가 12:35-36.
323) 마태오 5:16.
324) 사도행전 17:25.

그대들의 보물을 가난한 이들, 필요한 이들에게 나누어 주십시오. 헛되고 지나가 버릴 그대들의 영예를 자랑하지 마십시오. 참된 영예로움은 오직 덕 안에서 발견됩니다. 이 세상의 영광이여, 구유 앞에서 그대의 헛됨을 배우십시오. 그러니 겸손하십시오. 우리 모두 한 없이 겸손하신 그리스도 앞에서, 온 우주의 주인이신 하느님의 한없는 작아지심 앞에서 재를 뒤집어쓰고 절합시다. 그분은 우리의 약함을 치유해주시고, 우리에게서 교만과 허영과 부패와 모든 불결함을 뿌리 뽑기 위해 오셨습니다.

242. 우리의 삶은 무엇과 같을까요? 그것은 불타는 초와 같습니다. 불을 붙인 이가 입으로 바람 불기만 하면 더 이상 타지 않습니다. 우리의 삶은 무엇과 같을까요? 그것은 여행자의 여정과 같습니다. 목적지에 도달하면 그에게 문들이 열리고, 그는 여행할 때 입었던 옷(육신)과 여행 지팡이를 버려두고 집으로 들어갑니다. 우리의 삶은 무엇과 같을까요? 참 조국과 참 자유를 되찾기 위해 피 튀기는 지난한 투쟁과 같습니다. 전쟁이 끝나면 우리는 승리자 혹은 패배자가 될 것입니다. 우리는 투쟁의 무대에서 심판대 앞으로 옮겨 갈 것입니다. 심판자로부터 우리는 영원한 상, 영원한 영광을 받거나 아니면 영원한 형벌, 영원한 수치를 당할 것입니다.

243. 나는 주님과 나의 거룩한 어머니이며 그리스도의 순결한 신부인 교회에 감사드립니다. 내게 구원의 참된 길을 보여주시고 평탄케 해주신 것에 대해, 세계 공의회와 지역 공의회들을 통하여 우리 구원에 큰 장애가 되었을 모든 이단들과 분열주의자들을 잘라낸 것에 대해, 신

앙에 대한 온갖 박해들을 용감하고도 영광스럽게 이겨낸 것에 대해, 영원한 생명으로 인도할 진리의 왕도 위에서 나의 보호자가 되어 주신 것에 대해 나는 감사드립니다. 나는 또한 주님께서 제정하셨고 나를 확실하게 구원으로 인도해줄 모든 성사들을 보존해 온 교회에 감사드립니다. 나는 지상의 천사들의 예배인 이 거룩하고 찬란한 예배들을 공들여 확립한 것에 대해 교회에 감사드립니다. 또 매년 우리 주님과 지극히 순결하신 성모님의 지상 생애의 주된 사건들을 축일로 경축하게 해준 것에 대해, 또 우리를 죄와 저주와 죽음에서 구속하신 그 아들 안에 드러난 하느님의 형언할 수 없는 선하심을 감사하며 기억하게 해준 것에 대해, 매일 거룩한 성만찬 예배 안에서 우리 주님의 온 생애를 현존케 해준 것에 대해서 교회에 진심으로 감사드립니다.

나는 또한 매일 매일의 거룩한 예배에서 성인들의 용맹스런 발자취에 영광 돌리고, 그들 안에서 믿음과 소망과 하느님 사랑의 살아있는 모범들을, 영원한 생명으로 이끌어주는 다양한 길의 예들을 보여준 것에 대해서 교회에 감사드립니다. 나는 또한 성 교부들과 교회 박사들의 저작들, 우리에게 유산으로 물려준 영혼에 달콤하고 생명을 주는 말씀들에 대해 나의 거룩한 어머니인 교회에 감사드립니다. 나는 또한 하느님에 의해 세워진 사제들, 그리스도 안에서 그리스도를 통해 나의 구원을 위해 일하고 나를 하느님과 화해시켜주며, 나를 성화하고, 위로하고, 격려하고, 하늘 목초지로 인도하고 안내해주는 사제들에 대해 교회에 감사드립니다.

244. 나는 우리 정교회의 거룩한 예배의 모든 기도들, 간구들, 청원들, 감사와 찬양과 독서들에, 생명을 주는 보편적 사랑의 정신에 감동

받습니다. 사제는 그 모든 자녀들, 왕으로부터 가난한 농부에 이르기까지, 그 자녀들뿐만 아니라 온 세상 사람들까지도 지극한 사랑으로 돌보시는 이 신성한 천상의 어머니의 충실한 매개자가 되어야 할 것입니다! 교회의 아들은 모든 이들을 향해 사랑으로 충만해야 합니다. 그래서 교회는 하느님 보좌에 가까이 다가가는 그에게 사제직의 은총으로 덧입혀 주었고, 영예롭게 해 주었으며, 그토록 크나큰 특권들로 가득 채워 주었고, 교회의 신랑으로, 임금이신 그리스도, 구세주 하느님의 종으로, 영혼들의 목자로 영광과 영예의 화관을 씌워주었습니다. 그러니 모든 정념들을 멀리해야 합니다. 차별하는 마음, 육적인 사랑, 교만, 적의, 금전욕 등을 멀리해야 합니다. 또한 사제는 모든 이들에 대한 신성한 사랑으로 관통되고 충만해야 합니다. 하느님 보좌 앞에서 흠 없이 서고, 모든 이들을 위해 경건하게 손을 올려 기도하고, 그리스도의 귀한 피로 구속되어 맡겨진 모든 영혼들을 구원하는 것을 가장 큰 관심사로 삼아야만 합니다. 사제는 "구원받을 사람에게는 감미로운 생명의 향기가 되는 것입니다. 그러니 이런 향기의 구실을 아무나 할 수 있겠습니까?"[325] 그리스도께서 한없는 자비로움으로 우리에게 이 사제직을 주시길 바랄 뿐입니다.

245. 빛과 온기가 태양에 본래부터 포함되어 있듯이, 거룩함, 감화, 보편적 사랑과 자비는 사제의 것이어야 합니다. 사제가 얼마나 큰 존귀함을 입었습니까? 그리스도의 존귀함을 입었습니다. 사제는 누구와 친교를 누립니까? 그리스도 하느님 그분 자신, 그분의 몸과 피와 교제합

---

325) Ⅱ고린토 2:16.

니다. 사제는 태양이 자연 질서 안에서 차지하는 역할을 영적인 차원에서 그의 양떼들 한 가운데서 감당합니다. 모든 이들을 비추는 빛, 생명을 주는 온기, 모든 이들의 영혼이 되어야 합니다.

246. 내가 순결하고 온전한 마음으로 부를 때, 우리의 여왕이신 하느님의 어머니, 천사들, 모든 성인들 모두가 내 곁에 계십니다. 내 영혼 그 자체처럼 가까이 계십니다. 내가 내 목소리를 듣는 것처럼 내 음성을 들으십니다. 왜냐하면 우리 모두는 하나의 같은 몸이고 같은 영이고 천사들과 사람들의 동일한 교회이기 때문입니다. 교회의 지체들은 서로 간에 몸의 각 지체들과 같습니다. 그들은 서로 섬기고, 도와주고, 지지해주고, 보호해줍니다.

247. 교회에서 천사들과 성인들의 형상에 둘러싸인 그리스도인은 얼마나 고귀하고 거룩한 동반자를 가지고 있는지 모릅니다! 그는 성인들이 속해 있는 이 교회의 지체입니다. 영적 진보에 있어서, 삭아 없어지지 않는 생명에 대한 희망에 있어서, 이보다 큰 힘과 용기가 또 있겠습니까! 성인들 또한 이것을 뜨겁게 열망했고 지금은 그 경지에 이르렀기 때문입니다!

248. 이웃을 위한 진실한 기도가 이렇게 큰 효험이 있는 것은 어디에 기인하는 것일까요? 기도 안에서 하느님과 밀접하게 연합될 때 나는 하느님과 하나의 영이 되고, 내가 위해서 기도하는 사람들을 믿음과 사랑으로 나 자신과 연합시키기 때문입니다. 내 안에서 역사하시는 성령께서 그들 안에서도 동시에 역사하시기 때문입니다. 성령께서는 모

든 것을 이루십니다. "빵은 하나이고 우리 모두가 그 한 덩어리의 빵을 나누어 먹는 사람들이니 비록 우리가 여럿이지만 모두 한 몸인 것입니다."[326] "그리스도의 몸도 하나이며 성령도 하나입니다."[327]

249. 교회에서 아름다운 성가를 듣거나 봉독자 혹은 집전자가 아주 우렁차고 훌륭한 목소리로 예식들을 거행해 나갈 때 우리가 가끔씩 경험하는 영적인 평화와 지복은, 하느님 얼굴의 형언할 수 없는 선하심을 영원 속에서 관상하게 될 사람들이 맛볼 무한한 지복을 미리 맛보는 것입니다. 그러므로 성가나 봉독의 질적 수준에 깊은 관심을 가져야 합니다. 기도에서 성인들의 이름을 부를 때 우리는 그들로 하여금 우리를 위해 기도하게 합니다.

250. 기도하러 성당에 들어갈 때, 우리는 우리 모두가 하늘 아버지의 자녀들이고 그분의 집에 들어간다는 것을 알고 기억해야 합니다. 그러므로 우리는 성당에서 간절한 기도를 드리고 자녀로서 사랑과 감사의 감정을 가져야 합니다. 우리의 영이 "아빠, 아버지!"라고 부르짖을 수 있기를 바랍니다. 주님, 당신은 선하시고 우리 가까이에 계십니다. 당신은 우리와 너무 가까이 계시기에, 우리는 당신과 대화할 수 있고, 당신으로부터 위로 받을 수 있으며, 당신 안에서 호흡하고, 당신에 의해 조명되고, 당신 안에서 평화를 누릴 수 있으며, 당신 안에서 우리의 영적 개화를 발견할 수 있습니다. 주님, 순전한 마음으로 당신과 우리 이웃을 사랑할 수 있도록 나를 가르쳐 주소서. 그리하여 내가 항상 당신

---

326) 1 I 고린토 10:17.
327) 에페소 4:4.

과 함께 있고, 당신 안에서 항상 평화를 누리게 하소서. 주님, 내가 악의, 교만, 질투, 금전에 대한 욕심, 불충, 불결한 생각, 그 어떤 잘못된 정념으로 이 혐오스럽고 사악한 악마와 거래하지 않도록 해주소서. 언제나 온전히 당신의 것이 되게 해주소서!

251. 그대 자신이 죄인이고, 불경스럽고, 불결하고, 악의적이고, 하느님을 모독한 죄인이라 느낄 때, 그래서 우리의 여왕이신 분께 감히 가까이 다가가 기도할 수 없다고 느낄 때, 바로 그 순간이 가장 뜨거운 마음으로 그분께 기도드려야 할 때입니다. 그대가 정말로 죄인임을 느끼기 때문입니다. 죄의 진흙탕 속에 머물러 있지 말고, 와서 그분의 성화 앞에 서십시오. 그분이 거기 현존해 계신다는 확신을 가지고 부끄러워 말고 곪아터져 냄새나는 그대의 모든 상처를 보여 드리고 그대의 영적 문둥병으로부터 그대를 정화시켜달라고 그분께 간청하십시오. 그대는 결코 실망하지 않을 것입니다. 지극히 자비로우신 성모님께서는 그대를 결코 외면하지 않으십니다. 성모님은 지극히 순결하시고 신속하신 우리의 보호자이시기에 주님께서 열 명의 문둥병자를 깨끗하게 하신 것처럼[328] 그대를 깨끗하게 치유해 주실 것입니다.

252. 곧 사라지고 말 육신을 멸시하고 불멸하는 영혼에 지극한 정성을 들이도록 행실로 다른 이들을 가르쳐주는 그리스도인을 어디서 찾을까요? 그토록 고귀한 영을 지닌 사람을 어디서 찾을 수 있을까요? 이 땅에서 그런 사람 하나를 찾는 것은 너무나도 어렵습니다. 그럼에도 불

---

328) 루가 17:11-19.

구하고 분명 몇몇은 있을 것입니다. 하지만 "하늘에 등록된 장자들(처음 난 자들)의 교회",[329] 천상의 교회에는 창공의 별처럼 수많은 성인들이 있습니다. 그들 자신을, 이 부패하고 멸망한 옛 사람, 물을 담을 수 없게 된 깨진 그릇과 같은 자기 자신을 포기함으로써 그들은 자신의 십자가를 지고 그리스도를 따랐으며, 지나가고 말 육신과 세상을 멸시하고 온 생명을 그리스도께 맡겼습니다. 그들은 "사람이 온 세상을 얻는다 해도 제 목숨을 잃으면 무슨 소용이 있겠느냐?"[330]라는 주님의 말씀을 마음속에 깊이 새겼습니다.

그들은 육신과 세상이 곧 지나갈 것이고 더 이상 존재하지 않을 것임을 알았습니다. 우리 영혼은 값을 매길 수 없는 것임을 알았습니다. 하느님의 형상에 따라 창조된 영혼은 불멸하기 때문입니다. 그에 대해 세상은 영혼과 결코 비교될 수 없는 허망한 것임을 알았습니다. 구세주의 말씀대로 하늘과 땅은 지나갈 것이기 때문입니다.

더 나아가, 발걸음을 옮길 때마다, 우리는 우리 눈으로 직접 목격합니다. 세상의 덧없음을 말입니다. 세상의 모든 것은 운동하고 혁신됩니다. 모든 요소들이 변화 속에 있습니다. 계절이 계속해서 바뀝니다. 사람도 계속해서 태어나고 죽습니다. 어떤 이는 집을 짓지만 어떤 이는 가진 것을 다 잃습니다. 어떤 도시들은 번영하고 발전하지만, 다른 도시들은 화재로 황폐해져 잿더미가 되고 맙니다. 땅 위의 모든 것은 지나갑니다. 그것은 언젠가 이 땅 자체가 사라지고 말 것임을 보여주는 징표입니다. 집 안에 있는 것들이 불에 타면 결국에는 집마저도 타 없어지고 말 것입니다. "사실 하늘과 땅은 지금도 하느님의 같은 말씀에

---

329) 히브리 12:23.
330) 마태오 16:26.

의해서 그대로 남아 있습니다. 그러나 하늘과 땅은 하느님을 배반하는 자들이 멸망당할 심판의 날까지만 보존되었다가 불에 타버리고 말 것입니다."[331]

지나가고 말 세상 것들을 멸시하고, 온 마음을 다해 영원한 아버지이신 하느님만 기쁘게 해드리고 자신의 영혼을 구원하는 데만 모든 노력을 기울이는 참된 그리스도들을 어디서 찾을 수 있을까요? 하느님에 대한 사랑으로 담대하고도 거룩하게 세상적인 모든 것을 멸시하고 모든 정념과 세상의 유혹들을 하느님의 법과 뜻에 종속시키는 고귀한 영혼을 어디서 찾을 수 있을까요? 형제들의 구원을 위해 하느님과 똑같은 열정으로 불타는 사람이 있을까요? 형제들을 밝혀주고 정화시켜주고 믿음과 덕 안에서 강하게 해주기 위해 늘 마음 쓰는 사람이 있을까요? 주님이시여, 당신의 교회의 촛대 위에 그러한 불꽃들을 밝혀주옵소서. 그들이 당신의 영광을 설교하고 당신의 영광과 당신 백성의 구원을 위해 뜨겁게 타오르게 하소서! 주님, 당신께는 모든 것이 가능합니다! 주님, 얼마나 더 오래 허무가 이 세상을 이끌어 가도록 내버려두시렵니까? 우리는 또 얼마나 오래 우리의 창조주이시고 구세주이신 당신께 등을 돌리겠나이까? 주님, 모든 것이 당신의 뜻대로 이루어지게 하소서!

253. 시련은 위대한 스승입니다. 우리에게 약함, 정념, 참회의 필요성을 드러내주기 때문입니다. 시련은 영혼을 정화하여, 순전하게 만들고, 몽롱함에서 끌어내며, 그 영혼에 은총을 가져다줍니다. 시련은 마음을 부드럽게 만들어주고 죄에 대한 역겨움을 불어넣어주고, 우리 안

---

331) Ⅱ베드로 3:7.

에 믿음과 희망과 덕을 더욱 굳건하게 세워줍니다.

254. "나는 포도나무요, 너희는 가지다."[332] 주님께서 말씀하셨습니다. 다시 말해 교회는 하나이고 거룩하고 보편적이며 사도적이라는 말입니다. 주님께서 거룩하신 것처럼, 교회 또한 거룩합니다. 주님께서 "길이요, 진리요, 생명"[333]이신 것처럼 교회 또한 그렇습니다. 교회는 주님과 하나이며, "그의 몸이요, 살 중의 살이고 뼈 중의 뼈"[334]입니다. 교회는 참된 포도나무인 주님께 접붙여져 주님에 의해 양육되고 주님 안에서 자라나는 가지들입니다. 교회를 주 예수 그리스도와 아버지와 성령과 분리하여 따로 생각하는 일이 없도록 하십시오.

255. 구세주의 말씀과 관련하여 원수 악마가 와서 그대의 마음을 불신앙으로 공격하여 상처 입힐 때, 속으로 이렇게 말하십시오. '나의 주 예수 그리스도의 모든 말씀은 내게 생명이다.' 라고 말입니다. 그러면 불신앙의 독은 그대의 마음에서 쫓겨나고 그대의 영혼은 고요해지고 가벼워질 것입니다. 만약 그대가 교회의 어떤 말씀, 어떤 계명, 혹은 어떤 일이나 예식으로 인해 혼란을 느낀다면, 주님께서 교회에 대해 해주신 이 말씀으로 원수에게 반박하십시오. "진리의 성령이 오시면 너희를 이끌어(다시 말해 사도들과 목자들과 박사들에 의해 세워지고 설교된 교회로) 진리를 온전히 깨닫게 하여주실 것이다."[335] 그리고 주님의 약속대로 성령께서 교회 안에 영원히 머무시고 교회를 온전한 진리 안에서 이끌어 가신

---

332) 요한 15:5.
333) 요한 14:6.
334) 에페소 5:30.

다는 것을, 다시 말해 교회 안에 있는 모든 것은 참되고 구원을 가져다 주는 것이라는 것을 굳게 믿으십시오. 우리가 교회를 "진리의 기둥이요 터전"[336]이라 부르는 이유입니다. 교회의 책들, 성 교부들과 박사들의 말씀에는 어디나 그리스도의 영, 진리의 영, 사랑과 구원의 영의 숨결이 흐릅니다.

256. 기도는 우리가 영적으로 가난하고 약하다는 사실을 지속적으로 느끼는 것이고, 우리 안에서 혹은 다른 이들에게서 혹은 자연에서 전능하신 하느님의 지혜와 자비의 업적들을 관상하는 것입니다. 기도, 그것은 온전한 감사로 충만한 내적인 상태입니다.

종종 우리는 기도와는 하등의 관련도 없는 것을 기도라 말하곤 합니다. 예를 들어, 어떤 이는 성당에 들어가서 잠시 동안 그곳에 머물면서 성화를 보고 사람들의 옷차림과 분위기를 쳐다봅니다. 그는 자기가 기도를 드렸다고 말합니다. 또 어떤 이는 자기 집에 있는 성화 앞에 서서 고개를 숙이고 암기하고 있는 몇몇 기도문을 읊조립니다. 그 기도문들을 이해하지도 또 그 맛을 알지도 못하면서 말입니다. 그러고도 그는 기도했다고 말합니다. 그의 지성과 마음으로는 전혀 기도하지 않았음에도 불구하고 말입니다. 그는 하느님과 함께 있었던 것이 아니라 사람들과 외부의 대상들과 함께 했던 것입니다.

기도, 그것은 생각과 마음을 하느님께로 고양시키는 것입니다. 하느님을 바라보는 것입니다. 피조물이 창조주와 나누는 대담한 대화입니다. 영혼이 하느님 앞에 존경심을 가지고 서있는 것입니다. 임금 앞에,

---

335) 요한 16:13.
336) I 디모테오 3:15.

모든 이에게 생명을 나누어 주는 생명 그 자체 앞에 있듯이 말입니다. 기도는 우리 주변의 모든 것을 잊는 것이고, 영혼의 양식이고 공기이며 빛입니다. 기도는 생명을 주는 영혼의 온기이고 죄로부터의 정화입니다. 그리스도의 매우 편한 멍에요, 아주 가벼운 짐입니다.[337]

기도는 세상이 창조된 이래로 하느님을 기쁘게 한 모든 천사들과 성인들과의 교류입니다. 기도는 삶의 회개이고, 뜨거운 참회와 눈물의 어머니이며, 자비로운 행위를 향한 강한 끌림이며, 삶의 안전한 보호막이고, 죽음의 두려움을 없애는 것이며, 세상 보화에 대한 멸시이고, 하늘 보화에 대한 열망이며, 보편적 심판과 부활과 다가올 세상에서의 삶에 대한 기다림이요, 영원한 형벌을 벗어나고자 하는 지난한 노력이요, 하늘 임금이신 하느님의 자비에 대한 간절한 염원입니다. 그것은 하느님의 현존 안에서 전진하는 것입니다. 그것은 또한 만물 안에 현존하시는 만물의 창조주 앞에서 자기 자신을 없애는 복된 행위이며, 영혼의 생수입니다.

기도는 모든 사람을 사랑으로 마음에 담는 것이며, 영혼 안에 내려온 하늘이며, 거룩한 성 삼위일체 하느님이 우리 영혼 안에 거주하시는 것입니다. "아버지와 나는 그를 찾아가 그와 함께 살 것이다."라고 주님께서 말씀하셨듯이 말입니다.

257. 주님이시여, 내 영적 자녀들을 위해, 당신을 기쁘게 해 드리길 원하는 모든 정교회 신자들을 위해 눈물로 바치는 나의 기도를 받아주소서. 그 기도가 그들 모두의 구원을 위한, 나의 사목적 돌봄을 위한 나

---

337) 마태오 11:30 참고.

의 고뇌의 표현임을 알아주소서. 원하오니, 그들을 불경한 잠에서 깨우는 함성과 나팔소리가 되어 주시고, 그들의 마음을 헤아려 주시고, 순례길에 있는 그들을 천상의 조국으로 인도하고 불신앙과 비겁함과 절망으로 넘어질 때 일으켜 세워주는 손이 되어 주소서. 그들에게 내게는 너무도 결핍되어 있는 어머니의 사랑이 되어 주소서. 자애롭게 그들의 복된 삶을 돌아보아 주소서. "어떤 사람을 대하든지 그들처럼 되어 주시어 그들 중에서 다만 몇 사람이라도 구원하여 주소서."[338] 진실로 당신은 사람들의 영혼을 보이지 않게 비밀리에 먹이시는 참된 목자이십니다. 당신만이 당신 백성의 마음에 호소하시는 유일한 스승이십니다. 당신만이 당신 피조물의, 은총으로 당신의 자녀가 된 이들의 참된 친구이십니다. 당신은 지혜와 전능의 심연이십니다. 당신만이 항상 깨어 졸지 않으시고 우리가 잠잘 때에도 우리에게 당신의 길을 가르쳐주십니다. 주님, 나 대신 당신께서 친히 내게 맡기신 양떼들의 목자와 스승이 되어 주소서. 그 양떼를 푸른 초장으로 인도하소서. 영적 육적 늑대들로부터 이 양떼를 지켜주소서. 그들을 진리와 정의와 평화의 길로 인도하소서. 나 대신 그들에게 빛이 되어 주시고, 눈과 입술과 손이 되어 주시고, 지혜가 되어 주소서. 무엇보다도 그들에게 사랑이 되어 주소서. 죄인인 나는 그 사랑이 너무도 부족합니다!

---

338) I 고린토 9:22 참고.